MÉMOIRES

DE LA

BARONNE D'OBERKIRCH

CORBEIL. — Typ. et stér. de J. CRÉTÉ.

MÉMOIRES

DE LA

BARONNE D'OBERKIRCH

PUBLIÉS

PAR LE COMTE LÉONCE DE MONTBRISON

SON PETIT-FILS

ET

DÉDIÉS A SA MAJESTÉ NICOLAS Ier

EMPEREUR DE TOUTES LES RUSSIES

AVEC UN FAC-SIMILE DE L'ÉCRITURE DE S. M. MARIE FEODOROWNA

TOME SECOND

PARIS

CHARPENTIER, LIBRAIRE-ÉDITEUR

28, QUAI DU LOUVRE

1869

MÉMOIRES

DE LA

BARONNE D'OBERKIRCH

CHAPITRE XX

Faillite du prince de Rohan-Guéménée. — Noble conduite de la princesse. — La duchesse de Polignac devient gouvernante des enfants de France. — Les sous-gouvernantes. — La comtesse et la marquise de Soucy. — Madame de Créqui. — Encore M. de La Harpe. — Fiançailles de la princesse Élisabeth avec l'archiduc François d'Autriche. — Naissance d'une princesse. — Catherine II. — Deux lettres de la grande-duchesse de Russie. — Une soirée au château d'Étupes. — La loterie. — Les dames d'honneur. — Le marquis de Vernouillet. — Mademoiselle de Domsdorf. Le prince-abbé de Rathsamhausen. — M. Tronchin. — Anecdote sur Voltaire. — MM. de Wargemont. — Le capitaine Loto. — Le conseiller Rossel. — Madame de Schack. — Madame de Damitz. — Les petites passions de l'intimité.

A Strasbourg comme à Paris, on ne s'occupait que de la faillite du prince de Guéménée. C'était la chose la plus douloureuse du monde ; on se demandait comment un Rohan avait pu se laisser amener à une position semblable et à finir ainsi. Il y avait clameur de haro dans le peuple ; les gens les plus atteints étaient des domestiques, de petits marchands, des portiers, qui portaient leurs épargnes au prince. Il avait tout reçu, tout demandé, même des sommes folles, et il a tout dissipé, tout perdu. Parmi les gens du cardinal-archevêque, il s'en trouvait plusieurs de complétement ruinés; le prince Louis leur a rendu sur-le-champ ce qu'un prince de sa maison leur enlevait. Il a été en cela très-noble et très-généreux.

Tout sera payé ou presque tout, les usures exceptées. Les Rohan se sont réunis pour cela. Madame de Guéménée a été sublime, elle a donné sur-le-champ sa fortune tout entière et ses diamants. La princesse de Marsan (qui était une Rohan-Soubise) voulait se mettre au couvent et consacrer sa fortune à sauver l'honneur des Rohan.

Madame la princesse de Guéménée a rendu sa charge de gouvernante des enfants de France, dont sa volonté seule pouvait la dépouiller, puisque c'est une des grandes charges de la couronne. La reine a reçu sa démission, profondément touchée. Elle a donné cette place à madame de Polignac qui n'a pu se refuser au désir de la reine.

— J'avais confié mes enfants à la vertu, a dit cette princesse; maintenant je ne puis mieux faire que de les remettre à l'amitié.

La reine se chargea plus spécialement de Madame Royale et fut secondée par deux sous-gouvernantes. Madame Adélaïde devait suppléer la reine. On avait parlé, pour gouvernante, de la princesse de Chimay ou de la duchesse de Mailly, mais la reine s'est décidée absolument pour madame de Polignac.

La princesse de Guéménée, quoique la plus honnête personne du monde, a toujours été regardée comme inférieure au poste qu'elle occupait et auquel sa naissance seule l'avait appelée. Elle passait pour être entêtée et en même temps sans caractère, la pire espèce des entêtés. Elle était passionnée, sans douceur et sans égalité. Quelques-uns prétendaient qu'elle soupçonnait la position de son mari et qu'elle cherchait à s'étourdir par les plaisirs et le monde, dont elle était fort éprise; ceux-là la blâmaient. Il faut d'ailleurs toujours blâmer ceux qui sont malheureux, afin de s'éviter la peine de les plaindre ; c'est une maxime des égoïstes dont la société fourmille.

Cependant, pour être juste, ajoutons que si elle chercha à réparer la faute, si elle supporta noblement l'infortune, elle y contribua aussi. Les prodigalités inouïes du prince de Guéménée, la somptuosité de sa maison, l'éclat de ses fêtes et les dépenses de sa femme ont amené cette faillite qui ne s'élève pas à moins de trente-cinq millions. Madame de Guéménée était de la maison de La Marck, sœur de M. le duc de Bouillon.

Les sous-gouvernantes étaient :

La baronne de Mackau, nommée en 1771 ;

La comtesse de Soucy, nommée en 1775 ;

La marquise de Soucy (mademoiselle de Mackau), en 1781 ; celle-ci est l'amie de Madame Élisabeth de France que sa mère a élevée.

Mademoiselle de Soucy s'est mariée au comte de Créqui, ancien maréchal-des-logis des camps et armées du roi. C'est pour elle que la reine a soutenu celui-ci contre les attaques de madame la marquise de Créqui, qui n'en voulait point absolument pour le parent de son fils. Cette dame a beaucoup d'autorité dans le monde par sa position et par son esprit, autant que par son caractère. Elle ne passe point pour bonne ; elle est d'une sévérité souvent cruelle, en propos surtout. Elle est fière, elle est surtout capricieuse; elle approuvera aujourd'hui ce qu'elle blâmait hier. Son salon est un aréopage. Elle y distribue contre ses ennemis des mots qui coupent comme des ciseaux affilés. Elle n'a point laissé de patience à ces pauvres Créqui et n'en voulait absolument pas pour ses alliés.

Pendant que j'étais à Strasbourg, M. de La Harpe alla visiter la cour de Montbéliard. Grâce à Dieu, je l'évitai ainsi. Il les ennuya encore plus qu'il ne m'avait ennuyée et plus longtemps. M. le comte d'Artois arrivait d'Espagne; il était fort aimé et fort loué en ce moment. M. de La Harpe leur *inventa* tout le voyage du prince dont il ne savait pas un mot. Il se mit en tête de faire l'oraison funèbre du baron de Wangen, prince-évêque de Bâle, et de M. d'Andlau, grand prévôt du chapitre de Murbach, mort à un mois de distance; personne ne voulut l'écouter, il repartit en colère; c'était son état habituel. Je n'ai jamais pu souffrir cet homme haineux et bilieux, qui avait toujours l'air d'un serpent à deux têtes, l'une prête à mordre, l'autre pleine de venin.

On fit à peu près vers la même époque les fiançailles de la princesse Élisabeth, avec l'archiduc François d'Autriche. Cette princesse fut conduite à Vienne où elle abjura la religion évangélique, mais elle n'épousa le grand-duc de Toscane que l'année dernière, c'est-à-dire en 1788 [1].

Un peu plus tard, autre événement de famille; le prince Frédéric-Guillaume de Wurtemberg eut une fille. Sa femme, la princesse Auguste de Brunswick, accoucha fort heureusement. La jeune princesse a été élevée à Montbéliard et y a passé toute son enfance [2].

---

[1] Cette princesse mourut en couches en 1790; son mari devint empereur en 1792, sous le nom de François II.
[2] Elle a épousé Jérôme Bonaparte, roi de Westphalie.

Nous avions souvent des nouvelles de madame la grande-duchesse. Elle et le grand-duc Paul n'étaient heureux que dans leur intérieur, toujours un modèle d'amour conjugal et de tranquillité. L'impératrice est très-soupçonneuse, jalouse de son autorité; ils sont obligés de mettre une grande réserve dans leur conduite, afin de ne pas exciter sa défiance. Ils se tiennent tout à fait en dehors des affaires publiques, recevant chez eux leurs amis seulement, à Saint-Pétersbourg et à Gatchina [1], avec cette noble décence, cette simplicité de bon goût et cette délicatesse de manières dont la princesse a pris l'habitude à la cour de Montbéliard. Quant au grand-duc Paul, il est le fils le plus soumis aux volontés de l'impératrice, malgré l'absence de tout sentiment tendre de la part de sa mère. Cependant il m'a paru quelquefois humilié du rôle qu'on lui fait jouer, et même en conserver du ressentiment contre les courtisans qui entourent la czarine. Celle-ci redoute peut-être l'amour sans bornes du peuple russe pour le grand-duc.

Voici deux lettres de Son Altesse impériale qui me tombent sous la main.

Saint-Pétersbourg, $\frac{22 \text{ mars}}{2 \text{ avril}}$ 1782.

« Ma chère Lanele, N... est arrivé avant-hier et m'a remis vos lettres et vos beaux nœuds. Je dirai à ma chère Lane que les siens sont les mieux faits et que leur quantité me prouve que vous avez songé souvent à moi. . . . .

. . . .

« Cette lettre te trouvera à Strasbourg et éloignée

---

[1] Maison de plaisance fort affectionnée par le grand-duc Paul qui la tenait de sa mère. Il y passait l'été et une partie de l'automne.

de maman, ce qui m'afflige sensiblement, car tu lui sers de consolation, et par tes tendres soins tu remplaces ses enfants. Au nom de Dieu retournes-y bientôt, je t'en conjure, et s'il faut pour obtenir cette grâce me prosterner aux pieds de ton seigneur et maître, je m'y mets tout du long. Voici une lettre de ton amoureux, quoique le métier que je fasse ne soit pas des plus honnêtes, du moins te prouve-t-il mon amitié, et c'est tout ce que je veux. Adieu, mon cher ange, je t'embrasse tendrement. Ta fidèle amie,

Signé : MARIE. »

Saint-Pétersbourg, $\frac{12}{23}$ avril 1783.

« Ma chère Lane, ta vilaine fièvre m'a donné bien de l'inquiétude, et à cette heure que tu es rétablie, je commencerai par me plaindre de ce que tu ne m'écris pas une ligne. Le gros Fritz [1] et le *de même* Benckendorf, ont reçu de tes lettres, et moi j'ai été *abgeschnitzt* [2] avec un froid compliment. Outre ce grief, j'en ai encore un autre contre toi ; maman ne m'aime plus, elle ne m'écrit que des lettres si froides ; ce n'est plus l'effusion du cœur qui parle chez elle. Je t'accuse de cette infidélité, car Dieu sait que je ne suis pas coupable. Tout cela me chagrine et me donne de l'humeur, mais je t'aime cependant et te le répète avec plaisir. Adieu donc, méchante femme, je suis à jamais ta tendre amie.

Signé : MARIE. »

C'est au commencement de ce même mois d'avril 1783 qu'est mort Grégoire Orloff, que poursuivait l'ombre

---

[1] Le prince Frédéric de Wurtemberg, l'aîné des frères S. A. I.
[2] Coupé.

sanglante de Pierre III, et dont le cerveau malade par suite de ses remords a rendu la fin affreuse. Le spectacle de cette démence faisait frémir ceux qui en étaient témoins. Il a survécu de bien peu de jours au comte Panin, l'autre chef de la conjuration qui a mis Catherine II sur le trône ; ce dernier est mort de chagrin d'avoir perdu son influence et son pouvoir.

J'arrivai justement cette année à Montbéliard, au moment où la baronne de Maucler accouchait d'un fils. Madame la princesse me reçut à l'habitude comme l'enfant de la famille. Je ne puis rendre la sécurité, le calme, la paix dont on jouissait dans ce petit coin du monde. Un cercle intime composé des personnes de la maison, de quelques habitants de la ville, puis des voisins, des visiteurs étrangers faisaient au prince et à la princesse une société charmante. Si tous n'étaient pas également spirituels, tous leur étaient dévoués. Les gens de *bonne compagnie*, dans l'acception complète du mot, sont rares partout, mais de la diversité des caractères et du genre d'esprit naissent des contrastes qui ont leur piquant. Ainsi, le lendemain de mon arrivée, on se réunit le soir par un beau temps, au milieu des fleurs dont le salon était rempli, en souvenir, je crois, de la grande-duchesse qui en mettait partout. On joua au loto, le jeu à la mode. Le salon était ainsi habité : d'abord la famille du prince, dont j'ai suffisamment parlé, puis mesdames de Damitz et de Schack, dames d'honneur de Son Altesse royale, et mademoiselle de Domsdorf, fille d'honneur ; ensuite le baron et la baronne de Borck, grand maître et grande maîtresse dont j'ai déjà parlé ; le baron de Maucler, gouverneur des jeunes princes, et madame de Maucler, sa femme, née baronne Lefort ; l'évêque *in partibus* baron de Schwarzer, grand aumônier du duc Frédéric-Eugène, ancien militaire ; le comte de Baleuze, le marquis de Vernouillet, fils naturel de Louis XV, lui ressemblant beaucoup ; le capitaine Parrot, précédemment au service de la compagnie des Indes orientales ; le conseiller Jeanmaire de Montbéliard ; M. Rossel, conseiller ; M. Duvernoy, voisin habitant Exincourt ; le prince-abbé des chapitres nobles réunis de Murbach et de Lure, M. de Rathsamhausen ; M. de Beroldingen, grand doyen du chapitre de Murbach ; le baron de Wurmser, mon grand-oncle, grand veneur ; les barons Frantz et Frédéric de Wurmser, tous les deux brigadiers d'infanterie ; le commandeur de Waldner, mon oncle ; le baron de Waldner, mon père ; le comte de Wartensleben, lieutenant-colonel dans Anhalt, et la comtesse de Wartensleben, née de Linas, sa femme. Il devait y avoir un petit plaisir de plus qu'à l'ordinaire ; aussi le cercle était-il au grand complet. Les princesses et leurs dames avaient fait une loterie pour les pauvres, de lots des plus *encourageants*, disait une jolie et spirituelle personne, mademoiselle de Domsdorf, chargée de placer les billets.

— Les lots vous promettent mille choses, messieurs ; choisissez les numéros et vous verrez que vous ne vous en repentirez pas.

Les vingt premiers numéros sortant au loto étaient les favorisés ; c'était un grand émoi dans ce petit cercle, où tout était ordinairement si calme ; le mouvement était partout, on se montrait les billets, on se racontait les rêves de la nuit passée et les espérances positives qui en résultaient. Les visages étaient parfaits à étudier dans leur gaieté ou dans leur sérieux. Le prince se préoccupait peu de ces luttes de désirs ; il jouait aux échecs dans un coin avec le prince-abbé de Murbach, que les bruits de ce monde préoccupaient encore moins, lui qui devait mourir *en odeur de sainteté* peu d'années après. L'évêque de Schwarzer se tenait auprès de lui et le conseillait. Ceux des jeunes princes et des jeunes princesses qui restaient à Étupes s'étaient groupés près de leur mère, et échangeaient ces bons rires de la jeunesse que rien ne remplace et que rien ne fait oublier.

Nous avions en visite M. et madame Tronchin, de Genève. M. Tronchin-Calandrin, conseiller d'État de la république de Genève, était l'ennemi de Jean-Jacques Rousseau, et parent du célèbre Tronchin, médecin de M. le duc d'Orléans, qui a mis à la mode et répandu la célèbre invention de l'inoculation ; il fit paraître contre Rousseau les *Lettres écrites de la campagne* en réponse aux fameuses *Lettres écrites de la montagne.*

M. Tronchin était assis près de madame de Wartensleben, à laquelle il racontait une anecdote sur Voltaire, que j'ai retenue ; elle peint bien son caractère tout de premier mouvement. Il était à Ferney, lorsqu'il reçut les *Lettres de la montagne,* où se trouve un passage violent contre lui. En le lisant, il se mit d'une colère horrible, traitant Rousseau de drôle, de coquin, de scélérat ; qu'il s'en vengerait et lui ferait donner cent coups de bâton.

— Cela vous sera facile, lui répondit-on, car il viendra bientôt vous voir à Ferney.

— Qu'il arrive donc, ajouta Voltaire.

— Et que ferez-vous quand il arrivera ?

— Eh bien ! je lui donnerai ma meilleure chambre, je le ferai bien dîner, et je l'engagerai à rester tant que cela pourra lui être agréable.

— Il était plus léger que méchant, répondit le vicomte de Wargemont qui écoutait. Dieu veuille avoir l'âme du Père temporel des Capucins de Gex, capucin indigne ou indigne capucin !

Le vicomte de Wargemont, capitaine dans Royal-Étranger, en garnison à Belfort, était arrivé en visite à Étupes avec une recommandation pour le prince. Il est d'une famille de Normandie ; le marquis de Wargemont était avec lui ; il a été colonel des volontaires de Soubise, et a épousé mademoiselle Tabutot-d'Orval. Il a une sœur mariée en Picardie à M. de Gaudechart de Querieu, dont ils parlaient avec enthousiasme.

Nous vîmes plus tard à Étupes M. le duc de Sully, colonel en second du même régiment Royal-Étranger ; en ce moment M. de Wargemont y était seul de ce corps.

— Laissons là Rousseau et M. de Voltaire, monsieur Tronchin, dit la princesse ; le grand moment est venu. Qui tirera les numéros ?

— Ce sera Marie, sans doute, dit la baronne de Borck.

— Madame la baronne, si vous le permettez, interrompit M. de Vernouillet, ce sera plutôt le *capitaine Loto* ; c'est son métier de prédilection.

Le marquis appelait ainsi le capitaine Parrot. M. de Vernouillet était gai ; il était même ce que dans le monde on appelle aimable, mais il n'avait pas toujours le goût très-fin. Il avait adopté ce détestable genre de faire des calembours, et les siens n'étaient pas toujours heureux.

— Que ce soit donc le capitaine, mais attention, mesdames.

On s'arrangea autour de la grande table, chacun ayant ses cartons, ses marques et tous les accessoires du loto-dauphin. M. et madame de Borck se mirent à côté l'un de l'autre, pour se conseiller.

— Ma mie, disait le baron, faites attention à ne pas oublier les ambes.

— Ambo ! cria M. de Vernouillet ; le baron a raison, madame.

— Quant à moi, je vais perdre selon mon habitude, reprenait le conseiller Rossel, savant en grec, en mathématiques, très-érudit, mais très-mauvais joueur ; il était, en outre, un critique sévère et fort distrait, quoiqu'il eût les manières du monde.

— Attendez, monsieur, que vous ayez perdu pour vous plaindre, répliqua madame de Schack, personne observatrice, pénétrante, occupée de son jeu, instruite et fort silencieuse d'ordinaire.

— Madame de Schack a parlé ! continua M. Frédéric de Wurmser ; c'est déjà un lot de gagné à la loterie.

Madame de Maucler dormait, selon son habitude ; elle était un peu fatiguée de ses couches, et ses sommeils étaient plus fréquents.

— J'y suis, écoutez-moi, entonna le capitaine Parrot du haut de sa tête.

Il nomma un numéro.

— C'est à moi ! murmura humblement le conseiller Jeanmaire.

— À vous cette belle pelote, brodée par madame la grande-duchesse, monsieur le conseiller ! dit mon père, recevez-en mon compliment ; c'est le plus beau lot de la loterie ; ma fille eût bien voulu le gagner, j'en suis sûr.

— Allons, je n'ai pas ce numéro, marmota M. Rossel d'un ton fâché.

— Déjà ! monsieur Rossel, interrompit M. le prince

de Montbéliard en riant, il vous reste encore dix-huit points.

Le capitaine nomma successivement plusieurs numéros. Je gagnai un beau gobelet ciselé, envoyé par la comtesse de Hohenheim, aux armes de l'ordre Teutonique. A chaque nombre qui sortait et qui ne se trouvait pas sur ses cartons, le conseiller Rossel poussait une exclamation de regret. Le duc interrompit sa partie pour en rire à son aise et le mieux écouter.

— Je les avais dimanche, messieurs, tous ces numéros, vous en êtes témoins, répétait l'infortuné conseiller, et pas un ne me vient aujourd'hui Je suis trop malheureux.

— Monsieur, à quel chiffre en est-on? demanda madame de Damitz, dont la compréhension s'ouvrait avec peine.

— Madame, on vient de dire un 1 et un 4, répliquait avec un sang-froid imperturbable le comte de Baleuze, d'une distraction fabuleuse et toujours à cent lieues du jeu [1].

— Alors, monsieur, c'est 14.

— Croyez-vous, madame?

— Mais, monsieur, sans doute que je le crois; permettez-moi de vous dire que vous m'*agacez* : 1 et 4 font 14 apparemment.

Et les rires partaient de toutes parts, car la bonne madame de Damitz étant *continuellement agacée*, on s'amusait de ses accès de colère les plus comiques du monde; aussi le prince Eugène lui répliqua-t-il d'un grand sang-froid :

[1] Le bonheur du petit prince Charles était de lui faire des *camouflets*. C'est porter légèrement un papier allumé sous le nez d'un dormeur ou d'un distrait pour le réveiller. Le comte de Baleuze était si bon qu'il se prêtait à cette plaisanterie dont on ne manquait pas de réprimander le jeune prince. (*Note de l'auteur.*)

— Je vous demande pardon, madame, 1 et 4 font cinq.

Madame de Damitz n'osa rien répondre au prince, mais elle dit à M. de Vernouillet.

— Vous êtes bien heureux que ce ne soit pas vous!

— *Del mio delfino*, riposta celui-ci, toujours occupé du jeu, *il est cuit!*

Ces expressions un peu triviales ne messéaient pas au marquis, et contrastaient avec l'élégance de sa tournure; il s'était mis sur le pied de tout dire et comme il le voulait. Madame la princesse appelait cela tout bas ses *licences royales*.

— Mon ange, glissait madame de Borck à l'oreille de son mari, vous avez oublié une marque; heureusement je suis près de vous, ajouta-t-elle avec un sourire empreint de toute la coquetterie de sa jeunesse.

Le dernier lot fut enfin tiré, la partie continua. On joua avec toute la *furie* des existences inoccupées, pour lesquelles la moindre chose est un événement. M. de Vernouillet, qui a la manie de rimer à tout propos, perdait beaucoup; il s'écria avec une verve comique, au moment où sa bourse était vide et où le loto finissait :

Quoi ! déjà plus d'argent ! comment le concevoir?
Vous n'avez plus de ronds et je n'ai plus d'espoir.

J'écrivis, le soir même, cette petite scène. Malgré sa futilité, c'est un petit tableau qui fera connaître cet intérieur d'Étupes, où la vie était si douce et si facile, les rapports si pleins de bonhomie et de bienveillance. Les petites passions de l'intimité s'y donnaient carrière, sans jamais amener le moindre orage, ni la plus légère discussion. A peine quelquefois une malice ou la critique la plus innocente venait animer la conversation.

On était heureux à Étupes, et on y faisait le plus d'heureux possible. Que de bonnes œuvres ! combien de fois ai-je vu les jeunes princesses se priver d'une fantaisie, pour secourir de pauvres familles ! Aussi la reconnaissance est dans tous les cœurs, leur nom est béni, et tout ce bonheur laisse dans l'âme un doux et touchant souvenir.

CHAPITRE XXI

Madame la duchesse de Bourbon à Montbéliard. — Attentions particulières. — Son caractère. — Son mariage. — Passion du duc de Bourbon. — Accident, lors de la naissance du duc d'Enghien. — Refroidissement. — La marquise de Barbantane. — La comtesse d'Hunolstein. — Le duc de Bourbon au camp de Saint-Roch. — Promenades solitaires. — Confidences. — Madame de Canillac. — Madame de Monaco. — Madame de Courtebonne. — Mademoiselle Michelot de l'Opéra. — Scène au bal de l'Opéra. — Éclat. — Le roi intervient. — Duel du comte d'Artois et du duc de Bourbon. — Le comte d'Artois se rend chez madame la duchesse de Bourbon. — Réception que le public leur fait à l'Opéra. — Indifférence du duc de Chartres. — La princesse d'Hénin. — Les châteaux de Weckenthal et de Freundstein. — Légende.

Il vint à Étupes une visite fort agréable et fort distinguée des autres de toutes manières, celle de madame la duchesse de Bourbon. Elle voyageait pour se distraire du profond ennui qu'elle éprouve depuis sa séparation d'avec son mari et les injustices dont le monde l'a accablée. Elle vint à Étupes, beaucoup en souvenir de madame la comtesse du Nord, qu'elle avait malheureusement peu vue et qui lui avait plu infiniment. Ce même souvenir me valut de sa part une attention particulière et une bienveillance que j'étais loin de mériter. Elle me la montra dès le premier jour, et me dit avec la franchise de son caractère :

— Madame d'Oberkirch, madame la grande-duchesse est bien heureuse de vous avoir pour amie, et si j'osais, je vous demanderais la seconde place.

Je répondis comme je le devais, par des remerciments et des modesties.

— C'est entendu, interrompit-elle ; à dater d'aujourd'hui vous êtes à moi en France, ce qui ne vous empêche pas d'être à madame la grande-duchesse en Russie ; nous vous partagerons comme Proserpine, seulement je ne veux pas être Pluton.

Madame la duchesse de Bourbon était fille de M. le duc d'Orléans (petit-fils du régent et mari de madame de Montesson) et d'une princesse de Bourbon-Conti, de triste mémoire, morte en 1759. Née en 1750, elle avait alors trente-trois ans ; elle était, sinon belle, au moins fort agréable, d'un esprit prompt et vif, d'un caractère passionné et loyal ; elle tenait plus de la race où elle était entrée que de la sienne propre.

Elle le disait souvent :

— J'ai tout de Condé et rien d'Orléans.

Elle fut mariée en 1770. M. le duc de Bourbon était fort épris d'elle. Mademoiselle avait près de six ans de plus que son mari, L'*Amoureux de quinze ans*, joué à Chantilly lors des fêtes du mariage, avait pour sujet l'amour que ce jeune prince portait à la princesse sa femme, les soins et la passion qu'il affichait pour elle. J'ai déjà parlé de cette bluette de Laujon, qui était alors attaché à M. le comte de Clermont, abbé de Saint-Germain, mort en 1771, grand-oncle de M. le duc de Bourbon.[1]. Après la cérémonie, on avait décidé que le prince voyagerait quelque temps et que madame la duchesse de Bourbon resterait au couvent pendant son absence. Cet arrangement ne plut jamais au jeune mari, et sans autre forme de procès il enleva sa femme, qui s'y prêta de la meilleure grâce du monde.

Elle devint grosse bientôt, et après quarante-huit heures d'atroces douleurs, elle mit au monde un fils, auquel on donna le nom de duc d'Enghien [2]. L'enfant, au moment de sa naissnce, était noir et ne donnait aucun signe d'existence; on l'enveloppa de linges trempés dans de l'eau-de-vie, le feu y prit, on crut que le malheureux enfant allait brûler. Ce furent des transes horribles, comme on peut l'imaginer; heureusement on en fut quitte pour la peur.

La passion de M. le duc de Bourbon avait été trop vive pour durer longtemps; elle s'éteignit comme les feux de paille. Il commença à s'occuper d'autres femmes, ce qui mit la sienne au désespoir. Elle fit tout ce qu'elle put pour le ramener, mais l'éclat auquel elle se laissa emporter follement ne fit que l'éloigner davantage. Il en résulta une indifférence mutuelle, qui aboutit à une séparation à la fin de 1780.

Madame la duchesse de Bourbon est d'un caractère faible et indécis; elle n'est jamais sûre de vouloir une chose, aussi est-elle très-facile à influencer; par suite, sa décision légère amène aisément un changement d'avis. Elle est bonne, mais elle est renfermée même

---

[1] Le comte de Clermont, abbé commendataire de Saint-Germain des Prés, commandait les troupes du roi en 1758, à la bataille de Crevelt où il fut défait. A l'armée on l'appela par dérision le général des bénédictins.

[2] Le même qui a été assassiné dans les fossés de Vincennes, dans la nuit du 21 mars 1804.

aux personnes qu'elle aime le plus ; elle n'ouvre jamais tout son cœur. Elle est d'ailleurs timide, et bien qu'elle ait beaucoup d'esprit, elle manque quelquefois totalement de conversation. Elle dit souvent qu'elle a tout vu, tout connu, tout aimé, et qu'elle s'est dégoûtée de tout. Cette fâcheuse disposition n'est chez elle qu'un accident, car peu de femmes ont autant de ressources dans l'esprit et autant de moyens de s'occuper. Elle chérit la retraite avec quelques amies ; elle cultive les arts et les sciences et ne hait point la bonne chère. Elle peint agréablement et joue bien de la harpe. Elle s'est occupée des hypothèses de Lavater et des découvertes Mesmériennes ; en tout, c'est un esprit inquiet et *chercheur*. Elle veut savoir, et elle a peu la patience d'apprendre. Elle n'est point exclusive et n'a pas de parti pris en affection. Elle s'attache souvent à des gens de goûts, de principes et d'habitudes fort opposés. Elle vit au milieu de tout cela, et laisse à chacun son opinion en réservant la sienne. Sa gouvernante a été madame la marquise de Barbantane.

Madame la duchesse de Bourbon a infiniment de grâce dans l'esprit et une originalité qui, lorsqu'elle veut bien se livrer, rend sa conversation très-piquante, originalité que corrige d'ailleurs l'excellence de son cœur. Ce qui prouve qu'elle a horreur du vice et de la méchanceté, c'est qu'elle n'a jamais voulu prendre pour dame la comtesse d'Hunolstein, fille de madame de Barbantane, avec qui elle a été élevée à Panthémont, parce qu'elle connaissait ses mauvais penchants. Depuis l'éclat du duel dont nous parlerons tout à l'heure et sa séparation, madame la duchesse de Bourbon est entrée dans des idées mystiques qui me paraissent fort exaltées. En politique elle a adopté des principes démocratiques, ou qui en approchent, et très-singuliers chez une princesse de son sang. Pour ceux qui la connaissent bien, cela n'a rien d'extraordinaire. Elle ne voit rien qu'avec passion ; elle tombera toujours d'un extrême dans l'autre, ce qui est une triste disposition à une époque comme la nôtre.

M. le duc de Bourbon partit au mois d'août 1782 pour l'Espagne, avec M. le comte d'Artois, qu'il accompagna sous le nom de comte de Dammartin. Il se rendit au camp de Saint-Roch, devant Gibraltar, et s'y battit comme un Condé : c'est tout dire. A son retour, le roi le reçut chevalier de Saint-Louis et le nomma maréchal de camp.

Pendant son séjour à Étupes, madame la duchesse de Bourbon me fit l'honneur de m'emmener chaque jour avec elle dans des promenades solitaires qu'elle entreprenait autour du château. Nous restions quelquefois plus de trois heures, tête à tête, à causer de toutes choses et de toutes gens ; mais sa conversation la plus habituelle était de vouloir me persuader de son innocence à l'endroit des calomnies dont elle souffrait infiniment plus qu'on ne le supposait. Un matin, elle me dit avec une sorte d'embarras qui m'étonna :

— Ma chère baronne, vous ne me connaissez que par les aventures qu'on me prête, et vous me prenez certainement pour une extravagante, en vous supposant une grande dose d'indulgence. N'allez pas dire non ; je ne vous croirais plus.

— Mais, madame, vous me placez dans une position étrange.

— Je vous place dans la position d'une femme que je veux éclairer, si elle a la patience et la volonté de l'être. Voyons, laquelle de mes trois énormités voulez-vous que je vous explique ? Cela ne sera pas plus difficile pour l'une que pour l'autre.

— Si Votre Altesse veut bien m'honorer de sa confiance, il ne me reste qu'à attendre son bon plaisir et à l'en remercier ; j'en suis digne par mon dévouement, et je le serai par ma discrétion.

— Je sais tout cela. Vous ignorez combien j'ai été malheureuse et combien je le suis encore. J'ai aimé mon mari ; quelquefois, il me semble que je l'aime toujours, je l'ai aimé d'une passion sans bornes, sans raison ; il m'en a récompensée par un mépris sans raison et peut-être aussi sans bornes, comme mon amour. Écoutez-moi bien, écoutez bien les détails circonstanciés que je vous donnerai, vous verrez que je n'ai pas tous les torts. M. le duc de Bourbon, au lieu de ménager mon sentiment si tendre pour lui et mon âme si sensible, m'a donné l'exemple de la légèreté, de l'infidélité surtout. Il s'est vivement et uniquement attaché, après deux ans de mariage, à madame de Canilhac, mon ancienne dame pour accompagner. Ce scandale fut poussé à un tel point, qu'il devint impossible de le tolérer sous mes yeux, et que je priai madame de Canilhac de se retirer. C'est cette action digne, honorable, je puis le dire, qui m'a valu depuis l'insulte que j'ai reçue au bal de l'Opéra, le duel qui s'ensuivit, et toutes mes épreuves. Voyez à quoi tient l'avenir.

Elle me raconta ensuite qu'en 1780, lors d'une brouillerie entre eux, madame de Monaco, autre maîtresse du prince, engagea M. le duc de Bourbon à écrire à sa femme qu'elle lui ferait plaisir, ainsi qu'au prince de Condé, en ne venant pas avec eux aux courses de Chantilly. Ce procédé l'exaspéra, sachant surtout d'où il partait.

Le prince s'est épris plus tard de madame de Courtebonne, aussi attachée à la princesse sa femme, et il prit si peu de soin de cacher cette intrigue, qu'il se battit par jalousie avec M. d'Agoult, son capitaine des gardes et son rival.

Ce n'est pas tout, la liste est loin d'être épuisée : elle commence à peine. M. le duc de Bourbon a eu longtemps pour maîtresse, et cela peu d'années après son mariage, mademoiselle Michelot de l'Opéra, dont il a eu un enfant. Il fut non-seulement baptisé sous le nom de Bourbon, mais, d'après l'ordre du roi, tenu sur les fonts par mademoiselle de Condé et le prince de Soubise. Toutes ces histoires ont été publiques, et la princesse n'a pu contenir son indignation en se voyant, en ce moment-là même, en butte à de cruels reproches et d'injurieux soupçons. D'ailleurs la séparation n'est pas de son fait, elle ne s'est point opposée aux démarches conciliantes faites par M. le duc d'Orléans, son père ; c'est au contraire M. le duc de Bourbon qui a écrit au roi une lettre vraiment révoltante et incroyable.

Quant au duel, en voici la cause : M. le comte d'Artois était fort épris de madame de Canilhac, dont M. le duc de Bourbon ne voulait plus ; ce qui n'empêchait pas cette jeune femme d'être fraîche et gracieuse. Au bal du mardi gras 1778, madame la duchesse de Bourbon donnait le bras au beau-frère de cette jeune femme. Ils rencontrèrent M. le comte d'Artois et madame de Canilhac ; celle-ci montra la princesse au comte d'Artois et le pria d'être particulièrement désagréable à Son Altesse sérénissime. Bon petit cœur ! Le prince est étourdi, chacun le sait ; il était des plus épris ; il fit semblant de prendre madame la duchesse de Bourbon pour une créature comme il s'en rencontre au bal de l'Opéra, et prononça les mots les plus incroyables. Madame la duchesse de Bourbon, n'étant pas maîtresse d'un premier mouvement, arracha le masque du prince, et celui-ci, furieux, lui écrasa le sien sur le visage, sans cependant la démasquer. La princesse eut la prudence de ne rien dire. D'un caractère facile, elle oublia l'insulte et n'attacha le lendemain aucune importance à cet événement. Mais M. le comte d'Artois raconta cette histoire à souper chez madame Jules de Polignac ; il en parla partout. Ce fut un scandale effroyable. Madame la duchesse de Bourbon l'apprit et éclata. Tout le monde se rangea de son côté, surtout les femmes. On la blâma de n'avoir point instruit son mari et sa famille en demandant vengeance. Elle ne le pouvait pas ; c'eût été aggraver les choses, ce que l'événement a prouvé. M. le prince de Condé alla trouver le roi et le pria d'intervenir dans tout ceci. Il fit venir les parties intéressées dans son cabinet, voulant tout connaître comme chef de famille ; il crut suffisant de les faire embrasser et de leur ordonner d'oublier le reste. Madame la duchesse de Bourbon ne se trouva point satisfaite de la conduite de M. le comte d'Artois ; elle tint bon, et partit mécontente du prince. M. le duc de Bourbon, comme je l'ai dit, n'était pas satisfait non plus. Il ne pouvait provoquer directement un frère de Sa Majesté ; il le lui fit comprendre, et le petit-fils de Henri IV ne se fit pas prier. Ils allèrent au bois de Boulogne, où les Parisiens étaient à leur poste. L'épée de M. le comte d'Artois s'engagea sous le bras de M. le duc de Bourbon ; on le crut blessé, on déclara l'honneur satisfait et on arrêta le duel. Les princes s'embrassèrent et tout fut terminé. Chacun avait fait son devoir. M. le prince de Condé et M. le duc de Bourbon, transportés, remercièrent M. le comte d'Artois de l'honneur qu'il leur avait fait en croisant le fer avec eux, et en retour M. le comte d'Artois alla faire des excuses à madame la duchesse de Bourbon, ainsi qu'on le lui avait conseillé. Il se rendit au palais Bourbon et plaisanta agréablement sa cousine sur *leur procès*. Peut-être crut-il bien faire en traitant la chose légèrement, mais une visite si tardive ne réussit pas auprès de madame la duchesse de Bourbon. Quoi qu'on en ait dit, elle fit tout au monde pour le bien recevoir, mais ce ton la blessa; elle ne put s'empêcher de le laisser voir en lui opposant une froide réserve; sa dignité personnelle l'exigeait.

Avec plus de prudence, madame la duchesse eût peut-être évité cet éclat, mais elle adorait son mari; son cœur était brisé. Elle avait chassé de son palais madame de Canilhac, et cette rivale, qui ne le lui pardonna jamais, avait amené cette triste scène pour se venger. En donnant tort à la princesse pour la forme, on ne peut que lui donner raison pour le fond.

Le soir, à l'Opéra, M. le comte d'Artois fut reçu excessivement froidement par le public, et les Condés, au contraire, accablés d'applaudissements. On en sut mauvais gré à la princesse; qu'y pouvait-elle? Le palais Bourbon fut toute la journée rempli de visiteurs; M. le prince de Condé voulait les recevoir tous, malgré madame sa belle-fille. On s'en prit à celle-ci de ce qu'on appela une insolente rivalité.

M. le comte d'Artois est pourtant un prince charmant, rempli de qualités admirables, de loyauté, de noblesse, mais en cette circonstance il fut égaré.

Madame la duchesse de Bourbon n'a pas une grande affection pour M. le duc de Chartres, son frère; elle n'a pu oublier la manière dont il s'est conduit lors de cette affaire, et comment il osa dire en ce moment:

CHAPITRE XXI.

— Elle n'est ni ma fille ni ma femme, je n'ai pas besoin de me mêler de ses sottises !

Avant la querelle de M. le comte d'Artois, madame la duchesse de Bourbon avait encore eu une malheureuse histoire, qui fit beaucoup de bruit en 1773. Madame la princesse d'Hénin, qui était fort éprise de M. de Coigny et jalouse, je ne sais pourquoi, de madame la duchesse de Bourbon, rencontrant Son Altesse au bal de l'Opéra, profita de ce qu'elle était masquée pour avoir l'air de ne pas la reconnaître, et lui dit les choses les plus désagréables sur sa personne et sur sa conduite. Qu'est-ce que cela prouve? de l'emportement et de la passion de la part de madame d'Hénin, et peut-être de la coquetterie de la part de madame la duchesse de Bourbon. On fit là-dessus courir mille bruits sur elle ; on assura qu'elle était exilée à Chantilly. De là l'origine des propos malveillants et des calomnies dont elle a si souvent été victime.

Pauvre princesse ! elle paya bien cher l'abandon de sa mère.

Madame la duchesse de Bourbon voulait absolument connaître nos ruines d'Alsace. Elle fit plusieurs excursions dans lesquelles nous l'accompagnions à tour de rôle ; mais lorsqu'il fut question des châteaux et des montagnes où ma famille avait joué un rôle, elle ne voulut plus d'autre guide que moi. Elle me fit même l'honneur de me dire qu'elle voulait venir à Schweighausen, afin de visiter de là tous les lieux qui m'intéressaient. Je partis donc un jour d'avance afin de la recevoir, et en effet le lendemain elle arriva. Nous nous mîmes en route, et après avoir traversé Cernay, à une lieue de cette ville (entre les deux chaussées qui mènent l'une à Soultz et l'autre à Rufach), nous arrivâmes à l'endroit où était autrefois le château de Weckenthal, tout près du village de Berwiller.

Ce château, siége principal de notre maison, lorsqu'elle était dans toute sa puissance, était flanqué de tours, défendu par une multitude de remparts et de ponts-levis, entouré de trois enceintes fortifiées et d'un ouvrage avancé [1]. Brûlé en 1652 par Renaud de Rosen, il n'en reste plus rien aujourd'hui. Si les castels situés sur les collines du Sundgau ont disparu sans laisser de ruines, comme ceux qui couronnent les Vosges, dont les restes ont été protégés par leur situation d'un difficile accès, à plus forte raison il en est ainsi de ceux de la plaine.

Madame la duchesse de Bourbon aimait les vieux donjons. Elle voulait visiter Freundstein, le berceau de notre famille.

A Wunenheim, nous prîmes un sentier le long des prairies qui sont derrière ce village, puis nous pénétrâmes dans la forêt, et après une heure et demie de marche, nous commençâmes à gravir la montagne en quittant la vallée et le charmant ruisseau qui l'arrose. La pente est dure et le chemin pénible. Il faisait chaud, Son Altesse s'arrêtait souvent, s'asseyant sur l'herbe pour reprendre haleine. Il nous fallut deux grandes heures pour arriver au sommet de la montagne et sur le plus élevé des trois pics de Freundstein. C'est là que se trouvent les ruines, ayant pour base un rocher escarpé.

Ces trois cimes sont représentées dans l'écusson des

---

[1] Voyez Golbery, *Antiquités d'Alsace*. Weckenthal avait été bâti en 1480, par Hermann de Waldner conseiller de Charles le Hardy duc de Bourgogne, et son gouverneur pour les pays bas autrichiens. Le comte de Montbrison possède un tableau à l'huile représentant ce château de Weckenthal ; madame la baronne Charles d'Anthès, née de Waldner, en a une copie.

Waldner qui porte d'*argent à trois rochers de sable surmontés chacun d'une merlette de gueules*. Le donjon est encore assez bien conservé et se voit de Fribourg en Brisgau, qui est à douze lieues de là. A travers les fenêtres sans vitraux, on aperçoit au sud la vallée de Saint-Amarin ; du côté de l'entrée qui est au nord, on domine la vallée de Soultz, dont on n'aperçoit cependant pas le fond, puis le ballon de Gebwiller, et à gauche le ballon de Giromagny qui est plus éloigné. Cela fait la plus admirable vue possible. La princesse ne pouvait se lasser de l'admirer. »

Freundstein fut brûlé en 1470, dans la guerre des Waldner contre la ville de Soultz qui paya cher cette victoire. On voit le rôle que jouaient nos pères dans cette terre classique de la féodalité. Reconstruit presque de suite, il fut habité jusqu'en 1525, où il fut définitivement démantelé dans la guerre des *Paysans*.

Ces *Rustauds* prirent d'abord pour bannière une pique surmontée d'un soulier et écrivirent en lettres rouges sur l'étendard leur cri de guerre : *Rien que la justice de Dieu*. C'est ce qu'on nomma la révolte du *Bundschuh*. La réforme religieuse vint ranimer les passions de ces paysans, qui, sous le nom d'anabaptistes, continuèrent leurs cruautés et leurs ravages en Allemagne. Mais enfin la révolte fut écrasée, et l'Alsace respira jusqu'à la guerre de Trente ans.

Alors le comte de Mansfeld, chassé de la Bohême, et le comte de Horn avec ses Suédois occupèrent et ravagèrent ce beau pays pendant plusieurs années. Beaucoup de châteaux-forts furent brûlés et démolis par eux, entre autres le château d'Oberkirch qui le fut en partie. Les ordres de Louis XIV achevèrent cette œuvre de destruction.

Il y a sur le château de Freundstein différentes légendes, dont une, entre autres, est fort curieuse à raconter. On l'a dite à madame la duchesse de Bourbon sur les lieux mêmes, et elle en fut intéressée au point de commander, sur ce sujet, un petit tableau, réellement très-poétique et très-remarquable.

Un Géroldseck devint éperdument amoureux d'une Waldner de Freundstein qui ne répondit pas à ses vœux ; elle aimait un page de son père, un enfant de la souche de Ribeaupierre, mais repoussé par sa famille à cause de la naissance illégitime de sa mère. Le sire de Waldner permit à sa fille de refuser le sire de Géroldseck, mais il ne lui eût jamais permis d'épouser ce page. Géroldseck furieux, se couvrant de sa pesante armure, se met à la tête de ses guerriers et vient mettre le siége devant Freundstein.

— Je l'obtiendrai, dit-il, par la force et la terreur.

L'attaque fut terrible et soutenue, la résistance ne fut pas moins opiniâtre, mais inutile. On enfonça les portes, l'ennemi resta maître du champ de bataille et refoula la garnison dans ses derniers retranchements.

Le sire de Waldner alla alors trouver sa fille.

— Veux-tu tomber entre ses mains ? lui dit-il, en montrant l'ennemi qui s'emparait de la dernière enceinte.

— Plutôt mourir, mon père !

— Tu préfères la mort, dis-tu, ma fille ?

— Cent fois et mille fois, mon père.

— Eh bien ! mets ton voile de fiancée, viens avec moi, et montre tout ce que sait être une Waldner.

En ce moment suprême, la jeune héroïne pensa à celui qu'elle aimait, à l'impossibilité d'unir jamais son sort à celui d'un enfant déshérité et méconnu.

— Vous avez raison, mon père, soyons jusqu'à la fin dignes de nos ancêtres.

Devinant ce que méditait le vieux sire, belle de son émotion autant que de sa beauté, elle le suivit sans hésiter. Le temps pressait, un moment de plus, et ils tombaient entre les mains du vainqueur; le page tenait le cheval du vieux chevalier; la jeune vierge en l'apercevant lui tendit la main et lui dit :

— Je vais mourir pour rester digne de notre amour impossible sur la terre, nous nous rejoindrons là-haut; et elle s'élança en croupe de son père.

— Je vous suis, madame; le sire mon maître ne marche jamais sans son page.

Waldner ne l'entendit pas sans doute; ses regards et son attention se portaient sur ses chevaliers et ses hommes d'armes dont le nombre diminuait à chaque instant, et sur la porte que l'ennemi allait franchir : il pousse en avant son cheval de bataille et, arrivé sur le sommet de son dernier retranchement, il jette les yeux en arrière au moment où Géroldseck arrivait triomphant.

— Donne-moi ta fille, Waldner, s'écriait-il.

— La voilà, lui répond le père qui, n'écoutant que la voix de l'honneur et du désespoir, s'élance en piquant des deux et tombe mort ainsi que sa fille au milieu des assiégeants. Quelle vue pour Géroldseck! Le vertige le saisit, il abandonne ses rênes et suit dans sa chute celle qu'il vient de perdre; leurs corps fracassés sont étendus l'un près de l'autre; c'est ainsi qu'il a conquis celle qu'il aime.

Le pauvre page n'était point arrivé jusque-là, un carreau d'arbalète l'avait abattu derrière le cheval de son seigneur, il précéda au ciel sa dame adorée [1].

---

[1] MM. Schweigheuser et de Golbery ont reproduit dans les *Antiquités d'Alsace* cette tradition populaire, à peu près telle que la voici. Je ne sais s'ils l'ont prise dans quelque ouvrage ancien, ou

Je n'ai pu passer cette légende sous silence; c'est une tradition qui s'est maintenue dans ce pays-ci. Elle a, je crois, été imprimée quelque part, et est devenue historique.

Nous visitâmes aussi à Soultz les tombeaux de notre famille. Ils sont fort anciens et curieux. Il en existe d'autres à l'église de Saint-Pierre à Bâle, à Baldenheim et à Sierentz.

Nous passâmes ainsi dans ces excursions trois jours que l'esprit et les bontés de madame la duchesse de Bourbon me rendirent des plus agréables.

CHAPITRE XXII

Les cadogans. — Conspiration contre la poudre. — Les rousses et les blondes. — L'archiduc Maximilien. — Le prince de Hesse-Darmstadt. — Colonel-Général-Hussards. — M. de Kellermann. — Naissance de la princesse Alexandra. — Le baron de Breteuil. — Les dames *nièces* et les dames *tantes*. — Dignitaires du chapitre de Remiremont. — Mort du comte de Waldner. — Sur les deuils. — Le bailliage de Saxe demandé pour mon oncle. — Lettre de la grande-duchesse Marie à l'archiduc Maximilien. — Sur l'ordre Teutonique. — Mergentheim. — Départ de madame la duchesse de Bourbon.

Madame la duchesse de Bourbon avait apporté à la cour de Montbéliard une mode que nous nous empressâmes toutes de prendre, celle des cadogans, jusqu'ici réservée aux hommes. Rien n'est plus joli et plus cavalier quand on y joint les cadenettes, le petit chapeau et le plumet. On craignait que cette coiffure

seulement dans la croyance établie; la ballade allemande a été imprimée dans l'*Elsæssicher Sagenbuch*.

ne durât pas; le roi la détestait; il ne cessait de s'en moquer, et en parlait même avec aigreur, ce qui est éloigné de son caractère habituel.

Un jour, il est entré chez la reine avec un chignon; Sa Majesté se mit à rire.

— Vous devriez trouver cela tout simple, madame; ne faut-il pas nous distinguer des femmes qui ont pris nos modes?

Marie-Antoinette comprit la leçon, et, en effet, les costumes masculins tombèrent peu à peu.

Il y eut cette année une révolution dans les habits des enfants, dont je fus charmée pour ma part. On cessa de leur saupoudrer la tête à blanc, comme on le faisait autrefois. Ils étaient tout à fait défigurés, avec ces rouleaux pommadés, ces boucles et tout cet attirail. Rien n'était plus ridicule que ces petites créatures, avec une bourse, un chapeau sous le bras et l'épée au côté. Depuis la révolution établie dans la chevelure, les enfants portèrent les cheveux en rond, bien taillés, bien propres et sans poudre.

On amena un jour à Étupes le plus joli petit garçon du monde, fils d'un gentilhomme du voisinage; il entra paré comme son grand-père, se tenant droit, très-occupé de son épée et de son habit brodé, et parfaitement ridicule, j'en réponds. Mademoiselle de Domsdorf vint me dire tout bas qu'il fallait faire une conspiration pour mettre cet enfant à la mode. Elle emmena donc la mère du petit bonhomme, pendant que son père faisait sa cour, et fit si bien, que celle-ci partagea bientôt son désir de délivrer d'un tel supplice son pauvre héritier. Les conjurées, fortes du consentement de la mère qui voulut faire semblant de ne rien savoir, emmenèrent l'enfant dans la chambre de madame Hendel, où l'on fit venir le valet de chambrecoiffeur des jeunes princes; en une demi-heure le changement complet s'opéra, et il reparut au salon, tout à son avantage. Ce furent de grandes exclamations de diverses espèces. Le père, mécontent d'abord, n'osa pas trop mal prendre la chose, et finit par reconnaître le mérite de la métamorphose.

Les femmes se mettaient alors de la poudre d'iris, un peu plus que blonde, ce qui fait qu'elles avaient toutes l'air rousses. C'est apparemment pour accorder les blondes et les rousses qui chacune veulent être les plus belles, et qui chacune, il faut le dire, avaient des partisans. En vérité, les modes font souvent de grandes extravagances, elles servent à gâter ce qu'a fait la nature; ce qui ne nous empêche pas de nous trouver, tant que nous sommes, charmantes ainsi affublées.

Plusieurs princes arrivèrent successivement à Montbéliard : d'abord l'archiduc Maximilien, électeur de Cologne, qui, s'il a peu d'esprit, est d'une bonté extrême. Il m'honorait particulièrement de sa bienveillance, et la conversation roulait toujours sur un bourgeois dont la maison gênait sa vue dans un de ses châteaux, et qu'il ne pouvait se décider à en chasser.

— Il n'a pas voulu me la vendre ; on me conseilla de m'en emparer en lui en payant le prix, mais je ne le ferai point ; ce pauvre homme est né là, son père y est mort; on comprend cela, n'est-ce pas, madame la baronne? Pourtant ce toit rouge me contrarie bien. — Et c'était toujours à recommencer.

— Monsieur l'archiduc n'a donc qu'une seule idée dans la tête? disait madame la princesse.

— C'est apparemment, répondit M. de Vernouillet, qu'il n'a pas de quoi en changer.

Après l'archiduc vint le duc Pierre de Holstein-Oldenbourg, le même qui avait laissé l'administration d'Oldenbourg à son cousin, ainsi que je l'ai dit; il jouait admirablement aux échecs, et gagna tous nos professeurs, même le conseiller Rossel, qui chanta son malheur par un nouveau dithyrambe.

Le prince héréditaire de Hesse-Darmstadt, depuis grand-duc, donna aussi quelques jours à Étupes. Il trouva madame Angélique de Messey, dame de Remiremont, fort agréable, et s'arrêta un peu plus à cause d'elle. Mais bientôt il se lassa d'une chimère et partit.

M. d'Oberkirch vint me retrouver vers le mois d'août. Il m'annonça avec satisfaction que, sur la demande de madame la duchesse de Bourbon, M. le duc de Chartres avait fait passer dans le régiment de Colonel-Général-Hussards qui venait d'être créé, et dont il était colonel, mon beau-frère, le baron Samson d'Oberkirch. Le baron seconda, pour la formation de ce régiment, M. de Kellermann, lieutenant-colonel, qui s'est distingué dans la guerre de Sept ans. Mon mari se montrait très-reconnaissant de cette faveur, accordée également au jeune baron de Bock.

Nous eûmes la joie d'apprendre l'heureuse naissance d'Alexandra Paulowna, grande-duchesse de Russie [1], et par conséquent la délivrance de sa bien-aimée mère, qui souffrait beaucoup de sa grossesse et dont la couche fut très-pénible. Madame la princesse en était inquiète; l'absence et surtout l'éloignement d'une fille si chère lui causait des tourments sans cesse renouvelés. Elle achetait bien chèrement la grandeur de sa maison.

La même lettre de madame la duchesse de Bourbon,

---

[1] Cette princesse, née le 9 août 1783, fut promise à Gustave-Adolphe IV roi de Suède, mais Catherine ayant refusé de la laisser changer de religion, le mariage ne se fit pas. Elle fut mariée en 1799 à l'archiduc Joseph Palatin, et mourut en 1801.

qui m'apprenait la nomination de mon frère, me donnait aussi des nouvelles de la cour. Le baron de Breteuil venait d'entrer au conseil ; il était remplacé dans son ambassade, près de l'empereur, par le marquis de Noailles. Le baron de Staël-Holstein, ministre du roi de Suède, présentait ses lettres de créance au roi. C'est le même qui, depuis, a épousé mademoiselle Necker. Enfin, Monsieur, comte de Provence, partait pour faire une tournée en Lorraine. Il allait voir son régiment de carabiniers à Metz, puis la gendarmerie de Lunéville, et toutes les garnisons sur son passage. Il fut un instant question d'une visite du prince de Montbéliard à Son Altesse royale, mais madame la princesse ne voulut pas le laisser s'éloigner d'elle ; il était un peu souffrant.

On ne parlait alors dans toute la Lorraine, l'Alsace et même à Paris, que du procès des dames *nièces* avec les dames *tantes* du chapitre de Remiremont ; ce qui n'est pas étonnant quand on songe à l'illustration de ce chapitre, à l'importance de la dignité contestée, et à la qualité des personnes qui étaient parties dans ce procès. Chaque camp avait répandu de nombreux mémoires ; le parti de l'élection avait formé appel du jugement rendu contre lui l'année précédente par le parlement de Nancy. Les dames *nièces* prétendent toujours que le chapitre n'est qu'un corps laïque, et que les dames tantes n'ont pas la propriété des voix des dames nièces. On attendait avec impatience le jugement du conseil auquel la requête avait été signifiée. Elle a été jugée, le roi présent. L'élection de madame de Ferette à la dignité de secrète, en remplacement de madame de Lenoncourt, a été confirmée. Les dames opposantes ont été déboutées, et les dames *nièces* eurent gain de cause contre les dames *tantes*.

— Ce n'est pas qu'elles aient raison, ajoutait M. de

Vernouillet, c'est tout bonnement qu'elles sont plus jeunes.

Le doyen de Murbach, auquel il racontait cette folie, lui répondit sérieusement que les années ne faisaient rien à la chose.

On s'amusa beaucoup de ce débat que le marquis poussa, selon sa coutume, au dernier degré. Il fallut le faire taire.

Les dignités de ces dames étaient considérables. Madame la princesse Christine de Saxe, Altesse royale, en était abbesse. Il y avait ensuite la doyenne, la secrète, la censière, la dame du deus, la grande-aumônière, la boursière d'argent, la boursière de grains, la dame du sceau, les dames chantres, la trésorière-lettrière, la dame de la fabrique, la coadjutrice, qui était alors la princesse Charlotte de Lorraine, et enfin trente-deux chanoinesses. A l'heure où j'écris (89), c'est Son Altesse sérénissime madame la princesse Louise de Condé qui est abbesse de ce puissant chapitre. La maison de France en a déjà fourni plusieurs.

J'eus un deuil à porter, auquel je m'attendais depuis longtemps, celui du comte de Waldner, mon oncle, très-âgé et très-malade, on le sait. Mon père prit en conséquence le titre de comte, qui lui était réversible, et à mon frère après lui. Les deuils de famille ne sont quelquefois que des deuils de convenance ; celui-ci, sans être une douleur profonde, m'affligea, surtout à cause de mon père. Le deuil n'est pas l'expression des regrets, il est celle d'un devoir à remplir envers les morts. C'est un hommage rendu à ses parents, aux liens de la famille. Quand le chagrin ne devrait pas durer autant que l'étiquette, ce ne serait pas une raison pour ne pas l'observer. La famille, dans son plus ou moins d'extension, étant la base de la société, on ne peut rompre un anneau de cette chaîne sans affaiblir le réseau formé par tous ces liens. Il a donc été sage de régler la durée du deuil ; il ne le serait pas de l'abréger ou d'en dépasser la limite. On peut, dans ce dernier cas, passer pour vouloir paraître plus sensible et meilleur que d'autres ; et le jour où on change d'habit, le public peut conclure avec quelque raison que la douleur est affaiblie. C'est donner aux autres le droit et le pouvoir de la mesurer et de la supputer, ce qui devient blessant. Ce que nos pères ont fait et réglé est donc sagement pensé, sagement fait.

Il y eut, au commencement de 1784, deux nominations de brigadier parmi nos connaissances : celles de M. de Buttler et du marquis de Bombelles. Nous étions revenus à Strasbourg où nous voyions beaucoup de monde à l'ordinaire. Les régiments en garnison étaient Hesse-Darmstadt (infanterie), Foix, Alsace et Lafère. Nous y connaissions une quantité d'officiers ; les visites nous pleuvaient du matin au soir. Nous étions fort occupés, on le savait, à obtenir le bailliage de Saxe pour mon oncle, commandeur dans l'ordre Teutonique. Madame la grande-duchesse Marie écrivit sur ma demande à l'archiduc Maximilien, coadjuteur de Cologne et de l'évêché de Munster, frère de notre reine Marie-Antoinette, qui en est le grand maître [1] :

Saint-Pétersbourg, $\frac{16}{27}$ mars 1784.

« Monsieur, je suis si persuadée de l'amitié de Votre Altesse royale que je m'adresse à elle avec confiance pour lui recommander le commandeur de Waldner et vous supplier d'avoir égard à sa prétention à

---

[1] Né en 1761, et devenu plus tard prince électeur de Cologne. Il est mort en 1800.

la dignité de coadjuteur du bailliage de Saxe[1]. Je m'y intéresse vivement, désirant rendre service au commandeur qui joint toutes les qualités d'un bien honnête homme, et j'y suis portée encore par l'amitié qui me lie à la baronne d'Oberkirch, sa nièce. Ces deux considérations m'ont déterminée à faire cette démarche vis-à-vis de Votre Altesse royale, étant sûre que, comme elle aime à obliger, elle aura égard à ma prière, et augmentera par là l'attachement sincère que je lui ai voué ainsi que mon mari, qui me charge de vous offrir ses compliments. Je suis avec la considération la plus distinguée, Monsieur, de Votre Altesse royale la bien dévouée cousine.

« Marie Fœderowna. »

Nous devions partir incessamment. Madame la duchesse de Bourbon m'avait fait l'honneur de m'écrire à plusieurs reprises qu'elle *voulait son* voyage de Paris comme madame la grande-duchesse. Elle y mit tant d'insistance qu'il eût été impertinent de refuser. M. d'Oberkirch le sentit aussi bien que moi et céda. Nous partîmes au mois de mai 1784.

---

[1] Il y a dans l'ordre Teutonique neuf bailliages dont cinq catholiques et quatre protestants. Ces derniers sont ceux de Hesse, de Thuringe, de Saxe et d'Utrecht. Ils sont sous la juridiction du maître particulier d'Allemagne (voir la note à la fin de l'ouvrage).

CHAPITRE XXIII

Paris et madame la duchesse de Bourbon. — Les Tuileries. — Les hommes quittent l'épée. — Les *carabas* et les *pots-de-chambre*. — Madame de Dietrich. — M. Ochs, de Bâle. — Trois femmes aimables. — M. Quinquet et M. de Lavoisier. — *Le Mariage de Figaro*. — Vers. — Mademoiselle Contat. — La dévote et Pierre le Cruel. — Le baron de Thun. — MM. Thélusson. — M. Desguerres. — La duchesse de La Vallière. — Le duc de Châtillon. — Souper sous la feuillée chez madame la duchesse de Bourbon. — La baronne de Zuckmantel. — Le marquis de Deux-Ponts-Forbach. — Les Béthune-Pologne. — Le nouveau Minotaure. — La princesse de Bouillon. — *Rodogune*. — La reine au bosquet d'Apollon. — Dîner chez madame de Mackau. — Madame de Villefort. — La duchesse de Beuvron. — Le marquis d'Harcourt. — On ne mange plus. — Expédient. — Le prince de Conti.

Je revis Paris avec un grand plaisir, je l'avoue. Le séjour que j'allais y faire y devait être presque aussi agréable que l'autre. Si j'avais perdu le bonheur de me trouver avec madame la grande-duchesse Marie, je retrouvais dans madame la duchesse de Bourbon beaucoup de bonté, de bienveillance et un vrai désir de m'être agréable. Ce n'était pas la même chose pour mon cœur accoutumé dès l'enfance à chérir ma première et noble amie, mais c'était beaucoup pour l'agrément de mon séjour à Paris. D'ailleurs, si l'une était mon amie de cœur, l'autre était mon amie d'esprit.

Dès le jour de mon arrivée, j'eus l'honneur de faire ma cour à Son Altesse sérénissime. Elle montra une joie véritable de me voir, et m'accueillit avec une bonté extrême.

Après cette visite, M. d'Oberkirch me proposa d'aller à l'Opéra, et de là aux Tuileries, la promenade à a mode. Comme les Parisiens font tout par caprice, ils ont adopté une allée de ce jardin et ne mettent pas le pied dans les autres. On s'y étouffe, on s'y battrait presque. Les boutons des habits des hommes emportent les blondes des mantelets, les falbalas sont déchirés par les poignées des épées, et les garnitures de point restent quelquefois tout entières au bout d'un fourreau.

Du reste, les gentilshommes commençaient à aller partout sans armes et à ne porter l'épée que lorsqu'ils s'habillent. Le fretin les imitait ; la mode a été plus forte que l'autorité ne l'eût été. Si on eût donné l'ordre de quitter les épées, nul n'aurait voulu y consentir. Un jeune anglomane a imaginé cette incartade ; ses amis ont fait comme lui, et il est devenu de bon genre de s'en passer. Les badauds n'y manquèrent point ; et voilà une institution perdue, voilà une habitude séculaire de la noblesse française jetée aux orties. La mode fait souvent bien des sottises.

Il y avait, dit-on, aux Tuileries, quelques femmes entretenues ; elles sont moins faciles à reconnaître au premier coup d'œil que je ne pensais, et s'habillent décemment pour se donner l'air d'honnêtes bourgeoises.

22 mai. — J'allai voir madame de Bernbold, et le soir même je fus à la promenade, d'abord aux Tuileries, après aux Champs-Élysées et au Cours.

Cette promenade des Champs-Élysées est insupportable. Il n'y a pas une seule goutte d'eau, la régularité en est triste, et par-dessus tout la poussière est fatigante à cause du voisinage de la route qui mène à Versailles. On aperçoit tout le temps les *carabas* et les *pots-de-chambre* qui conduisent beaucoup de solliciteurs. Les carabas, lourdes voitures qui contiennent vingt personnes, ont huit chevaux qui mettent six heures et demie pour aller à Versailles ; il est curieux de voir ce monde ainsi entassé. Quant aux *pots-de-chambre*, outre ses six habitants, il y a encore deux *singes*, deux *lapins* et deux *araignées*. Les lapins sont devant, à côté du cocher, les singes sur l'impériale et les araignées derrière, comme ils peuvent. Cela me parut fort drôle. On n'a pas l'idée de cela dans nos provinces.

Mes journées et mes soirées étaient plus libres qu'à mon premier voyage. J'allai donc causer le soir encore en faisant quelques visites. Je n'entendis parler que de possibilité de guerre entre la Russie et le sultan. J'en fus très-tourmentée pour madame la grande-duchesse dont le mari irait à l'armée probablement. Je lui écrivis avant de me coucher, ainsi qu'à la princesse de Montbéliard.

23 mai. — Je fus de bonne heure chez madame de Dietrich, née Ochs, femme du baron de Dietrich, secrétaire général des Suisses et Grisons dont M. le comte d'Artois est colonel général. Ce prince a eu cette charge fort jeune, lors de la disgrâce du duc de Choiseul à qui elle appartenait avant lui. M. le comte d'Artois aimait beaucoup M. de Dietrich et faisait le plus grand cas de son esprit.

Son père, dont j'ai parlé à propos des fêtes de Reishoffen, est fort riche ; il possède plusieurs seigneuries, et entre autres celles du *Ban de la Roche* dans les Vosges. Il est fils d'un magistrat du conseil souverain d'Alsace. Bien que cette famille ne soit pas de noblesse ancienne, elle est justement considérée. L'aîné des fils, M. Hans (Jean) de Dietrich a épousé mademoiselle de Glaubitz, ce qui le fait parent d'une grande partie de la noblesse d'Alsace. Celui dont il est ici question a été aussi commissaire du roi à la visite des mines, bouches à feu et forêts du royaume.

Le père de madame de Dietrich, M. Ochs, est d'une exagération démocratique partagée par sa fille et inspirée, en partie du moins, par celle-ci à son mari. M. de Dietrich n'en est pas moins spirituel, distingué et de la meilleure compagnie. Madame de Dietrich habitait ordinairement Paris ; elle est petite, vive, spirituelle et tout à fait piquante [1].

Madame de Dietrich, femme de l'ammeistre, cousine de ceux-ci, est une femme véritablement aimable dans toute l'acception du mot.

— Il n'y a que trois femmes sérieusement et véritablement charmantes de conversation dans toute l'Alsace, disait M. le cardinal de Rohan ; ce sont mesdames de Dietrich, de Berckheim de Schoppenwyr et d'Oberkirch ; les autres parlent et ne causent point.

Monseigneur l'évêque était bien gracieux de me mettre sur cette liste si triée, ma vanité s'en flatta, et ma modestie repoussa cette distinction. Il se peut que j'aime la conversation et que je la recherche, ce n'est encore que la moitié du chemin.

Nous avions une loge à la Comédie française pour le *Mariage de Figaro*, que nous connaissions déjà, on se le rappelle, mais que nous étions pressés de juger à la scène. Il avait été joué pour la première fois, le 27 avril précédent [2]. On ne pouvait entrer sans faire

[1] M. Ochs, né à Bâle en 1749, fit en 1798, de concert avec Brune et le colonel Laharpe, la révolution helvétique.

[2] Reçue au Théâtre-Français dans les derniers mois de 1781, cette pièce allait à la fin de l'année suivante être représentée dans la salle de spectacle de l'hôtel des Menus Plaisirs devant toute la cour, lorsqu'au moment même où la représentation allait commencer, un

le coup de poing ; c'était bien pis qu'aux Tuileries. La salle était éclairée par une nouvelle invention due à M. Quinquet, qui avait fort bien réussi, et à laquelle il a donné son nom. Cette lumière douce, vive, exempte de fumée, est d'ailleurs peu dispendieuse ; elle est généralement adoptée aujourd'hui. On assure que M. Quinquet doit le secret de cette découverte à M. de Lavoisier, fermier général et grand chimiste. Il en a fait cadeau à son protégé pour l'enrichir, et, en effet, ce dernier est maintenant tout à fait à son aise. M. de Lavoisier dépense une partie de sa fortune en expériences scientifiques ; il est gendre de M. Paulze, président de la ferme générale et l'un des hommes les plus estimés de la finance.

La pièce de M. de Beaumarchais attire tout Paris ; chacun en dit du mal, et tout le monde veut la voir. On la trouve inférieure au *Barbier de Séville*, et on prétend qu'elle réussit seulement par les flagorneries adressées au parterre. D'ailleurs la famille royale, les princes du sang, la cour tout entière se sont hâtés d'accourir aux premières représentations. Mon avis n'est point celui des autres, je ne l'ai guère dit, mais je l'écris dans ces Mémoires ; ceux qui les liront, verront si je me suis trompée et si la postérité confirme mon jugement.

Le *Mariage de Figaro* est peut-être la chose la plus spirituelle qu'on ait écrite, sans en excepter, peut-être, les œuvres de M. de Voltaire. C'est étincelant,

---

ordre exprès du roi défendit de la jouer sur quelque théâtre et quelque part que ce puisse être. Cependant à la sollicitation de la reine le roi consentit à ce qu'elle fût donnée à Gennevilliers chez M. le comte de Vaudreuil. Ce fut au mois de septembre 1783, que cela eut lieu. Il se passa encore sept mois avant que le roi se décidât à permettre la représentation d'une pièce qu'il avait jugée dangereuse et immorale.

CHAPITRE XXIII.

un vrai feu d'artifice. Les règles de l'art y sont choquées d'un bout à l'autre, ce qui n'empêche pas qu'une représentation de plus de quatre heures n'apporte pas un moment d'ennui. C'est un chef-d'œuvre d'immoralité, je dirai même d'indécence; et pourtant cette comédie restera au répertoire, se jouera souvent, amusera toujours. Les grands seigneurs, ce me semble, ont manqué de tact et de mesure en allant l'applaudir; ils se sont donné un soufflet sur leur propre joue; ils ont ri à leurs dépens, et ce qui est pis encore, ils ont fait rire les autres. Ils s'en repentiront plus tard. Les facéties auxquelles ils ont applaudi, leur font les cornes, et ils ne les voient point. Beaumarchais leur a présenté leur propre caricature, et ils ont répondu : C'est cela, nous sommes fort ressemblants. Étrange aveuglement que celui-là !

Quelques jours avant la représentation à laquelle nous assistâmes, on avait jeté à profusion dans la salle les vers que voici; ils étaient imprimés :

> Je vis du fond d'une coulisse
> L'extravagante nouveauté
> Qui, triomphant de la police,
> Profane des Français le spectacle enchanté.
> Dans ce drame honteux chaque acteur est un vice,
> Bien personnifié dans toute son horreur.
> Bartholo nous peint l'avarice;
> Almaviva, le suborneur;
> Sa tendre moitié, l'adultère;
> Le Double-Main, un plat voleur.
> Marceline est une mégère;
> Basile, un calomniateur.
> Fanchette... l'innocente, est trop apprivoisée,
> Et tout brûlant d'amour, tel qu'un vrai chérubin,
> Le page est pour bien dire un fieffé libertin.
> Pour l'esprit de l'ouvrage, il est chez Brid'oison,

4.

Et quant à Figaro... le drôle à son patron
  Si scandaleusement ressemble ;
  Il est si frappant qu'il fait peur.
Mais pour voir à la fin tous les vices ensemble,
  Le parterre en chorus a demandé l'auteur.

Ces vers ne sont vrais que jusqu'à un certain point : Brid'oison a beaucoup d'esprit dans sa bêtise, mais tous les autres personnages en ont autant que lui.

La pièce était admirablement jouée. Mademoiselle Contat, surtout, me sembla adorable, tous les hommes en étaient fous. C'est une délicieuse personne ; je comprends les passions qu'elle inspire. Il est impossible d'avoir plus d'esprit, une meilleure tenue de scène, un talent plus complet enfin que celui de cette actrice. Le bonnet que mademoiselle Contat portait dans le rôle de Suzanne, fut adopté par la mode, sous le nom de *bonnet soufflé à la Suzanne*. Il était entouré d'une guirlande de fleurs et orné de plumes blanches. La *lévite* si élégante de mademoiselle Saint-Val, dans le rôle de la comtesse Almaviva, a décidé le succès du vêtement de ce nom [1].

Je rentrai chez moi en sortant de la comédie, le cœur serré de ce que je venais de voir et furieuse de m'être amusée. Cette inconséquence est le secret du succès. On s'amuse malgré soi.

24 mai. — J'allai le soir à la Comédie où l'on donnait *Pierre le Cruel*, de M. Dubelloy, et le *Babillard*. *Pierre le Cruel* ne m'amusa guère, ce qui m'explique l'anecdote que voici :

Une bonne dévote ayant lu *Pierre le Cruel*, s'en

---

[1] Voici quelle était la distribution des autres rôles :
Le comte Almaviva, *Molé*. — Chérubin, *Mademoiselle Olivier*. Figaro, *Dazincourt*. — Brid'oison, *Dugazon*. — Bartholo, *Désessarts*. — Bazile, *Vanhove*. — Antonio, *Bellemont*. — Grippe-soleil, *Larive*.

accusa à son confesseur, homme d'esprit et de lumières. Elle en avait le cœur tout contrit et s'attendait à une sévère pénitence.

— La pénitence que je vais vous donner, dit l'abbé, sera encore plus rigoureuse que vous ne le pensez, et rachètera certainement votre faute. Vous avez lu *Pierre le Cruel* une fois, eh bien ! vous le relirez une seconde.

25 mai. — Je devais déjeuner chez le baron de Thun, ministre plénipotentiaire de Son Altesse sérénissime le duc de Wurtemberg, et qui demeurait à la Chaussée d'Antin. Il avait réuni quelques personnes ; on fut très-gais, et toute la compagnie convint d'aller visiter l'hôtel de madame de Thélusson que j'avais vu à mon précédent voyage, lorsqu'il n'était pas achevé. C'était encore une merveille du jour.

Madame Thélusson, veuve d'un banquier de Genève, a, rue de Provence, en face de la rue Neuve-d'Artois, ce fameux hôtel dont j'ai déjà parlé. On aperçoit à travers une immense arcade placée sur la rue, le bâtiment en rotonde entouré d'une belle colonnade ; il fait l'admiration de tous. C'est l'architecte Ledoux qui l'a construit. Madame de Thélusson est mademoiselle de Lascaris.

MM. Thélusson, qui sont Genevois, ont cependant une origine française. Ils prétendent descendre de Frédéric Thélusson, seigneur de Fleschères, baron de Saint-Saphorin, en Lyonnais, qui accompagna en Flandre Philippe VI, roi de France, en 1328. C'est un peu vieux pour de la finance. Isaac Thélusson, envoyé de Genève à la cour de Louis XIV, a laissé plusieurs enfants dont l'un fut associé de M. Necker, banquier à Paris. La terre de Dormans, en Champagne, leur appartenait.

Un autre Thélusson a passé en Angleterre où il a fait une fortune énorme [1].

De l'hôtel Thélusson nous allâmes chez Desguerres, marchand ébéniste fameux, demeurant rue Saint-Honoré, pour y voir des meubles. On ne pouvait approcher de son magasin, tant il y avait de monde ; la foule se pressait devant un buffet de salle à manger d'un travail admirable. Il devait être porté en Angleterre chez le duc de Northumberland.

Le soir, je fis une visite à madame la duchesse de La Vallière, veuve depuis trois ans du grand fauconnier de la couronne, homme de beaucoup de mérite, s'occupant fort de littérature. Il a laissé une bibliothèque très-précieuse, et des tableaux de prix dans son château de Montrouge. Il aimait le faste, et avait eu de grands succès auprès des femmes. Il n'a laissé qu'une fille, madame la duchesse de Châtillon.

Madame de La Vallière a été admirablement belle ; bien qu'elle ne soit plus jeune, elle est encore superbe. Elle était mademoiselle de Crussol. Elle avait le plus grand air possible, et recevait naturellement comme la plus haute dame qui reçoit la plus haute compagnie. Son gendre, le duc de Châtillon, était mort de la petite vérole, et la seconde de ses petites-filles était mariée au prince de Tarente-la-Trémouille. L'aînée des filles de madame de Châtillon a épousé le duc de Crussol, son oncle à la mode de Bretagne.

Je revis avec un grand plaisir la comtesse de Bruce qui demeurait aux Champs-Élysées. Nous reparlâmes bien de ma chère princesse ; nous la regrettâmes, comme on peut le croire. Hélas ! elle ne reverra peut-être jamais sa famille.

---

[1] Son fils fut créé baron Rendelsham en 1806 ; le lord actuel est fils de celui-ci.

CHAPITRE XXIII.

Madame la duchesse de Bourbon nous donnait un souper sous la feuillée, dans son hôtel de la rue de Varennes, où elle avait un jardin magnifique. Elle ne tenait pas un état de maison considérable, mais elle recevait noblement. Ce souper était délicieux. La comtesse Julie de Sérent, chanoinesse, dame pour accompagner Son Altesse sérénissime, en faisait particulièrement les honneurs. Madame la duchesse de Bourbon avait eu en dot deux cent mille livres de rentes qui lui furent rendues à la séparation. Le roi, en y donnant son agrément, a exigé de M. le prince de Condé qu'il y ajoutât vingt-cinq mille livres, ce qui avec sa pension de cinquante mille livres, comme princesse du sang, lui fait une position à peu près convenable, suivant son rang.

Son Altesse sérénissime me comblait de bontés, de toutes les attentions possibles. Il était impossible d'être plus gracieuse, plus tendre et plus affable. Je m'attachai sincèrement à sa personne. Elle prenait à tâche de me faire oublier la distance qui nous séparait. Je passais de charmants instants avec elle; son esprit et son originalité en faisaient la société la plus agréable. Elle racontait d'une façon merveilleuse et savait toutes choses sur tout le monde.

Nous nous retirâmes fort tard, après la plus amusante soirée. Il faisait un temps magnifique. Le jardin était éclairé en petites vitrines de couleur d'une nouvelle invention qui ressemblaient à des pierreries; on appelait cela *à la vénitienne*. Nous entendîmes aussi une excellente musique.

26 mai. — La mode était fort aux visites le matin. On courait les uns chez les autres, sûrs de ne point se rencontrer, mais c'était la rage. J'allai chez la ba-

ronne de Zuckmantel [1], qui représente dignement notre province d'Alsace à Paris. Elle y a une grande existence ; elle est très-répandue et très-connue. Je rencontrai chez elle le marquis de Deux-Ponts, comte de Forbach, fils aîné naturel du duc régnant de Deux-Ponts et de la comtesse de Forbach ; il venait d'épouser mademoiselle de Béthune, de la branche appelée Béthune-Pologne, et voici pourquoi :

Un marquis de La Grange d'Arquien avait deux filles, l'une épousa *par hasard* le grand Sobiesky. Quand je dis par hasard, c'est une manière de parler. On racontait que le marquis d'Arquien s'était chargé de cette enfant, laquelle ne lui appartenait pas, et était fille naturelle de Marie de Gonzague, la même qui fut aimée de M. de Cinq-Mars, et qui devint par la suite reine de Pologne. Le père de Marie d'Arquien n'était ni plus ni moins que Louis de Bourbon, prince de Condé. La reine de Pologne fit venir cette Marie d'Arquien près d'elle ; elle la maria d'abord au prince Sacrowsky, qu'elle perdit étant fort jeune, puis à Jean Sobiesky qui devint le grand Sobiesky et roi de Pologne. Quand Marie d'Arquien fut une Majesté, elle demanda au roi Louis XIV de lui envoyer sa sœur, madame de Béthune, pour ambassadrice, en faisant son mari ambassadeur. Louis XIV l'accorda, comme de raison ; le surnom de Pologne en resta à cette branche-là. Ils se trouvent alliés des Stuarts, une des filles de Sobiesky ayant épousé le dernier prétendant [2].

[1] Femme de l'ambassadeur de ce nom remarquable par sa beauté et son esprit.

[2] En écrivant ceci en 1784, l'auteur n'entend pas parler de Charles-Édouard (*dit le comte d'Albany*), lequel épousa à plus de cinquante ans, la princesse Louise de Stolberg-Gedern ; autrement elle l'appellerait *le prétendant actuel* ; cet héroïque et infortuné prince

CHAPITRE XXIII.

Le second fils du duc de Deux-Ponts, le chevalier de Forbach, capitaine dans Royal-Deux-Ponts, épousa mademoiselle de Polastron. Cette branche supplémentaire de Deux-Ponts tient à l'Opéra, par mademoiselle Gamache, leur mère, belle danseuse que le duc fit la folie d'enlever au théâtre, pour la nommer comtesse de Forbach. Il en eut les deux fils dont je viens de parler.

M. le marquis de Deux-Ponts nous raconta fort joliment une petite histoire dont j'ai pris note, et qui se rattache au goût merveilleux dont nous sommes tous plus ou moins entichés.

Dans la ville de Deux-Ponts (en allemand Zweybrücken), chef-lieu de leur principauté, coule une petite rivière appelée la Plies ou l'Erlbach. Cette rivière passe dans le pays pour une manière de Minotaure; il lui faut tous les ans deux victimes, et depuis un temps immémorial, en effet, chaque année, soit volontairement, soit involontairement, deux personnes périssent dans ses flots. Cette année, 1784, un joli officier, ami du chevalier, venait de payer le tribut. Il aimait passionnément une jeune fille, et faisait caracoler son cheval devant sa fenêtre, sur le bord de la rivière; le cheval eut peur, se cabra, prit le vertige, enfila la route du pont et, faisant un écart, sauta par-dessus le parapet. Le pauvre officier se tua sur le coup; son corps ne fut retrouvé que le lendemain. La jeune fille en devint presque folle.

Il y a une légende sur cette rivière de la Plies. Les

n'étant mort qu'en 1788. Elle parle évidemment du père de celui-ci, *du chevalier de Saint-Georges* mort en 1765, marié à la princesse Clémentina Sobieski.

La princesse Louise de Stolberg eut deux sœurs, l'une mariée au duc de Berwick, et l'autre au duc d'Arberg dont elle eut madame la maréchale de Lobau.

vieillards prétendent très-sérieusement qu'un serpent ravageait le pays et dévorait bêtes et gens. Un saint ermite força le démon à se réfugier dans la rivière, mais ne put le dompter tout à fait ; il fallut au monstre dans l'avenir deux victimes par an, jusqu'à la consommation des siècles. Voyez l'égoïsme ! les *Deux-Pontois* se soucièrent peu de leurs descendants et acceptèrent les conditions, le serpent n'y a jamais manqué depuis. Une année cependant, le 31 décembre, aucune victime n'avait encore péri, on se croyait délivré, on chantait victoire ; dans la soirée la mère et le fils se noyèrent. Ce furent des lamentations générales.

Le marquis de Forbach était encore tout triste de la mort de l'ami de son frère, et il croyait très-fermement à la Plies comme à ses désastres. Peut-être même croyait-il au serpent.

Après madame de Zuckmantel, je vis madame de La Salle et la princesse de Bouillon. Celle-ci à la figure la plus intéressante joint le plus grand et le plus charmant naturel, qualité bien rare par la mode d'affectation qui court. Jamais femme ne fut moins comédienne. Son humeur est inégale quelquefois ; elle se montre telle qu'elle est, sans façon et sans dissimulation aucune ; elle prouve qu'on peut être aimable avec ce défaut. On plaît souvent plus par ses défauts que par ses qualités. Ainsi la coquetterie, l'inconséquence deviennent parfois des charmes et attirent plus que des vertus. Madame de Bouillon est vive, impétueuse, imprudente. On l'aime néanmoins, on la recherche, les femmes aussi bien que les hommes. Elle intéresse les uns, elle impose aux autres et les retient tous dans les bornes de l'admiration et du respect. Elle a un ton exquis, un vrai ton de princesse ; elle sa-

CHAPITRE XXIII.

lue avec une grâce et une dignité qui lui siéent à merveille. Elle sait rendre à chacun, quand elle le veut, juste ce qui lui revient. On a grand plaisir à la voir souvent ; pour moi j'en ai plus que beaucoup d'autres, car je n'ai jamais eu à m'apercevoir même de ses caprices.

27 mai. — Je me levai de fort bonne heure pour me rendre à Versailles, où je n'avais pas encore été depuis mon arrivée. J'aperçus Sa Majesté la reine dans le bosquet d'Apollon ; elle se promenait avec madame de Polignac, Madame Royale et un seul valet de pied. Elle me fit l'honneur de me reconnaître et de me faire le signe le plus aimable. Je trouvai la reine engraissée et embellie. Madame Royale grandissait prodigieusement.

J'allai dîner à Montreuil chez madame de Mackau [1], que j'eus grand plaisir à revoir. Je lui apportais une lettre de madame de Dietrich (née de Glaubitz), qui a fait l'année dernière le voyage de Paris, et pour laquelle madame de Mackau a eu mille soins, mille bontés. Elle était charmée de connaître encore une Alsacienne ; elles sont rares à la cour. Très-peu de femmes, en effet, dans notre bon pays ont fait ce long voyage.

Je rencontrai chez madame de Mackau madame de Villefort, nommée sous-gouvernante l'année dernière. Il y avait aussi la duchesse de Beuvron, qui a été présentée cet hiver (et a pris le tabouret), ainsi que le marquis d'Harcourt-Beuvron qui a les entrées.

[1] La maison de Montreuil qu'habitait madame de Mackau lui fut donnée par *Madame Élisabeth*. (Elle porte aujourd'hui le n° 4 de la rue Champ-Lagarde). Elle avoisinait celle dont Louis XVI avait fait cadeau à sa sœur en 1781, et qu'il avait achetée de madame de Guéménée.

On sait que Montreuil a, depuis, été réuni à Versailles.

Ce petit cercle fut très-aimable. On me fit raconter le reste de notre voyage de Hollande et d'Allemagne. Madame de Mackau surtout s'en montra fort intéressée. Elle avait trouvé madame la grande-duchesse adorable. Nous nous promenâmes dans cette campagne, puis on joua au trent, que je ne connaissais pas et qui se joue avec le nombre trois. Le marquis d'Harcourt gagna tout le temps. Il falllut ramener le soir M. et madame de Mackau à Paris; ils nous demandèrent à venir dans notre carrosse; nous fûmes heureux de leur rendre ce petit service. Ils retournèrent à Versailles le lendemain.

On dîne à trois heures et les dîners sont devenus très-courts, de quoi les gastronomes et les causeurs se plaignent fort. Il semble qu'on ait hâte de manger pour se nourrir et pour se sauver bien vite. Les vieilles gens disent que ce n'est point là de la dignité; les cuisiniers sont en insurrection.

— On avale, disait celui de la duchesse de La Vallière, on ne goûte plus. Je suis déshonoré.

Jusqu'ici il n'y a pas encore de Vatel; cela viendra peut-être.

On soupe à dix heures, et l'on se dépêche tout autant. On n'annonce plus le repas; au moment de se mettre à table, le maître d'hôtel se *montre* et la maîtresse du logis se lève. Le temps de la gourmandise est passé. Les tables n'en sont pas moins somptueusement servies. Le luxe est effrayant. Les hommes n'ont réellement pas le temps de boire et de manger. Quelques-uns ont inventé d'être fort aimables, fort gais, même galants, pour retenir les dames le plus longtemps possible et pouvoir déguster à leur aise. J'en sais un qui commençait une histoire intéressante après le premier service, l'interrompant à chaque minute, la coupant par des interrogatoires, des réponses, des jeux de mots, afin qu'elle durât plus longtemps. Il ne la terminait impitoyablement qu'après le fruit, tenant les curieux en suspens, jusqu'à ce que son appétit fût satisfait. Il renouvelait ce manége chaque soir, et il réussissait toujours.

M. le prince de Conti tenait à voir ses soupers se prolonger fort tard ; il avait soin de placer près de chaque femme l'homme qui lui plaisait ou qui semblait devoir lui plaire.

— Comment faites-vous, monseigneur, avec les prudes ? lui demandait-on un jour qu'il donnait sa recette.

— Oh! pour celles-là, je les laisse choisir ; j'aurais trop peur de me tromper et de leur donner un souvenir au lieu d'une espérance.

Mais il n'y avait pas beaucoup de prudes à la cour.

CHAPITRE XXIV

Modes de Paris. — Mademoiselle Bertin et M. Sick. — Les galeries du Palais-Royal. — Épigrammes sur le duc de Chartres. — Sur les trois branches de la famille royale. — Les *Danaïdes*. — Mademoiselle Guimard. — Vers. — Concert chez le comte d'Albaret. — L'*Amuseur* public. — Il contrefait Voltaire. — Scène. — Madame de Montesson. — Madame de Genlis. — Madame Mara et madame Todi. — Baulard. — Madame Dugazon. — Petitbourg. — Promenade avec madame la duchesse de Bourbon. — Le duc de Chartres. — Confidences. — Les sortiléges de M. le régent. — Le comte de Modène et le diable. — La famille d'Autichamp. — Champrosay. — Faiblesse du duc d'Orléans. — Riss. — M. Duperron. — Le marquis de Brunoy. — Spectacles grivois. — Retour à Paris. — Les mésalliances. — Le grand et le petit palais Bourbon. — Mauvais plaisants aux Tuileries. — Scandale causé par un gentilhomme ordinaire du comte d'Artois.

28 mai. — Je n'avais pas encore visité mademoiselle Bertin depuis mon retour, et chacun me parlait de ses merveilles. Elle avait repris de plus belle d'être à la mode : on s'arrachait ses bonnets. Elle m'en montra, ce jour-là, *elle-même*, ce qui n'était pas une petite faveur, au moins une trentaine, tous différents. Il y avait surtout un petit chapeau bohémien, troussé dans une perfection rare, sur un modèle donné par une jeune dame de ce pays, dont tout Paris raffolait. Le chapeau avait une aigrette et de la passementerie comme les *Steinkerque* de nos pères; il avait une tournure tout à fait particulière et originale. La reine cependant ne l'accepta pas; elle dit qu'elle n'était plus assez jeune pour cela, donnant ainsi un exemple prématuré à toutes les coquettes surannées qui s'obstinent à supprimer les almanachs, sans penser qu'on ne supprime point son visage et qu'il est souvent indiscret.

Je devais les *bontés* de mademoiselle Bertin au souvenir de madame la comtesse du Nord dont elle avait avait conservé la pratique. Elle avait son portrait dans son salon à côté de celui de la reine et de toutes les têtes couronnées qui l'honoraient de leur protection. Le jargon de cette demoiselle était fort divertissant ; c'était un mélange de hauteur et de bassesse qui frisait l'impertinence quand on ne la tenait pas de très-court, et qui devenait insolent pour peu qu'on ne la clouât pas à sa place. La reine, avec sa bonté ordinaire, l'avait admise à une familiarité dont elle abusait, et qui lui donnait le droit, croyait-elle, de prendre des airs d'importance.

Mon père m'avait demandé d'excellentes lunettes ; j'allai les lui acheter chez Sick, l'opticien du Palais-Royal. Celui-là aussi prenait un air d'importance à mourir de rire ; il était, disait son enseigne, *fournisseur de l'Académie.*

— Ah ! disait Beaumarchais, si le pauvre Sick mettait sur sa boutique : *fournisseur des Quinze-Vingts,* cela nous donnerait bien plus de confiance.

Le Palais-Royal faisait l'objet de toutes les conversations, et M. le duc de Chartres celui de toutes les critiques. Il avait suspendu la construction des galeries, faute d'argent, disaient les uns ; par envie de le conserver, disaient les autres. On avait complété le bâtiment par des arcades en bois. L'enceinte des jardins était fermée. On pouvait déjà faire le tour du palais à couvert.

La salle d'arbres du Palais-Royal était la plus belle qui fût au monde. Quand M. le duc de Chartres parla d'abattre ces arbres pour construire des boutiques, ce fut un *tolle* général. On l'accabla de calembours, d'épigrammes. L'un dit, lors de son voyage à Rome, qu'il allait se faire recevoir de l'Académie des Arcades ; un autre lança ces vers, bien plus méchants et que je ne puis me résoudre à prendre pour une vérité ; ils doivent être injustes, malgré tous les bruits qui ont couru. Un Bourbon ne peut manquer de courage.

> Pourquoi de ces chênes altiers
> Déplorer si fort le ravage ?
> Le vainqueur d'Ouessant pour ombrage
> Nous laisse encore ses lauriers.

Enfin, on appelait le Palais-Royal *Palais-Marchand*, et M. le duc de Chartres le prévôt des marchands. Il parut aussi une caricature, où on le représentait en chiffonnier, ramassant des ordures au coin d'une borne ; l'inscription portait :

— Je cherche des loques à terre (locataires).

C'était à qui crierait le plus haut. Rien n'arrêta la volonté du prince ; il fit abattre. En peu d'heures le *meurtre* fut accompli. On assura que les Parisiens n'y perdraient pas. En effet, de toutes les promenades, le nouveau jardin du Palais-Royal est la plus fréquentée par la cour et la ville. C'est le rendez-vous des oisifs et des nouvellistes. J'entendais dire l'autre jour qu'on avait pris pour modèle des bâtiments, la place Saint-Marc de Venise ; cela sera fort beau quand les quatre faces se rapporteront. On se met au passage du grand escalier pour voir les femmes jolies et élégantes qui vont visiter les tableaux de M. le duc d'Orléans. Cette collection, commencée par Gaston, frère de Louis XIII, continuée par Monsieur, frère de Louis XIV, qui eut une partie de la galerie de Mazarin, n'a fait qu'augmenter depuis lors, et augmente chaque année. Cette branche de la maison royale aime beaucoup les arts. Madame la duchesse de Bourbon a eu pour sa part quelques belles toiles provenant de Sceaux et de M. le duc du Maine, arrivées au Palais-Royal par échange ou présent. Elle me répétait, en me les montrant, un mot du vieux maréchal de Richelieu qu'elle se rappelait à merveille :

— Des trois branches de la maison de Bourbon, disait-il, chacune a un goût dominant et prononcé. L'aînée aime la chasse, les d'Orléans aiment les tableaux, les Condés aiment la guerre.

— Et le roi Louis XVI, lui demandait-on, qu'aime-t-il ?

— Ah! c'est différent ; il aime le peuple.

Madame de Bruce me mena le soir à l'Opéra. C'était la seconde représentation des *Danaïdes*, superbe spectacle à cause des décorations et des costumes, mais détestable pour le poëme et pour la musique. Les ballets sont assez bien dessinés, malgré de mauvais airs de danse. Mademoiselle Guimard avait eu la petite vérole l'année précédente ; elle n'en conserve pas moins sa beauté, ce qui est rare ; il n'y paraît pas. Elle est maigre comme une sauterelle ; mais quelle grâce ! comme elle arrondit ses longs bras et en dissimule les coudes pointus ; on ne sait comment elle a un goût aussi parfait dans ses ajustements ; rien qui sente les habitudes de mauvaise compagnie qu'on lui prête. Elle a, dit-on, toujours des soupirants en masse, et, quoique peu vertueuse, elle se montre fort difficile. Il lui faut beaucoup d'or, ou une beauté, une jeunesse, un esprit sans rivaux. Elle donne énormément aux pauvres ; elle envoie sans cesse à la paroisse, et en hiver ses gens ont ordre de ne jamais refuser la porte de la cuisine à un mendiant.

Un seigneur lui reprochait, un jour, cette facilité à introduire chez elle toutes sortes de gens.

— On vous volera, lui dit-il.

— C'est possible, et je m'y résigne ; mais voyez-vous, monsieur le duc, si je me cassais la jambe, ou quand je deviendrai vieille, j'irai peut-être aussi frapper aux portes des Terpsichores de ce temps-là, qui sait ! Je leur donne l'exemple afin d'en profiter plus tard.

Voilà des réflexions philosophiques bien sérieuses pour une semblable linotte.

Les paroles des *Danaïdes* sont du baron de Tschudy et de M. du Rollet, la musique du sieur Salieri, maître de musique de l'empereur et des spectacles de la cour de Vienne. Il y a quelques beaux vers, très-peu ; en tout c'est ennuyeux comme un *de profundis*. Il n'y a nul intérêt dans le poëme, l'histoire de ces cinquante demoiselles étant parfaitement connue. Cependant, je l'ai dit, on était étonné du grand nombre de personnages, de l'éclat des habits et du clinquant. Les ballets sont de M. Gardel. Cette pièce attirait la foule; elle a partagé la vogue avec le *Mariage de Figaro;* on a fait en conséquence cette épigramme :

> Pour les deux nouveautés, de Paris idolâtre,
> Excitant des bravos l'incroyable fureur,
> Moi, je déserterais à jamais le théâtre ;
> L'une me fait pitié, l'autre me fait horreur.

Je ne manque pas à citer les vers. Lorsqu'on peint son époque, il faut en marquer toutes les nuances. Une des plus tranchées en ce temps-ci, c'est la rage de rimer en dépit de tout et sur tout. Les Français ont toujours été ainsi, mais je crois que cela augmente.

29 mai. — J'avais été invitée à un concert de jour chez le comte d'Albaret. C'était un Piémontais fort riche, qui avait des musiciens à lui, demeurant chez lui, ne sortant jamais sans sa permission. Il est fou

de musique, il a un salon exprès, où l'on en fait toute la journée; aussi ses concerts étaient-ils excellents. Ils passaient pour les meilleurs de Paris. Cela se conçoit facilement; un ensemble parfait doit exister entre des musiciens qui font perpétuellement de la musique entre eux.

M. d'Albaret avait beaucoup d'esprit et faisait de jolis vers. C'était un virtuose dans tous les arts. Il était de la société intime de madame de La Massais et de madame de La Reynière, et ne recevait chez lui que la meilleure compagnie. On citait sa maison à juste titre pour la plus gaie, la plus amusante peut-être de la ville. C'était son unique affaire; il ne songeait qu'à cela. Il était du nombre de ces personnes que l'on peut appeler amuseurs publics. Bon, généreux, toujours la bourse ouverte aux infortunes, surtout à celles des artistes, c'est un véritable Mécène. Il a le caractère le plus facile, le plus hospitalier; il ne recherche que l'esprit, le talent, et il est prêt à tous les sacrifices pour l'agrément et le plaisir de ses amis.

Il a été souvent à Ferney, il a beaucoup vu M. de Voltaire et le contrefait admirablement. Lorsque nous ne restâmes plus que quelques personnes, il nous joua une petite scène fort drôle et fort amusante. Il a composé beaucoup de proverbes, dans lesquels il introduit le *grand homme;* tout le monde assure que c'est comme si on le voyait. Il nous le représenta en colère et tout disposé à jeter son valet de chambre par la fenêtre, parce qu'on avait laissé entrer au salon un maître d'école ami et admirateur de Rousseau. M. de Voltaire appelait celui-ci le *vicaire savoyard,* bien qu'il eût quatre enfants et une femme. M. d'Albaret avait assisté à cette furie et la rendait dans la perfection. Le costume était à peindre. Il cassait, mais très-réellement des tabatières de carton et des assiettes de faïence peinte, ainsi qu'avait fait l'illustre vieillard.

— Mais, brute, double brute, Ostrogoth, topinambour, ne vois-tu pas que ce fouetteur d'enfants vient ici pour me narguer !

— Je vais le chasser, monsieur.

— Non pas, misérable ! il dirait que je le crains, que je crains son maître et ses kyrielles ; je ne veux pas de cela.

— Alors je le prierai d'attendre monsieur.

— Encore moins, animal ! M'attendre ! Est-ce que je veux le voir ? Est-ce que je veux qu'il regarde mes tableaux, mes glaces ? A ne bâté ! un cuistre, un cuistre de ce prince des cuistres, Rousseau ! Ah ! tu mérites cent coups.

Et il cassait sa canne, plus une douzaine d'assiettes.

— Appellerai-je madame Denis, monsieur ?

— Madame Denis, madame Denis, ma nièce devant ce prestolet ! Tu deviens plus bête que ton père, ce que je ne croyais pas possible.

— Monsieur, il n'est point prêtre, il a une femme.

— Elle est laide.

— Ils sont mariés et bien mariés, j'en suis sûr.

— Elle est laide.

— Ils ont quatre enfants, dont l'un a été un instant pour aider chez M. Rousseau.

— Elle est laide, elle est laide ! te dis-je. Ne me parle plus de cette couvée de singes, ou je t'assomme.

(Tabatière mise en morceaux avec les dents et les ongles.)

— Eh bien ! si monsieur veut, j'irai faire compagnie au magister.

La fureur de M. de Voltaire se monte à un degré qui devient de la rage ; il tape, il crie, il brise.

— Toi, toi, tenir compagnie à ce vicaire du diable ! C'est moi qu'on demande, et c'est toi qui te montres. Te prendra-t-on pour moi ? le crois-tu ? Est-ce que nous nous ressemblons ? Sais-tu seulement dire : Va-t'en te faire f..... en français ? Sais-tu le latin comme lui ? Ah ! te présenter, toi ! Donne-moi ma perruque, ma canne, et j'irai. Oui, j'irai, j'irai le tondre, j'irai lui donner la leçon, et la leçon de Voltaire à Rousseau, ce ne sera pas peu de chose.

Il part, brandissant la canne et levant le ton plus haut encore. Ses yeux se fixent sur une fenêtre, il s'arrête tout à coup et prend un air pastoral.

— Ma génisse, ma génisse blanche et son veau ! Elle va donc mieux ! Ah ! quelle joie ! Cours me chercher du pain, je le lui porte et je reviens.

Après cette églogue, il joint les mains, il bénit. M. de Voltaire aimait beaucoup à bénir ; il descend dans la prairie, il va caresser la génisse, il embrasse le veau, il regarde le troupeau (à ce que nous dit le personnage qui reste en scène), il compte les moutons, il cause avec le berger, il oublie tout à fait, ou du moins il a l'air d'oublier le maître d'école. Le pauvre diable passe sa journée à l'attendre, il se morfond, il se meurt de faim, et le soir, quand le grand Voltaire a compté d'abord ses génisses, puis ses moutons, puis ses lapins, puis ses brins d'herbe, il s'écrie tout à coup (en rentrant en scène) :

— Ah ! le vicaire savoyard ! ma foi, on le fera coucher à la ferme, et nous nous disputerons demain.

Il avait ainsi toute espèce de finesses qu'il cachait sous sa colère ou sa bonhomie. Son immense esprit lui tenait lieu de tout ce qui lui manquait ; il lui donnait dans l'occasion le cœur, la pitié, le dévouement, la charité, toutes les vertus possibles. Il fallait entendre M. d'Albaret ; c'était un portrait, c'était un miroir de Voltaire. J'ai vu des gens en rester dans la stupéfaction.

M. d'Albaret jouait souvent la comédie avec mesdames de Montesson et de Genlis ; il était l'ami de toutes les deux, chose fort difficile, attendu qu'elles se détestaient cordialement. Il en faisait au reste des portraits peu flattés. Madame de Montesson, disait-il, prend des airs de bourgeoise parvenue, et elle les prend tout naturellement comme nous avalons le lait de la nourrice. Sa vie se passe en comédies domestiques, pour séduire et retenir ce pauvre duc d'Orléans. Elle lui joue des scènes dont les rôles sont appris d'avance, il n'y voit rien. Elle se roule sur les fleurs de lis et le manteau d'hermine avec des mules éculées et des bas de coton, disait aussi, un jour, madame la duchesse de Bourbon, à qui sa belle-mère donnait des nausées. Ce fut cette princesse qui insista le plus fortement pour l'empêcher de draper ses carrosses à la mort du premier prince du sang. Elle alla trouver le roi et lui fit hardiment des confidences que M. le duc de Chartres aurait tues. Le roi ordonna que madame la *duchesse d'Orléans in partibus* (hélas ! disait madame la duchesse de Bourbon, on ne peut plus ajouter *infidelium*, ce dont elle est bien marrie), que madame de Montesson enfin, se renfermât à l'Assomption et y restât derrière les grilles, où elle put prendre à son aise des façons de princesse sans être dérangée. J'anticipe sur les événements, cela vient au bout de ma plume, et surtout au bout de ma pensée. Madame de Genlis, le *gouverneur*, était une autre manière de vaniteuse. Je n'en veux point parler en détail ; elle me plaît peu malgré son charme et ses talents. C'est une femme à système, une femme qui quitte son grand habit pour les culottes d'un pédagogue. Et puis rien de tout cela n'est naturel. Elle pose sans cesse pour son portrait physique et moral, elle tient à sa célébrité, elle tient trop à la puissance de ses décisions. Un ridicule immense de cette femme masculine, c'est sa harpe; elle la porte partout, elle en parle lorsqu'elle ne l'a point, elle joue sur une croûte de pain et elle s'exerce avec une ficelle. Quand on la regarde, elle arrondit les bras, pince la bouche, prend un air sentimental, un regard analogue et remue les doigts. Mon Dieu, que le naturel est une belle chose !

On espérait entendre au concert de M. d'Albaret madame Mara, mais elle s'est trouvée indisposée et n'est point venue. Elle était à Paris l'année dernière, en même temps que madame Todi, la même que j'ai entendue à Stuttgard, et qui est maintenant en Russie. Elles luttèrent de talent et de succès aux concerts spirituels. On ne pouvait manquer de faire entre elles un parallèle en vers, le voici :

>   Todi, par sa voix touchante,
>   De deux pleurs mouille mes yeux ;
>   Mara, plus vive et plus brillante,
>   M'étonne et me transporte aux cieux.
>   L'une et l'autre ravit, enchante,
>   Et celle qui plaît le mieux,
>   Est toujours celle qui chante.

Vous voyez que la rage des vers n'épargne rien.

Après le concert de M. d'Albaret, j'allai chez Baulard, le marchand de modes et de colifichets. Alexandrine et lui étaient autrefois les deux célèbres, mais mademoiselle Bertin les a détrônés. Elle est venue de son quai de Gèvres, où elle est restée si longtemps obscure, triompher de ses rivaux et les mettre tous au second rang. Baulard avait cependant la vogue pour les mantes ; il les garnissait avec un goût exquis. Il me retint une heure en démonstrations et en cris contre mademoiselle Bertin, qui prenait des airs de duchesse, et qui n'était pas même une bourgeoise. Je finis par m'arracher à ses confidences, que du reste il offrait à chaque nouvel arrivant, et j'allai à la Comédie-Italienne, où l'on jouait *Aucassin et Nicolette*. Les paroles sont de Sedaine et la musique de Grétry. Madame Dugazon jouait Nicolette. Ah ! la charmante, la délicieuse personne ! Je ne puis rendre le plaisir qu'elle m'a fait éprouver. Que de grâce ! que d'esprit ! quel talent ! Elle remplit toujours la salle, et on l'applaudit à tout rompre.

La pièce est tirée d'un vieux fabliau ; elle en a la naïveté, et l'on y retrouve le faire de Sedaine. Elle était encore fort à la mode, bien qu'elle ne fût pas nouvelle ; mais aussi madame Dugazon !

J'allai faire ma cour à madame la duchesse de Chartres, la plus estimée et la plus estimable de toutes les princesses, sinon la plus heureuse. Elle me reçut avec la bienveillance dont son père, M. le duc de Penthièvre, lui avait donné l'exemple et le précepte toute sa vie. Madame la duchesse de Bourbon me fit l'honneur de venir m'y prendre pour me mener à Petitbourg, château qui lui appartenait, et où nous devions passer quelques jours ensemble. Cette partie me plaisait et me séduisait fort. Je me réjouissais de cette occasion d'intimité avec une princesse aussi aimable, et je comptais tirer grand profit de nos conversations.

Petitbourg est un séjour magnifique, dans une situation admirable ; on domine une grande étendue de pays. Il a appartenu à madame de Montespan, puis à

CHAPITRE XXIV.

son fils, le duc d'Antin, qui y reçut plusieurs fois Louis XIV ; en dernier lieu au marquis de Poyanne, commandant en second les carabiniers de M. le comte de Provence. Madame la duchesse de Bourbon affectionne beaucoup ce séjour; elle y va le plus qu'elle peut, et y reste autant que cela lui est possible.

Nous avons couché à Petitbourg, où madame la duchesse de Bourbon exerce une hospitalité tout à fait princière, en y joignant le laisser aller de la vie de campagne, chez un particulier riche et grand seigneur.

29 mai. — Le matin, de fort bonne heure, madame la duchesse de Bourbon me fit éveiller. Je la trouvai prête et armée en guerre pour une promenade à pied. Nous sortîmes ensemble, sans aucune suite, absolument seules, et elle me montra avec amour les beaux endroits de son parc. Nous causâmes longuement et dans la plus grande confiance.

La princesse daigna me raconter la tristesse de sa vie, ses chagrins de famille, la tendresse qu'elle avait portée à son auguste époux et récompensée par tant de froideur. Elle me parla surtout de M. le duc de Chartres, son frère, dont elle avait eu tant à se plaindre et qui se conduisait si singulièrement avec elle.

— J'aime beaucoup ma belle-sœur, ajoutait-elle ; c'est une personne parfaite, mais mon frère !

J'ai déjà parlé de sa conduite, lors de l'histoire du duel avec M. le comte d'Artois. Non-seulement, comme je l'ai dit, il n'a pas pris parti pour sa sœur, mais il continua à se montrer partout avec M. le comte d'Artois, affectant de le voir encore davantage et plaisantant sur madame la duchesse de Bourbon avec un cynisme sans pareil. Aussi disait-on dans le monde, où cette conduite indignait, *que lui seul était sorti blessé du combat.* Il n'en vint pas moins au Palais-Bourbon. La princesse refusa de le recevoir, et messieurs de la maison de Condé approuvèrent formellement sa conduite.

Le public avait tout à fait épousé la querelle de madame la duchesse de Bourbon ; il donna une leçon un peu forte à M. le comte d'Artois, en ne l'applaudissant pas lorsqu'il parut au spectacle ; mais il en donna une bien plus sévère à M. le duc de Chartres en lui continuant ce silence pendant longues années. Au lieu de cela, chaque fois que M. de Condé ou madame la duchesse de Bourbon se montrent, ils sont couverts d'applaudissements.

Il y a bien des choses à dire sur la conduite de M. le duc de Chartres envers M. le prince de Lamballe et aussi envers la princesse, sa propre femme, cet ange terrestre qui l'aimait à la passion et qu'il en récompensait si mal. Ses intimités avec madame de Genlis n'étaient un secret pour personne, et il ne s'en tenait pas à elle seule. J'écoutais avec un vif intérêt tout ce que madame la duchesse de Bourbon me dit sur ce prince et sur tout ce qui la touchait. J'essayai de lui donner des consolations, qu'elle accueillit sans y croire.

— Ma chère baronne, me répondit-elle, une femme de qualité ordinaire, obligée de rester séparée de son mari, est déjà blâmée et exposée à toutes choses ; mais une princesse, c'est bien pis encore. Toutes les douceurs de la vie lui sont enlevées, les plaisirs les plus innocents lui sont interdits, les visites les plus chères lui sont défendues. Il n'est pas une de ses démarches dont la calomnie ne s'empare à l'instant.

Quand nous rentrâmes, la princesse avait les yeux rouges ; elle remonta chez elle et y resta une demi-

CHAPITRE XXIV.

heure seule avant le déjeuner. Nous n'étions que très-peu nombreux, son service intime et obligé, moi seule d'étrangère. La journée se passa en promenades à pied et en calèche dans tout le parc, qui est fort grand ; nous le visitâmes en détail. La conversation fut charmante. Madame la duchesse de Bourbon avait repris sa gaieté ; elle nous raconta une anecdote assez peu connue, que je notai le soir afin de m'en souvenir. C'était sur les fameux sortiléges de M. le régent.

Elle tenait de madame sa mère (dont elle parlait peu cependant, et pour cause), elle en tenait donc, qu'on avait découvert, dans un cabinet au Palais-Royal, après la mort de M. le duc d'Orléans, fils de M. le régent (celui qu'on appelait *Orléans Sainte-Geneviève*, parce qu'il s'était retiré dans cette communauté), on avait découvert, dis-je, une cachette pratiquée dans le mur et très-profonde. Là on trouva des instruments inconnus, des livres de conjuration, des squelettes d'animaux, des têtes de mort, une foule d'herbes de toutes les façons et des poudres aux effets incroyables, sans être précisément nuisibles. On y trouva encore un écrit tout entier de la main du prince ; il contenait des choses tellement extravagantes, qu'on le brûla sur-le-champ, sans en donner connaissance à personne. C'étaient des conjurations cabalistiques, disait-on, des formules et des serments écrits avec la passion de la science, de l'amour du merveilleux, et surtout de l'inconnu. La mort subite de M. le régent l'empêcha, sans doute, de détruire tout cela ; il est probable qu'il l'eût fait, s'il en eût eu le temps. Il existait aussi des lettres fort curieuses de ce prince indéfinissable, qui naquit avec le germe de toutes les qualités et à qui l'éducation donna tous les vices. Madame la duchesse de Bourbon aimait beaucoup à causer de lui ; ce caractère lui plaisait. Elle avait hérité de ses goûts, sinon pour la magie, du moins pour le merveilleux, et eût peut-être volontiers, comme lui, entrepris le grand œuvre, si elle eût vécu à la même époque.

Nous restâmes fort tard au jardin ; cette première soirée de notre arrivée à Petitbourg, on conta des histoires de revenants, chacun dit la sienne ; et quand nous nous séparâmes, nous n'étions peut-être pas très-rassurés.

Madame de Sérent assura que Monsieur, comte de Provence, faisait des pratiques infernales avec le comte de Modène, qui lui avait fait voir le diable. Ce diable-là était un beau jeune homme dont tous les signes de diablerie se bornaient à de jolies petites cornes. Il avait fait lire Monsieur dans un grand livre tout rouge et tout enflammé, et il y avait lu, en très-distincts caractères, qu'il serait roi un jour ; ce qui nous fit frissonner quand madame de Sérent le raconta. Il lui fut ajouté qu'il verrait trois fois ce même diable et que la dernière il serait très-près de sa fin. Le comte de Modène, espèce d'adepte aussi curieux que Cagliostro, donnait cette histoire pour certaine et prétendait y avoir assisté. Quant à moi, qui n'y ai point assisté certainement, je l'offre pour ce qu'elle vaut.

Madame la duchesse de Bourbon avait une très-bonne musique, qu'on entendait tous les soirs avant souper. C'était un plaisir charmant sous cette feuillée ; on ne voyait pas l'orchestre, il semblait perdu derrière ces bois. La princesse sait parfaitement amuser ses hôtes.

31 mai. — Il nous arriva le marquis d'Autichamp, capitaine des gendarmes anglais, et cordon rouge, un

des meilleurs généraux de cavalerie de France. Il était accompagné de, ou plutôt il accompagnait mesdames ses nièces. Le marquis d'Autichamp avait pour frère le comte du même nom, qui déploya une bravoure remarquable à la prise de Saint-Christophe. Son fils aîné fut tué à ses côtés par un boulet de canon. On fit le père maréchal de camp après cette action, mais cela ne le consola point.

Il lui restait deux fils : l'un âgé de seize ans ; l'autre, Charles, qui n'en avait que quatorze, sert dans les dragons.

Leur autre oncle, le vicomte d'Autichamp, a épousé une Duplessis-Châtillon. Le vicomte d'Autichamp de Beaumont a épousé mademoiselle de Chaumont de la Galaizière.

Ces dames, qui sont charmantes, étaient avec nous à Petitbourg et y restèrent tout le temps. Madame la duchesse de Bourbon fit illuminer une salle de verdure et nous donna un bal improvisé, où l'on s'amusa excessivement. Les costumes étaient sans prétention, nos diamants étaient des fleurs. On fut très-gai ; on soupa au son de la musique et on entendit des airs nouveaux et délicieux d'un Italien peu connu.

Avant souper on avait fait une promenade à Champrosay et l'on y avait mangé une crème exquise. La princesse aimait ces sortes de surprises et elle s'en divertissait souvent. Tous les paysans des environs la connaissaient ; elle leur parlait familièrement, entrait dans leurs chaumières et prenait un morceau de pain noir ou des œufs frais sur leur table. C'était de sa part originalité d'abord ; prétexte à générosité ensuite. Elle donnait beaucoup et grandement.

1ᵉʳ juin. — Madame la duchesse de Chartres vint passer à Petitbourg toute la journée. Cette princesse portait partout une mélancolie dont rien ne pouvait la guérir. Elle souriait quelquefois, elle ne riait jamais. Sa séparation d'avec ses enfants, enlevés par madame de Genlis, lui brisait le cœur. Elle cherchait à se distraire sans y réussir jamais. Elle nous conta cependant avec beaucoup d'esprit que le matin même M. le duc d'Orléans était venu exprès de Sainte-Assise, à sept heures du matin, pour lui parler. Il s'agissait de madame de Montesson, bien entendu. Elle désirait vivement le modèle d'un ornement de corsage en diamant appartenant à madame la duchesse de Chartres, et elle n'osait pas le lui demander ; le prince s'en était chargé. Il alla plus loin.

— Vous seriez la plus aimable fille du monde, si vous vouliez me céder cette parure ; je vous en rendrai une semblable, mais plus belle et plus riche. La marquise en a envie tout de suite, elle ne pourra pas attendre que cela soit fait ; ce serait trop long.

— Et moi, monsieur, je m'en passerais pendant ce temps-là ?

— Sans doute, vous en mettrez une autre. Qu'est-ce que cela vous fait? Vous n'êtes point vive et nerveuse, comme la marquise; vous n'êtes pas accoutumée comme elle à suivre vos caprices. N'est-ce pas que vous n'allez point me refuser ? Je la rendrai si heureuse !

Madame la duchesse de Chartres, à qui cela était bien égal en effet, céda la parure. Elle plaignit vivement ce pauvre vieillard amoureux encore à son âge, et dominé comme un petit garçon. Il faisait l'admiration de la cour et de la ville.

Nous allâmes visiter les jardins de Riss à M. Annisson-Duperron; c'est très-beau, très-anglais [1]. Le soir,

[1] Père de madame de Lambert et de M. Anisson, directeur de

il y eut musique et souper à l'ordinaire. On causa dehors jusqu'à deux heures du matin. Madame la duchesse de Chartres nous avait quittés depuis longtemps.

2 juin. — Madame la duchesse de Bourbon voulut aller voir ses pauvres à l'hospice, et nous l'y accompagnâmes. Elle a soin de tous, et elle a fondé plusieurs lits à perpétuité. En revenant, nous déjeunâmes au jardin avec des primeurs dont quelques-unes étaient de Petitbourg. Je ne connais pas de vie plus douce que celle que mène cette princesse à son château. Elle faisait l'envie de la reine qui le lui disait souvent.

— Je suis juste assez princesse pour en avoir les honneurs et les prérogatives, et pas assez pour en avoir les charges, répliquait-elle. Votre Majesté a Trianon, moi j'ai Petitbourg; seulement personne ne s'inquiète de moi, et tout le monde s'occupe de la reine; voici la différence.

On attela les chevaux aux calèches, et nous allâmes faire une course à Brunoy, terre qui appartient maintenant à M. le comte de Provence.

Le marquis de Brunoy, son possesseur précédent, était M. Pâris de Montmartel, de la famille des Pâris Duvernay, ce qui ne voulait pas dire qu'il fût d'une grande naissance [1]. Il avait fait des folies dans le parc, dans le château et surtout dans l'église. Il y a dépensé dix millions. C'est à ne pas le croire, mais c'est vrai. Il imagina une procession de Fête-Dieu, telle que les

---

l'imprimerie, mort sur l'échafaud révolutionnaire. Il a laissé des fils et une fille, madame de Laverdine, la mère de madame de Lancosme-Brèves. Madame de Lambert fut mère de la marquise de Courtarvel. M. de Lambert devint général russe pendant l'émigration.

[1] Il était le fils de M. de Montmartel, banquier de la cour; le plus opulent des quatre frères Pâris, lesquels avaient acquis d'immenses richesses. Leur père était aubergiste en Dauphiné.

rois n'en ont jamais vu. Elle coûta vingt-quatre mille livres. Certainement cet homme devait aller aux Petites-Maisons. Monseigneur l'archevêque de Paris trouva ce luxe hors de place. Il en autorisa la vente, lorsque Monsieur devint propriétaire. Celui-ci distribua aux pauvres et aux établissements de bienfaisance le prix de ces extravagances, ce qui fut fort approuvé.

On a beaucoup moins goûté les spectacles grivois et inconvenants qui ont été donnés dans ce château, il y a quelques années. Le roi eut la faiblesse d'y assister par amitié pour son frère, et il s'en est bien repenti; on n'avait pas l'idée d'une pareille licence. Il n'y eut que deux femmes dans la salle, et elles furent obligées de partir. On avait osé inviter la reine, qui refusa obstinément. Elle fit plus, elle se montra ces jours-là en public à Paris, afin de bien constater qu'elle n'y était point. On dit que madame de Montesson s'y est égarée une fois, où les pièces étaient bien adoucies. Malgré cela, je ne puis comprendre qu'elle se soit oubliée à ce point.

Le marquis de Brunoy avait épousé mademoiselle d'Escars.

Monsieur avait donné tous ses ordres pour qu'on reçût madame la duchesse de Bourbon, si elle avait fantaisie d'y venir. On nous servit une belle collation, nous n'y touchâmes point, ou du moins nous ne nous mîmes pas à table. Monsieur ne venait pas souvent, si ce n'est pour les réunions, et Madame n'y paraissait jamais. M. le comte de Provence ne tenait là qu'une cour de *garçon* assez peu épurée. Ce prince est cependant raisonnable, ou plutôt raisonneur. Il a de l'esprit, de l'instruction; il est peu goûté néanmoins.

3 juin. — Madame la duchesse de Bourbon reçut une lettre qui la rappelait à Paris. Elle me fit deman-

der le matin et me dit avec beaucoup de regrets que notre voyage serait abrégé, puisqu'elle était forcée de revenir pour une affaire. La princesse avait les yeux rouges, je ne sais ce que contenait cette lettre, mais je craignis pour elle un chagrin; le respect me ferma la bouche. Jamais femme ne fut plus mal ni plus injustement jugée; elle conserve, dans son cœur, un amour profond et vrai pour son mari, quoiqu'elle en ait été malheureuse à mourir. On lui a prêté des aventures. Je n'ai jamais rien vu qui pût le faire penser, mais en tout cas il y avait dans son fait plus de légèreté que de mauvais vouloir. Si elle a manqué à quelques convenances, ce fut certainement pour chercher l'étourdissement et l'oubli. Elle voulut peut-être arracher de son cœur le trait empoisonné dont elle était blessée. Ne se sentant pas assez forte, assez parfaite pour se jeter dans les bras de Dieu et pour y trouver la consolation et le courage nécessaires, elle chercha à se lancer dans le tourbillon.

— Je suis comme les écureuils dans leur boîte tournante, me disait-elle; ils courent, ils courent, et ils croient avoir fait beaucoup de chemin, lorsqu'ils n'ont pas bougé de place.

Ce qui me fit croire à un secret pénible ce jour-là (je n'ai pas dit coupable, au moins), ce fut le retard très-visiblement cherché que Son Altesse sérénissime mit à rentrer dans Paris. Elle visita successivement Bicêtre, la Salpétrière, les Gobelins. Elle gagnait du temps, cela était clair pour tout le monde; un devoir ou une démarche pénible l'attendaient sans doute.

4 juin. — Après une visite à madame de Dietrich, je visitai le grand et le petit palais Bourbon, sans la princesse bien entendu; elle me fit bien des questions quand nous nous retrouvâmes. Le petit palais Bour-

bon, construit en 1779, est annexé au grand et le complète; c'est un bijou. M. le prince de Condé en a fait le plus joli colifichet du monde. Il est meublé avec une recherche délicieuse, mais pas assez noble peut-être pour les hôtes qu'il renferme. Il y a là des fantaisies et des biblots comme chez mademoiselle Dervieux. L'appartement de mademoiselle de Condé seul est d'une sévérité majestueuse; elle y a placé un Christ, du Titien, je crois; c'est la plus touchante image de Dieu que j'aie jamais vue.

En outre du grand et du petit palais, il y a encore le moyen, ce qui rend le tout ensemble une demeure aussi étendue qu'élégante. La belle galerie de peinture est dans le palais moyen; on y voit une suite de tableaux représentant les batailles où a figuré le grand Condé, et force tableaux de chasse.

Je vis avec plaisir que M. le prince de Condé conservait le portrait de madame la duchesse de Bourbon dans sa chambre. Quant à M. le duc de Bourbon, il n'avait chez lui que des chiens, des chevaux et aussi ses grands-ancêtres; point de femmes, si ce n'est madame la duchesse, fille de Louis XIV et de madame de Montespan. Mon Dieu, le mutin et charmant visage!.

Les Tuileries étaient pleines de promeneurs; depuis quelque temps de mauvais plaisants y venaient avec des costumes tellement étranges, que les Suisses avaient souvent été obligés de mettre à la porte ceux dont l'excès du ridicule pouvait amener des scènes fâcheuses. Ils imaginèrent, pour s'en venger apparemment, de paraître en troupes avec des costumes, des emblèmes et des écriteaux, qui étaient une critique de la cour, de la finance, de la bourgeoisie et du clergé. On ferma les grilles, on arrêta sur-le-champ ces censeurs importuns, et on les conduisit au Châtelet, où ils eurent le temps de réfléchir sur les suites et les inconvénients de la satire.

On parlait beaucoup alors d'un scandale qui venait de se produire à la cour, et qui prenait des proportions fort désagréables. M. le comte d'Artois avait un gentilhomme ordinaire, nommé Desgranges; c'était un homme de peu et fort déplacé chez le frère de Sa Majesté. Il était d'une beauté fabuleuse, beauté qui passait en proverbe et qui servait de point de comparaison. Cette beauté lui avait servi peut-être à lever les obstacles, mais il parvint d'abord, je ne sais comment, malgré sa basse extraction, à entrer dans les gardes d'Artois. Il a de l'esprit, beaucoup d'intrigue, une grande bravoure et l'envie de parvenir à tout prix. Un jour, il escortait la voiture de Leurs Altesses royales. Les chevaux s'emportèrent et les menaient tout droit au pont de Sèvres, alors en réparation; il les aurait immanquablement jetés à la rivière. Desgranges poussa en avant, au risque de se faire écraser vingt fois, et en détournant de toute sa force qui est herculéenne un des chevaux de devant, il fit dévier l'équipage que l'on parvint à arrêter quelques instants après, dans le champ où il s'était engagé. Le prince et la princesse (madame la comtesse d'Artois y était) témoignèrent leur reconnaissance à M. Desgranges et le firent nommer de suite capitaine de cavalerie. A peu de temps de là, M. le comte d'Artois le prit pour son gentilhomme ordinaire. Tout cela était une assez belle fortune pour un homme de sa sorte; il eût pu en rester là, se tenir tranquille et se montrer satisfait apparemment. Il n'en fut rien.

Il eut l'infamie de calomnier sa bienfaitrice. Madame la comtesse d'Artois s'intéressait à lui comme à un homme ayant sauvé la vie à son mari et à ses enfants. Elle le combla de bontés; pure et vertueuse à l'égal de son auguste famille, elle ne songea point à la calomnie. Mais ce Desgranges, fat de garnison, osa se vanter d'avoir plu à Son Altesse royale, parla à ses camarades de prétendus rendez-vous donnés, montra des lettres supposées, et parvint enfin à répandre d'infâmes bruits sur une princesse que son rang et sa conduite devaient placer au-dessus de pareilles atteintes.

M. le comte d'Artois en fut instruit, il alla trouver le roi. Desgranges fut arrêté, interrogé, sommé de produire des preuves de ses calomnies, et finit par se rétracter honteusement, faisant à genoux amende honorable. Madame la comtesse d'Artois eut bien du chagrin de cette aventure et de tout le bruit qui en résulta. Personne cependant, même les esprits les plus malveillants et les plus mal faits, n'a songé à l'accuser. Elle a été fort applaudie à l'Opéra la première fois qu'elle y a paru ensuite. Tout le monde sait combien cette princesse est attachée à ses devoirs et à son époux. Une fois au moins, la calomnie qui ménage si peu les princes et les rois n'a pas été écoutée.

CHAPITRE XXV

La marquise de Persan. — Les nouvelles à la main. — La comtesse de Bose. — A Versailles avec la duchesse de Bourbon. — Orage. — Salle Choiseul. — Le maréchal de Biron. — *Alys*. — La marquise de la Roche-Lambert. — La comtesse d'Andlau. — La comtesse de Balbi. — Le baron de Bessenval. — Mot. — Le comte de Melfort. — Le roi de Suède chez madame la duchesse de Bourbon. — Anecdote sur la présentation à Louis XVI. — Le vicomte de Balincourt. — Vers de madame d'Houdetot sur madame de La Vallière. — Madame la duchesse de Bourbon et le Saint-Sacrement. — Le beau boulevard. — Mesmer. — Martinez Pasqualis. — Saint-Martin. — Le magnétisme. — Étrange fatuité de Vestris. — Madame Saint-Huberti. — Fontainebleau. — La veille de la présentation. — Ce que c'est que les *honneurs*. — Des preuves. — Décision de Sa Majesté. — Des arrêts sur la noblesse. — Exceptions aux preuves exigées. — Preuves pour monter dans les carrosses. — Les honneurs *du Louvre*. — Le *Tabouret*. — Le droit de *draper*. — Les princes étrangers. — Le maréchal de Castries. — M. de Breteuil. — Ma présentation. — Le jeu de la reine. — La duchesse de Guiche. — La comtesse d'Ossun. — La vicomtesse de Polastron. — La comtesse de Châlons. — Dames présentées en 1784. — Chez la princesse de Lamballe. — Plaisanterie du comte d'Artois. — L'éventail. — L'opéra d'*Armide*. — Bagatelle. — Mot de mademoiselle Arnould. — Mot du prince de Ligne. — Le baron de Zuckmantel. — Singulière distraction. — M. de La Galaisière. — L'abbé Morellet.

7 juin. — J'allai voir la marquise de Persan. Cette famille est la vraie source de toutes les nouvelles à la main. Madame de Persan (Doublet de Persan) est mademoiselle de Wargemont. Le marquis de Persan était premier maréchal des logis du comte d'Artois et officier au régiment du roi. Le comte de Persan, son oncle, est maréchal de camp, et a été colonel de *Colonel-Général*. Il s'est distingué à la bataille de Fontenoy, a fait beaucoup la guerre et a assisté à la prise

de Minorque. C'est un homme très-estimable et très-estimé [1].

La présidente Doublet, de cette même famille, réunissait chez elle tous les beaux-esprits. On y composait, on y écrivait, on y distribuait les *nouvelles à la main*, qui couraient ensuite tout Paris, et que l'on imprima, je crois. C'est une société particulière et toute différente de celle que je vois ordinairement. Le Marais où elle habite est passé de mode; la magistrature seule y reste et quelques vieux débris de l'ancienne cour. C'est une étude de mœurs intéressante à faire. Les idées nouvelles et les airs évaporés d'aujourd'hui n'y vont point.

Je devais une visite à la comtesse de Bose, et je m'empressai de la faire avant d'aller avec madame la duchesse de Bourbon à Versailles. La famille de Bose (prononcez Bosé) est attachée à la cour de Stuttgard. L'un de messieurs de Bose est grand veneur de Son Altesse le duc de Wurtemberg, et l'autre est dans son armée.

Madame la duchesse de Bourbon m'emmena à Versailles; nous y allâmes tête à tête dans son carrosse, elle le voulut ainsi et donna congé à ses dames. Elle était incognito pour une affaire. Elle ne vit ni le roi, ni la reine, et défendit même qu'on parlât de sa présence. Nous revînmes le même jour, nous causâmes beaucoup; Son Altesse sérénissime me confia encore bien des choses qui redoublèrent mon dévouement

---

[1] Chevalier de Saint-Louis à vingt-quatre ans, il est revenu de Fontenoy, lui sixième de toute sa compagnie restée sur le champ de bataille. Son petit-fils, le marquis de Persan, a épousé mademoiselle d'Esclignac, fille du duc d'Esclignac et de Fimarcon, grand d'Espagne, pair de France, et de mademoiselle de Talleyrand-Périgord.

Sa petite fille, mademoiselle de Persan, a épousé le comte de La Ferrière.

respectueux pour elle. Elle eut la bonté de me remettre chez moi, elle-même; il faisait une chaleur à rendre malade, et je lui enviai bien les beaux ombrages de son jardin, où elle se promena, je le sais, une partie de la nuit.

6 juin. — Il y eut un orage, résultat de la chaleur de la veille, comme je n'en ai jamais vu, même dans nos montagnes. On crut que les maisons s'écrouleraient sous la foudre, la pluie et le vent. Il fut impossible de sortir, mais nous nous divertîmes à examiner les industries pour marcher au milieu de ce déluge. Ce fut très-drôle; beaucoup de femmes se faisaient porter, non pas en chaise, mais à bras; j'en ai vu une dans une hotte; d'autres haranguaient la foule et demandaient des planches. Je n'ai jamais assisté à pareille fête. Nous fûmes le soir souper au Palais-Royal.

J'avais promis à madame de Bose de la rejoindre aux Italiens pour voir la nouvelle salle, car les Italiens avaient quitté la rue Mauconseil, et le Jeu de paume l'année précédente. Ils s'étaient établis dans la salle bâtie sur les terrains de l'hôtel Choiseul, près du boulevard de la rue Richelieu. Le théâtre n'ouvre pas de ce côté; c'est cependant celui par lequel on arrive naturellement. Cela tient à ce que les comédiens ont exigé qu'on y ajoutât une maison pour leur usage, à quoi on a eu la faiblesse de consentir. Cela fait un monument retourné le plus bêtement du monde, et dont la façade parerait fort le boulevard.

La toile se lève droite dans cette salle comme à l'Opéra. On a conservé l'ancienne devise : *Castigat ridendo mores*; elle est du poëte Santeuil. Le plafond représente Apollon au milieu des Muses.

M. le duc de Choiseul, en vendant ce terrain, y avait mis une condition; c'est que lui et sa postérité auront la propriété d'une loge avec une entrée séparée, quelle que fût la destination du théâtre. Cette loge est ainsi devenue une propriété de famille qui passera de génération en génération.

On jouait ce soir-là aux Italiens la *Mélomanie*. Cet opéra-comique avait eu peu de succès à la première représentation, donnée trois ans auparavant, à cause de la faiblesse du poëme. Repris depuis il se soutenait par sa jolie musique. Il est de M. Champein, et dédié par lui à Son Altesse sérénissime mademoiselle de Condé. On y distinguait plusieurs airs fort agréables et très-bien rendus.

Après la *Mélomanie* nous eûmes l'*Amoureux de quinze ans*, pièce composée dans le principe, par M. Laujon, pour le mariage de M. de Meulan d'Ablois avec mademoiselle du Plessis. Il la refit lorsqu'elle fut jouée à Chantilly aux fêtes d'un autre mariage si malheureux depuis, celui de madame la duchesse de Bourbon. Il la rendit enfin propre au théâtre des Italiens, où elle tient sa place parmi les comédies à ariettes du genre gracieux. Il y avait à ce spectacle un monde énorme.

8 juin. — J'allai voir *Atys* à l'Opéra. J'étais avec M. le maréchal de Biron, ce bon et illustre vieillard. Il avait quatre-vingt-quatre ans, et il est, hélas! mort l'année dernière (en 1788). Il demeurait près de la barrière de la rue de Varennes, et avait là un bel hôtel et un superbe jardin. Son fils est le duc de Lauzun; madame la maréchale est mademoiselle de La Rochefoucauld.

Les paroles d'*Atys* sont de Quinault, la musique de M. Piccini. On l'avait repris en 1783, et depuis lors son succès a toujours été en croissant. Tout le monde connaît le poëme. Quant à la musique, le récitatif est simple, le chœur des Songes est admirable, les chants le sont également par la variété et la mélodie. Madame Saint-Huberti a joué Sangaride, avec un talent sans pareil. Elle a déployé un éclat, un brillant, une sensibilité qui firent oublier facilement madame Laguerre ; elle lui est incontestablement supérieure.

9 juin. — Je m'étais mise en visites ; j'allai d'abord chez madame la princesse de Chimay, née de Fitz-James, dame du palais de la reine. J'y trouvai un essaim de femmes charmantes ; son salon ressemblait à une belle volière dorée où gazouillaient les plus jolis oiseaux du monde. Madame la marquise de Laroche-Lambert (mademoiselle de Dreux-Brézé)[1] avait une voix délicieuse et un goût exquis. Elle chante souvent avec la reine. La comtesse d'Andlau, fille de M. Helvétius ; sa maison est des plus agréables, c'est un rendez-vous de gens d'esprit ; elle est aussi de la société intime de Sa Majesté. Une autre personne était là aussi, qui soulevait bien des discussions, que les uns voyaient et que les autres ne voyaient pas, et pour la défense ou l'attaque de laquelle on s'échauffait beaucoup, ce me semble. Quelqu'un me dit tout bas qu'elle n'était point dans l'intimité de madame de Chimay ; ce qu'il y a de sûr, c'est qu'elle était là et n'y semblait point gênée. La comtesse de Balbi est mademoiselle de Caumont ; elle a épousé un colonel à la suite du régiment de Bourbon, Génois d'origine, dont elle s'est séparée après un esclandre que je préfère ne pas raconter. Cela fit beaucoup de bruit dans le monde, de 1778 à 1780. Elle a toujours passé depuis pour être en grande faveur auprès de Monsieur, comte

---

[1] Madame d'Oberkirch entend bien certainement parler ici de madame *la marquise* de Laroche-Lambert, *née de Loslanges*, et non pas de la *comtesse* sa belle-sœur, née de Dreux-Brézé, avec laquelle elle la confond.

de Provence. Madame partagea à cet égard, je ne sais jusqu'à quel point, bien entendu, les préférences de son illustre époux. Elle lui donna près d'elle la survivance de la charge de dame d'atours que possédait en titre la duchesse de Lesparre.

Cette dernière jeta les hauts cris, pria, sollicita, conjura Madame de la délivrer d'un pareil voisinage; Madame n'y voulut point consentir. La duchesse de Lesparre alors donna sa démission, ce qui n'eut d'autre résultat que de rendre madame de Balbi titulaire beaucoup plus tôt. La reine s'en mêla; elle fit tout ce qui se pouvait faire pour ouvrir les yeux de Madame, sans nuire à sa tranquillité; Madame persista, et la comtesse de Balbi conserva sur elle le plus grand ascendant.

Ce n'est point une femme politique, c'est une femme agréable; sans être très-jolie, elle est pleine de grâces et d'agrément, mais surtout de frivolité. Sa gaieté est intarissable; aussi sa société est-elle recherchée avidement par les personnes non scrupuleuses. Elle est aimée de beaucoup de gens qui ne savent pas pourquoi; c'est certainement pour cette gaieté même. On la cite partout pour son élégance et son bon goût. Sa maison est ornée d'une multitude de petites merveilles; c'est un modèle du genre *babioles* si fort à la mode sous le feu roi : on ne se lasserait pas de les regarder du matin au soir.

Madame de Balbi a un grand défaut qui influe sur son humeur et même sur sa beauté; elle est joueuse. Elle y met une passion, une furie dont rien ne peut donner l'idée. Monsieur s'amuse beaucoup de ce qu'il appelle ses *bacchanales*. Lorsqu'elle perd, il lui tient tête, et réellement lui seul ose le faire.

Près de madame de Balbi se trouvait le baron de Bezenval, lieutenant-colonel des gardes suisses. C'était un des merveilleux du jour. On lui attribuait beaucoup de crédit sur l'esprit de la reine, et ce crédit était justifié par un naturel bien rare, un esprit et une grâce sans culture qui rendent le baron un personnage tout à fait à part. Il n'a aucune instruction, n'ayant jamais voulu étudier; cependant il est fin, il est diplomate, il voit mieux que personne et raconte très-bien. J'entendis ce jour-là un mot charmant de lui à propos de son compatriote, le baron de Zurlauben, colonel du régiment suisse de ce nom.

Madame la princesse de Chimay en faisait un éloge que M. de Bezenval n'acceptait pas.

— Enfin, monsieur, disait la princesse, vous ne nierez pas qu'il ne soit fort savant?

— Ah! pour cela, madame, rien n'est plus vrai; c'est une grande bibliothèque qui a un sot pour bibliothécaire.

— Monsieur le baron, reprit le comte de Melfort dont je vais parler, je défie qu'on en dise autant de vous.

— Non, car je ne sais rien! riposta M. de Bezenval qui craignait pourtant assez les allusions à son ignorance.

M. de Melfort est d'une illustre famille d'Écosse et petit-fils de John Drummond, comte de Perth, ministre du roi Jacques II, qui le créa duc de Melfort; Louis XIV le nomma pair de France. Le comte de Melfort est aussi petit-neveu de James Drummond, chancelier d'Écosse, qui rejoignit Jacques II à Saint-Germain, fut nommé par lui duc de Perth et gouverneur du chevalier de Saint-Georges, son fils. Il fut également pair de France.

Quant à M. de Melfort, il fut d'abord colonel du régiment d'Orléans-Cavalerie, puis lieutenant général. Il fut dans sa jeunesse un des hommes les plus brillants et les plus séduisants. « La liste de ses conquêtes est bien plus longue que celle de ses victoires, » me disait madame la duchesse de Bourbon en me parlant de lui, sous toute réserve pourtant, car la voix publique le donnait pour amant à sa propre mère, madame la duchesse d'Orléans, ce dont la princesse ne se serait jamais permis de laisser aventurer même un seul mot. Madame la duchesse d'Orléans (Louise-Henriette de Bourbon) était la femme de M. le duc d'Orléans, dont on a dit qu'il s'était fait *marquis de Montesson*, ne pouvant faire de madame de Montesson une duchesse d'Orléans.

Cette duchesse d'Orléans, la vraie, était une personne fort dissolue et qui, malheureusement, déshonora gravement le nom qu'elle portait. Le bruit public attribuait au comte de Melfort la paternité de M. le duc de Chartres, et Dieu sait qu'il nous aurait donné là un triste enfant [1].

M. de Melfort a épousé mademoiselle de Laporte, sœur de l'intendant de Lorraine et dont la mère était une Caumartin. Il est cousin germain du duc de Melfort, qui a hérité des deux branches.

Cette matinée fut agréable pour moi de toutes les manières, car, après avoir été me promener au Tivoli de M. Boutin, je me rendis chez madame la duchesse de Bourbon et j'eus l'honneur d'y rencontrer le roi de Suède (Gustave III). Il était depuis quelques jours à Paris et voyageait sous le nom de comte de Haga. Il comptait y rester quelques semaines. C'était un charmant prince pour lequel je me sentis une respectueuse sympathie, et qui réussit fort à Paris et à Versailles. Il faisait sa première visite à la princesse, et nous res-

---

[1] Philippe-*Égalité*, trouvant cette origine encore trop noble, a prétendu, dit-on, qu'il y avait confusion et qu'il était fils de Montfort, son cocher.

CHAPITRE XXV.

sentîmes toutes deux la même impression. Cette physionomie sévère et haute semble marquée d'une certaine expression de fatalité. Du reste, il croit beaucoup aux sciences occultes, et je l'ai entendu assurer qu'il y avait à Stockholm, sur le port, une devineresse à laquelle il avait foi et qu'il consultait sans cesse sous de nouveaux déguisements. N'importe lequel il prît, elle lui disait toujours la même chose, qu'il mourrait jeune et de mort violente, mort à laquelle, du reste, les souverains du Nord sont fort sujets.

A cette première visite, il nous raconta ses enchantements de Paris, son arrivée, la façon dont il était descendu chez son ambassadeur, qui ne l'attendait pas si tôt, et qu'il trouva ayant pris médecine. Il fit ce récit avec un esprit remarquable de très-bon goût et fort piquant. Le principal défaut du roi de Suède me paraît être la présomption, et c'est, assure-t-on, à la suite d'un défi que lui fit Catherine II, qu'il introduisit dans ses États, à la cour et même parmi les bourgeois, le costume théâtral adopté aujourd'hui.

Le comte de Haga est ainsi tombé à la cour comme une bombe. Le roi était à la chasse à Rambouillet, la reine le fit prévenir en toute hâte, Sa Majesté se hâta ainsi de revenir et sans suite, pour ne pas être retardée. Les valets de chambre ne se rencontrèrent point là quand il le fallut ; ils avaient emporté les clefs, on ne savait où rien prendre. Le comte de Haga était déjà chez la reine ; le roi, dans sa bonté, ne voulait point le remettre ; des gens de la cour aidèrent Sa Majesté à s'habiller, tant bien que mal, et de la façon la plus singulière, à ce qu'il paraît. On était si pressé, que tout fut fait de travers sans qu'on s'en aperçût. Il avait une de ses boucles de souliers en or et l'autre blanche, une veste en velours au mois de juin ! et ses ordres tout à rebours ; il n'était bien poudré que d'un côté, et le nœud de son épée ne tenait pas. La reine en fut frappée et s'en contraria. Quant au roi, au contraire, il en rit beaucoup et en fit rire le comte de Haga, qui put juger ainsi de la bonté et de la sérénité de son âme.

— Louis XVI, ajouta-t-il après nous avoir raconté tout cela, Louis XVI est le prince le meilleur, le plus bienveillant qui existe. Son âme a une sérénité qui rayonne. J'en suis dans l'admiration.

S. M. le roi de Suède comptait aller et alla, en effet, ce soir-là, au *Mariage de Figaro*. Il arriva tard, le premier acte était joué presque en entier. Le public applaudit le comte de Haga à tout rompre, et il exigea que la pièce fût recommencée, ce dont le prince se montra très-reconnaissant. On a même répété l'ouverture. Le roi remercia par toute la politesse qu'il put imaginer.

Après cette visite, j'allai, je l'ai dit, au jardin Boutin (mais je n'ai pas dit, je crois, que mademoiselle Boutin a épousé depuis, en 1786, le vicomte de Balincourt, capitaine au régiment de Bourbon). Chez la duchesse de La Vallière, où je me rendis ensuite, je trouvai, comme chez la princesse de Chimay, un cercle d'esprits brillants et aimables, et la conversation la plus variée. Il y avait entre autres une charmante jeune personne dont j'ai oublié le nom, et qui était nièce de madame d'Houdetot. Elle rappela un impromptu de sa tante, qui avait eu beaucoup de succès et qui était réellement fort joli. Il s'agissait de la beauté de madame de La Vallière, admirablement conservée à cinquante ans.

La nature prudente et sage
Force le temps à respecter

> Les charmes de ce beau visage,
> Qu'elle n'aurait pu répéter.

Madame de La Vallière méritait cette flatterie, qui n'en était pas une. Elle était, en outre, pleine de bonté, et l'a poussée envers moi jusqu'à vouloir être ma marraine, à ma présentation. En la voyant si belle encore, au milieu de ce cercle dont elle était la reine, on se demandait ce qu'elle avait dû être dans sa jeunesse.

10 juin. — J'allai avec madame la duchesse de Bourbon, à l'hôtel Mazarin, voir la procession de Saint-Sulpice : c'était fort beau ; l'hôtel était tendu et pavoisé du haut en bas, et la princesse descendit dans la rue pour adorer le Saint-Sacrement et baiser la patène du même côté que le prêtre, prérogative de la race de saint Louis. J'eus l'honneur de dîner avec elle et de l'accompagner chez le roi de Suède. Nous le trouvâmes encore plus remarquable que la veille. Il déploya une variété de connaissances inouïes, un désir de s'instruire encore davantage et de travailler au bonheur de ses peuples, bien louable et bien rare. Il nous dit avoir vu déjà plusieurs savants, beaux-esprits et artistes. Pendant le temps qu'il resta à Paris, les dames qu'il fréquenta le plus furent la princesse de Croï, la duchesse de La Vallière, la comtesse de La Marck et madame de Boufflers. Ce choix prouve qu'il appréciait au-dessus de tout l'esprit et ses agréments.

Nous nous rendîmes au beau boulevard, c'est-à-dire au boulevard du Temple. Il était d'une gaieté, d'une animation qui faisait plaisir à voir. Nous nous arrêtâmes à tous les spectacles en plein vent, aux *fantoccini* venus d'Italie, aux figures de cire ; nous ne manquâmes pas une toile. C'est sur ce boulevard qu'on a vu longtemps Fanchon la vielleuse si à la mode, et qui a gagné tant d'argent avec ses chansons, sa vielle et sa marmotte. Qui ne sait pas son histoire? Ne l'a-t-on pas mise en vaudevilles de toutes les façons?

11 juin. — Je fus charmée d'une visite que nous fîmes à Mesmer, le chef et le père du magnétisme. Je l'avais connu en Alsace, et j'ai oublié de le dire, ne tenant un journal qu'à Paris. Je l'admirais depuis longtemps et je fus enchantée de le retrouver. Il demeurait place Vendôme, dans la maison Bouret, et son appartement ne désemplissait pas du matin au soir. Le fameux baquet attirait la cour et la ville. Le fait est que ses cures sont innombrables, et que l'on ne peut nier les effets positifs du magnétisme. Le somnambulisme est encore plus extraordinaire et tout aussi positif. M. de Montjoie, qui a été guéri par M. Mesmer d'une maladie grave, en fut si reconnaissant qu'il publia une brochure à sa louange. Le magnétisme devint tout à fait à la mode; ce fut, comme toutes les modes, une rage, une furie. On publia ses merveilles et on les augmenta.

Après M. Mesmer, MM. Ledru et Destin, le docteur Thouvenel, le docteur Deslon, se partagèrent la vogue. On courut chez eux comme à la fontaine de Jouvence; pourtant cette fontaine-là fut peut-être la seule qu'ils ne surent point ouvrir.

Madame la duchesse de Bourbon croyait non-seulement au magnétisme, mais à la sympathie et aux pressentiments.

La princesse parlait souvent de Martinez Pasqualis, ce théosophe, ce chef d'illuminés, qui a établi une secte et qui se trouvait à Paris en 1778. Elle l'a beaucoup vu, beaucoup écouté; elle est *martiniste* ou à peu près. Elle reçoit dans son cabinet, et fort souvent,

M. de Saint-Martin, l'auteur *Rapports entre Dieu, l'homme et l'univers*. Ce livre a fait sensation dans les sectes. Une chose très-étrange à étudier, mais très-vraie, c'est combien ce siècle-ci, le plus immoral qui ait existé, le plus incrédule, le plus philosophiquement fanfaron, tourne, vers sa fin, non pas à la foi, mais à la crédulité, à la superstition, à l'amour du merveilleux. Ne serait-ce pas que, comme les vieux pécheurs, il a peur de l'enfer, et croit se repentir parce qu'il craint? En regardant autour de nous, nous ne voyons que des sorciers, des adeptes, des nécromanciens et des prophètes. Chacun a le sien, sur lequel il compte; chacun a ses visions, ses pressentiments, et tous lugubres, tous sanglants. Quelles seront donc les dernières années de ce centenaire qui commença si brillamment, qui usa tant de papier pour prouver ses utopies matérialistes, et qui maintenant ne s'occupe plus que de l'âme, de sa suprématie sur le corps et sur les instincts? On n'ose y penser. Ce que peut, ce que doit faire un esprit impartial, essayant de peindre ce qu'il voit, c'est de tout dire, de tout montrer, laissant à la postérité le jugement que nous ne pouvons rendre; nous serions, sans cela, à la fois juges et parties.

Quant à moi, je ne puis m'empêcher de croire aux effets du magnétisme après tout ce que j'ai vu et entendu, que je raconterai en son lieu. J'ai assisté à des expériences les plus extraordinaires. Le somnambulisme est un fait que des millions d'épreuves attestent. Cela n'empêche pas les épigrammes; en voici une, la moins plate peut-être! Jugez des autres:

Le magnétisme est aux abois!
La Faculté, l'Académie,

L'ont condamné tout d'une voix
Et l'ont couvert d'ignominie.
Après ce jugement bien sage et bien légal,
Si quelque esprit original
Persiste encor dans son délire,
Il sera permis de lui dire :
Crois au magnétisme... animal.

M. Mesmer reçut madame la duchesse de Bourbon comme on peut le penser. Il nous promit des séances spéciales, et nous en donna constamment[1]. Nous sortîmes de là enthousiasmées, et nous ne cessâmes d'en parler pendant tout le dîner, après lequel S. M. le roi de Suède vint faire une nouvelle visite à Son Altesse sérénissime, dont la tournure d'esprit lui plaisait infiniment. Il nous quitta pour se rendre à l'Opéra, où nous allions aussi, dans la loge du maréchal de Biron.

Le comte de Haga faillit être la cause innocente d'un grand événement : la perte, pour l'Opéra, du célèbre Vestris. Revenu de Londres avec un effort au pied, il ne put danser le jour où la reine et le roi de Suède devaient aller l'applaudir. Le baron de Breteuil, ministre de Paris, et qui a l'Académie royale sous sa domination, a envoyé Vestris à la Force.

— C'est la première fois que notre maison se brouille avec la maison de Bourbon, dit ce petit fat de Vestris II ou Vestr'Allard, comme on l'appelle à cause de sa mère, mademoiselle Allard.

Il est cependant un peu moins insolent que monsieur son père, le *diou de la danse*, retiré depuis trois

---

[1] Je l'avais vu à son passage à Strasbourg en 1778 lors de son voyage de Vienne à Paris. Les extases produites par son baquet magnétique avaient profondément excité mon étonnement.
(Note de l'auteur.)

ans. Le diou de la danse, le grand Vestris, disait souvent :

— Il n'y a en Europe que trois grands hommes : moi, Voltaire et le roi de Prusse.

Il a épousé mademoiselle Heinel, et Vestris II est son fils de la main gauche. Celui-ci avait à cette époque vingt-quatre ans et était au théâtre depuis quatre.

Une femme de ma connaissance racontait ceci : elle l'avait rencontré une fois au Palais-Royal dans une foule :

« Je lui ai marché sur le pied sans le vouloir, disait-elle, et sans le reconnaître. Je me retournai pour lui faire mes excuses, en lui demandant si je lui avais fait mal.

— Non, madame, mais vous avez failli mettre tout Paris en deuil pendant quinze jours.

— Ah ! s'écria mon mari, c'est Vestris.

— Vous ne le saviez pas, monsieur, reprit-il d'un air de mépris, *mé* madame votre *épouse* le savait bien, elle. »

Il avait pris sa maladresse pour une agacerie. Jamais il n'exista fatuité aussi robuste que celle-là.

Nous allâmes donc voir *Didon*. Cet opéra, dont les paroles sont de M. Marmontel, est regardé comme la meilleure musique de Piccini. Il avait un succès prodigieux. Les anciens gluckistes baissaient la tête ; ils n'osaient pas trop réclamer contre le sentiment universel du public. Madame Saint-Huberti produisait un effet admirable dans le rôle de Didon. Elle avait vingt-huit ans alors, sa beauté était dans tout son éclat ; depuis sept ans seulement elle avait débuté. Elle parut costumée selon l'époque où se passe la scène, ce qui fit une révolution théâtrale. Il est impossible de montrer une sensibilité plus vraie, plus touchante, un abandon plus passionné, et de conserver cependant plus de noblesse et de dignité majestueuse.

— C'est le jeu de *Clairon* et la voix de *Todi*, disait-on de toutes parts ; et c'était vrai [1] !

Le roi a été si enthousiasmé de son talent qu'après l'avoir entendue, et sans que personne le lui demandât, il lui fit régler sur-le-champ une pension.

C'est à Fontainebleau que *Didon* fut jouée pour la première fois, au milieu de cette cour si brillante et devant cette reine si éclatante et si belle, entourée de tout ce que l'Europe renferme d'hommes remarquables [2].

12 juin. — C'était pour moi un grand jour que celui de ma présentation, mais cette cérémonie, toute flatteuse qu'elle soit, est très-fatigante. On est en représentation depuis le matin jusqu'au soir, sans prendre presque aucun repos. Le 12 juin, qui était la veille, j'en avais les préliminaires et les premières agitations. J'allai donc dîner à Versailles ce jour-là, et après le dîner je fis mes visites à tous les ministres et *aux honneurs*. On appelle ainsi les dames d'honneur et la dame d'atour de la reine, et celles de Mesdames et des princesses belles-sœurs du roi.

J'ai raconté comment en 1782, lors de mon voyage avec madame la comtesse du Nord, la reine avait daigné me dispenser du cérémonial de la présentation. Il fallait donc cette année m'occuper de cette forma-

---

[1] Madame Saint-Huberti a été assassinée à Londres en 1812, en même temps que le comte d'Entragues, qu'elle avait suivi en émigration et dont elle était devenue la femme en 1791.

[2] Il y a ordinairement deux voyages de la cour tous les ans. Le premier à Compiègne se fait durant l'été et devient moins régulier ; le second à Fontainebleau dure le double du premier. On y donne régulièrement des spectacles, en outre des chasses. C'est là que la cour célèbre la Saint-Hubert.

lité indispensable. Mes preuves ayant été faites et examinées par le généalogiste de la cour, je fus prévenue que le roi et la famille royale avaient fixé ma présentation au dimanche 13 juin, à cinq heures et demie du soir. Je m'étais fait faire le grand habit avec un énorme panier, selon l'étiquette, et un bas de robe, c'est-à-dire une queue qui peut se détacher. J'avais acheté l'étoffe et fait faire l'habit chez Baulard, mademoiselle Bertin m'ayant trop fait attendre. L'étoffe était d'un brocart d'or, à fleurs naturelles, admirablement beau ; j'en reçus mille compliments. Il n'y entrait pas moins de vingt-trois aunes ; c'était d'un poids énorme.

Les preuves doivent dater de 1399. On a choisi cette date parce qu'elle est, *dit-on*, antérieure à tout anoblissement, ou du moins parce qu'avant cette époque il n'y en avait eu qu'excessivement peu. C'était aussi parce que les preuves écrites pour des temps antérieurs sont difficiles, surtout en exigeant les originaux des titres de famille, comme le prescrivait le règlement du 17 août 1760.

Tout ce qui était robe ne pouvait faire partie de la haute noblesse, quelle que fût l'ancienneté ; l'étiquette les excluait de manger avec les princes du sang et leurs femmes n'étaient jamais dans le cas de la présentation [1].

Depuis le règne de Louis XVI, le roi s'est réservé de donner son agrément et de prononcer en dernier ressort, dans ces questions d'étiquette, suivant son bon plaisir. Cherin, c'est-à-dire le cabinet des ordres du roi, est seulement chargé de vérifier les preuves et de

---

[1] Quelques membres du parlement de Bretagne, appartenant aux plus anciennes maisons de cette province, ont été exceptés de cette règle qui du reste n'a pas toujours été rigoureusement suivie.

donner son opinion. On est alors *agréé*, *refusé* ou *différé*, selon la décision de Sa Majesté.

Tout cela est en dehors de l'action des tribunaux et n'invalide en rien l'autorité des arrêts du conseil du roi, des cours supérieures et des jugements en maintenue de noblesse des différents commissaires royaux chargés des diverses recherches et réformations de la noblesse.

Ces choses sont très-susceptibles de faveur, et il ne faut rien en inférer contre les familles qui ont négligé de faire leurs preuves au cabinet du Saint-Esprit et qui les ont faites ailleurs.

Les honneurs de la cour permettent d'être admis aux bals de la reine, aux cercles, aux chasses du roi. Il faut, pour y être reçu, être d'une famille chevaleresque, c'est-à-dire qui n'a jamais été anoblie, et en prouver la filiation suivie jusqu'à l'an 1400, date antérieure, ainsi qu'on l'a vu, à tout anoblissement. Cependant on n'applique pas ce règlement aux descendants des grands officiers de la couronne, des ministres secrétaires d'État, des maréchaux de France, des chevaliers du Saint-Esprit ou des ambassadeurs. Ils jouissent souvent des honneurs de la cour sans être tenus de faire des preuves. Quelques autres exceptions ont encore lieu; c'est ce qu'on appelle être présenté *par ordre* ou *par grâce*. C'est *par ordre* que j'avais été admise en 1782, n'ayant pas eu le temps de faire mes preuves; mais je tenais à jouir des honneurs par suite des preuves, et non par grâce.

N'avoir aucune origine connue doit être la première condition de toute noblesse; c'est ce qu'on appelle remonter à la nuit des temps. Tous ceux qui peuvent faire remonter leur filiation jusqu'avant 1400 sont, comme je viens de le dire, considérés comme tels. On peut alors monter *dans les carrosses* du roi. Chérin, qu'on a surnommé l'incorruptible, est inflexible à cet égard.

Il ne faut pas confondre les honneurs de la cour avec les honneurs *tout court* ou les *honneurs du Louvre*. J'ai dit ce qu'étaient les *honneurs*. Les honneurs du Louvre n'appartiennent qu'aux femmes titrées, c'est-à-dire aux duchesses, aux femmes de grands d'Espagne, et de ce qu'on appelle les *cousins du roi*, ou enfin à quelques autres femmes qualifiées d'un titre quelconque, et dont la famille possède les honneurs *héréditaires* du Louvre.

Ces dames ont droit *au tabouret*; elles portent sur leurs carrosses une impériale en velours rouge avec une galerie dorée, elles ont chez elles le dais et la salle du dais, elles entrent à quatre chevaux dans les cours des châteaux royaux; enfin, lorsque le roi *drape*, elles ont le droit de draper aussi. Quand elles sont présentées le roi les embrasse, ce qui ennuie, dit-on, beaucoup S. M. Louis XVI. (On appelle draper, couvrir les carrosses d'étoffes noires quand la cour est en grand deuil.)

Les princes étrangers ou les Français qui ont obtenu ce titre n'ont pas les honneurs du Louvre; ils ont le pas après les ducs. N'est-il pas singulier de voir le duc Louis de Wurtemberg, frère d'un duc régnant et son héritier présomptif, ne pas avoir de rang à la cour de France? On a toujours tenu excessivement à ces prérogatives, et je ne saurais tout à fait les blâmer. Ainsi les princes de la maison de Bourbon, même les cadets, passent partout à l'étranger avant les princes régnants du second ordre. Ils marchent les égaux de tous les rois, et ne donnent à personne la main chez eux. Louis XIV l'a voulu ainsi, et sa volonté, passée en usage, est encore respectée.

Je vis le maréchal de Castries avant de souper chez le baron de Breteuil. Le marquis de Castries, ancien ministre de la guerre, maréchal de France depuis un an seulement, était ministre secrétaire d'État au département de la marine. Son fils, le duc de Castries, maréchal de camp, avait été appelé longtemps le comte de Charlus; on l'a fait duc en 1784.

M. de Breteuil me reçut fort bien, malgré son ton tranchant. Il a de l'esprit et passe pour fort adroit. Il était ministre de la maison du roi et de Paris. Ses soupers étaient fort recherchés. On y voyait très-bonne et très-amusante compagnie. C'était l'endroit où se racontaient le plus d'anecdotes et d'histoires de toute espèce. Il voyait assez volontiers les poëtes, les gens d'esprit, même les artistes. Je me retirai de bonne heure, ayant à me préparer pour le lendemain.

13 juin. — Je me fis coiffer tout de suite après dîner, de la façon la plus élevée possible, suivant la mode, avec mes diamants et un bouquet de plumes [1].

Madame la duchesse de La Vallière ayant bien voulu se charger de me présenter à Leurs Majestés, je me rendis chez elle, accompagnée de la baronne de Mackau, à quatre heures et demie, et nous allâmes ensemble au château. Je fus d'abord présentée au roi; ce moment est très-solennel, tant de personnes vous regardent! on a si peur d'être gauche! Il faut se rappeler les leçons qu'on a prises pour marcher à recu-

---

[1] Une note écrite de la main du comte Godefroy de Waldner, frère de madame d'Oberkirch, nous fait connaître la particularité suivante : Madame Élisabeth de France poussa la bonté jusqu'à vouloir que la baronne d'Oberkirch, le jour de sa présentation à la cour de Versailles, y arrivât *parée des atours de Son Altesse royale*. Madame d'Oberkirch se tait là dessus. Cette auguste princesse aurait-elle daigné lui faire d'abord cette offre gracieuse, et n'y aurait-elle plus pensé ensuite? C'est probable.

CHAPITRE XXV.

lons, pour donner un coup de pied dans sa queue, afin de ne point embarrasser ses mules et ne pas tomber, ce qui serait le comble de l'insolence et de la désolation.

Je fis les trois révérences, une à la porte, une seconde au milieu, une troisième près de la reine qui se leva pour saluer. J'ôtai mon gant droit et fis la démonstration de baiser le bas de la robe. La reine retira sa jupe avec beaucoup de grâce, par un coup d'éventail pour m'empêcher de la prendre.

— Je suis charmée de vous voir, madame la baronne, me dit-elle, mais cette présentation n'est qu'une formalité, il y a longtemps que nous nous connaissons.

Je m'inclinai respectueusement.

— Avez-vous des nouvelles de votre illustre amie ?

— Son Altesse impériale me fait l'honneur de m'écrire souvent.

— Ne nous a-t-elle point oubliés ?

— La mémoire de madame la grande-duchesse est aussi heureuse que celle de Votre Majesté; il est impossible que vous ne vous souveniez pas l'une de l'autre.

La reine me sourit, puis elle me parla de l'Alsace, de Strasbourg et du Rhin qu'elle trouvait superbe.

— Je le préfère au Danube, ajouta-t-elle, mais la Seine me les a presque fait oublier tous les deux.

Après quelques mots encore, Sa Majesté fit une inclination, et nous nous retirâmes à reculons avec les trois révérences d'adieu. On nous avait présenté des tabourets, je n'eus garde de m'asseoir n'en ayant pas les *honneurs*. Madame la duchesse de La Vallière s'assit et eut la courtoisie de se relever aussitôt.

Je fus ensuite présentée à toute la famille royale avec le même cérémonial. Le roi ne m'a rien dit, mais il m'a fait un sourire gracieux. Sa Majesté parle peu aux présentés; on assure qu'elle est d'une grande timidité avec les femmes. Le roi ne m'embrassa pas, comme de juste; il n'embrasse que les duchesses et les femmes des cousins du roi, je l'ai dit.

De là je me rendis au jeu de la reine. Toutes les femmes présentées, sans distinction de titre, s'assirent sur des tabourets formant un cercle autour de la chambre, les hommes étaient tous debout. Les dames qui voulurent jouer se mirent à la grande table ronde du jeu, au moment où la reine s'y assit. Après le jeu, la reine fit le tour du salon, adressant quelques mots à chacune.

— J'espère que nous vous reverrons souvent, madame d'Oberkirch, me dit-elle, et que vous ne vous hâterez pas trop de retourner en Alsace.

Après une révérence, je sortis et allai chez madame la princesse de Lamballe, surintendante de la maison de la reine, et selon l'étiquette faire une seconde visite aux honneurs.

La présentation, entre autres droits, donne celui de souper dans les petits appartements. Je retournerai faire ma cour quelquefois le dimanche, ce qui se fait d'abord le matin après la messe et le soir au jeu. Je serai de droit sur la liste des bals de la reine.

La plus jolie femme du cercle, ce soir-là, était madame la duchesse de Guiche, fille de madame de Polignac. La reine reportait sur elle une partie de son affection pour sa mère; elle n'avait pas alors seize ans et avait été mère à quatorze ans et un mois. Le duc de Guiche était le fils du comte de Gramont; on l'appelait autrefois comte de Louvigny [1]. Il était neveu du

---

[1] C'est en faveur de son mariage que le roi lui permit de prendre le titre de duc de Guiche.

duc de Gramont et capitaine des gardes du corps en survivance. Son frère, appelé d'abord chevalier, puis comte de Gramont, avait épousé la comtesse Gabrielle de Boisgelin, chanoinesse de Remiremont.

Nous avions aussi la comtesse d'Ossun, sœur du duc de Guiche, dame d'atours de la reine et qui devint plus tard son amie, chez laquelle Sa Majesté allait chaque jour quand le salon des Polignac commença à lui déplaire. Sa fille est devenue marquise de Caumont-Laforce.

Nous avions encore la vicomtesse de Polastron (mademoiselle d'Esparbès de Lussan), dame du palais de la reine;

La comtesse de Juigné, aussi dame du palais;

La comtesse de Châlons, sœur du comte d'Andlau et dont la mère est une Polastron. C'est une femme d'une beauté délicieuse et des plus remarquées à la cour; elle y attire tous les hommages. Elle est également spirituelle et aimable.

Voici les noms des dames qui ont eu l'honneur d'être présentées cet hiver de 1784 :

11 janvier.	Vicomtesse de Labourdonnaye,
18 —	Princesse de Saint-Mauris,
— —	Comtesse du Luc,
— —	Comtesse de Menou,
25 —	Comtesse Félix de Pardieu,
1ᵉʳ février.	Duchesse de Castries (a pris le tabouret);
— —	Duchesse de Maillé (a pris le tabouret);
— —	Vicomtesse Louis de Vergennes,
8 —	Marquise de Fouquet,
— —	Comtesse de Kercado,

8 février.	Duchesse de Beuvron (a pris le tabouret);
15 —	Comtesse de Viella,
— —	Baronne de Jumilhac,
29 —	Vicomtesse de Blangy,
14 mars.	Comtesse de Ruppière,
20 —	Vicomtesse de Podenas [1],
18 avril.	Comtesse Esterhazy,
9 mai.	Maréchale duchesse de Levis (a pris le tabouret);
— —	Marquise de Laval,
— —	Comtesse Joseph de La Ferronnays,
— —	Comtesse de Suffren Saint-Tropez,
— —	Comtesse de Valon d'Ambrugeac,
— —	Vicomtesse de Vibraye,
16 mai.	Comtesse de Lons,
23 —	Duchesse de Caylus (a pris le tabouret);
— —	Vicomtesse de Béthisy,
13 juin.	Baronne d'Oberkirch,
— —	Vicomtesse de La Bédoyère,
27 —	Comtesse d'Estampes, grande d'Espagne (a pris le tabouret);
— —	Comtesse Édouard de Marguerie,
4 juillet.	Marquise de Saint-Hérem,
— —	Marquise de Raigecourt,
11 —	Vicomtesse de Castellane,
18 —	Duchesse de Cossé (a pris le tabouret);

[1] Née de Buisseret, présentée par la comtesse de Podenas, sa tante. Mariée en 1783, elle mourut en couches laissant un fils. Ce fils, marquis de Podenas et colonel du 6e dragons, a épousé en 1813 mademoiselle Athénaïs de Nadaillac, qui fut dame d'honneur de Madame, duchesse de Berry.

CHAPITRE XXV.

18 juillet.   Comtesse de Bruyères-Chalabre,
— —   Marquise de Coëtlogon,
1ᵉʳ août.   Baronne de Damas, etc.

Je ne sais plus le reste, après mon départ. La *Gazette de France* publie successivement ces présentations.

Pendant que j'étais chez madame la princesse de Lamballe, la reine y vint, ainsi que M. le comte d'Artois. On causa fort agréablement. M. le comte d'Artois plaisanta beaucoup sur un flatteur qui, pour lui faire sa cour, lui parlait du siége de Gibraltar, de ses dangers, de sa gloire.

— Ce n'est point là de la gloire, ajouta-t-il, et j'en fais bon marché. De toutes mes batteries, celle qui a fait le plus de mal dans le siége est ma batterie de cuisine.

Il donnait de tels dîners aux Espagnols, tous accoutumés à la sobriété, qu'ils en tombaient malades.

— Ce que c'est, disait-il, que de vivre d'oignons crus : un coulis d'écrevisses devient un poison mortel.

Il m'arriva une espèce de petite aventure à ce cercle chez madame de Lamballe, qui m'embarrassa d'abord, et puis me fit honneur. Je portais au bras un très-beau bracelet venant de madame la comtesse du Nord, où se trouvait son portrait. La reine l'aperçut et me demanda à le voir de près. J'ouvris promptement mon éventail, afin de le lui présenter ainsi que cela est d'usage : c'est même la seule circonstance où il soit permis d'ouvrir son éventail devant la reine. Le bracelet trop lourd fit ployer l'ivoire travaillé comme une dentelle, le bracelet tomba ; chacun avait les yeux sur moi, la situation était difficile pour une provinciale. Je crois que je m'en tirai assez bien ; je ramassai le bracelet, en me baissant, ce qui était presque douloureux avec nos corps de jupes, je ne pouvais plus me servir de mon éventail brisé, je présentai directement le portrait à la reine, en lui disant :

— Je prie la reine de vouloir bien considérer que ce n'est pas moi, c'est madame la grande-duchesse de Russie.

La reine sourit en inclinant la tête, et tout le monde trouva l'à-propos heureux.

14 juin. — J'allai à l'opéra d'*Armide* que l'on donnait pour le roi de Suède au théâtre de la cour. Madame la duchesse de Bourbon me fit l'honneur de me mener avec elle dans sa loge. J'eus un plaisir extrême. Le spectacle était magnifique, les décorations admirables, et rien n'égale la perfection avec laquelle on représente l'incendie du palais de la magicienne. Cette pièce n'avait pas été jouée depuis quatre ans, et mademoiselle Levasseur a repris, pour cette fois seulement, le rôle d'Armide, dans lequel personne ne l'a égalée. Bien qu'elle soit retirée du théâtre, elle y est rentrée à cause de la circonstance du comte de Haga.

La salle resplendissait de pierreries, de fleurs, de femmes parées. La reine était belle à miracle ; elle avait beaucoup des diamants de la couronne ajoutés aux siens. Elle fut admirablement reçue, elle était fort aimée alors ; on ne la calomniait pas encore, du moins c'était tout bas. Madame la duchesse de Bourbon souffrait lorsque son rang l'appelait à ces cérémonies ; elle y rencontrait le prince son mari, et ce n'était point sans une vive émotion.

— Seule ! me disait-elle tout bas ; vous le voyez, ni père, ni frère, ni mari. Abandonnée de tous ! Ah ! c'est bien cruel.

Je comprenais cette douleur, la plus vive de toutes, selon moi, pour une femme, et cependant les femmes ont bien des douleurs.

15 juin. — Madame la duchesse de Bourbon m'avait ramenée la veille au soir après l'opéra. Nous étions revenues ensemble à Paris. Le 15 juin, j'allai me promener à Bagatelle, avec la princesse; elle savait que M. le comte d'Artois n'y était point. Depuis le duel, elle n'aimait pas à se trouver avec lui; cela se conçoit, il fallait qu'elle y fût forcée.

Bagatelle est un lieu enchanteur. Le joli pavillon qui sert de château est entouré de jardins à l'anglaise, parfaitement dessinés. Il s'y trouve une rivière alimentée par une pompe à feu. De celle-là, mademoiselle Arnould n'oserait pas dire :

— Cela ressemble à une rivière comme deux gouttes d'eau.

Elle vaut mieux que cela.

Ceci me rappelle un mot charmant du prince de Ligne à Catherine II. Elle avait aussi fait une rivière dans le genre de celle de mademoiselle Arnould. Le prince en plaisantait souvent, et répétait que cette rivière était une prétention de l'impératrice. Enfin, un jour, un ouvrier s'y noya. Catherine II, dès qu'elle aperçut le prince, lui annonça vite la nouvelle.

— Quoi, madame, dit le prince, un ouvrier s'est noyé dans votre rivière ?

— Oui, monsieur, qu'allez-vous dire à cela ?

— Le flatteur! répondit le prince de Ligne.

J'en reviens à Bagatelle. Il s'y trouve beaucoup de ponts sur la rivière ; des gloriettes, des chaumières, enfin tout ce qu'il est possible de rêver en ce genre. Le parc est entretenu avec une recherche exquise. Les Parisiens et les étrangers en profitent plus que l'illustre propriétaire, il s'y promène rarement. Il y dîne et y soupe en compagnie, mais jamais, ostensiblement du moins, avec aucune femme de la cour.

Après avoir poussé jusqu'au pont de Neuilly, nous allâmes chez madame la duchesse de Chartres ; elle nous parla de ses voyages et des gens qu'elle y avait rencontrés, entre autres du baron de Zuckmantel que je connais et qui était alors ambassadeur de France près la république de Venise. Il avait fait tous ses efforts pour que la princesse s'amusât à Venise et y avait réussi.

— Je me souviens, ajouta-t-elle, qu'il me contait une assez drôle de chose. Le roi lui demanda un jour de combien de membres le conseil des Dix était composé.

— De quarante, sire, répondit-il sans hésiter.

Heureusement le roi pensait à autre chose et ne l'entendit point, mais d'autres l'entendirent, et cela se répéta dans tout Versailles. Le baron fut le premier à en rire. Il avait parlé sans réfléchir, et cela faisait presque une jeannoterie.

16 juin. — Après avoir fait une visite à la comtesse de Halwyll, j'allai chez madame de La Galaisière. Son mari avait été maître des requêtes, intendant de Lorraine, et était intendant d'Alsace et conseiller d'État. Il était fils de l'ancien chancelier de Lorraine qui possédait toute la confiance du roi Stanislas. C'est un homme d'une parfaite probité, et qui, sans être brillant, a l'esprit le plus juste et le plus conciliant. Rien n'égale la douceur et l'égalité de son caractère.

Il a eu un frère, aide de camp du maréchal de Saxe. Le plus jeune, l'abbé de La Galaisière, maintenant évêque de Saint-Dié, a eu pour précepteur l'abbé Morellet, fameux philosophe, et qui a été dans le temps à la Bastille pour avoir nommé, dans un pamphlet, madame la princesse de Robecque. L'abbé Morellet est depuis entré à l'Académie française. Voltaire l'aimait, et l'abbé le défendait de tout son pouvoir contre ses ennemis ; aussi l'appelait-il l'abbé *Mords-les*.

Cet abbé Morellet est oncle par alliance de M. Marmontel, qui a épousé sa nièce, et en a trois fils et trois filles [1]. Les étranges paradoxes de cet économiste n'ont pas peu contribué à détruire notre compagnie des Indes au profit de celle des Indes anglaises.

Mesdemoiselles de La Galaisière ont épousé, l'aînée, le marquis d'Escayrac-Lauture ; la seconde, le comte de Buffevent ; la troisième, comme je l'ai dit, le vicomte d'Autichamp.

Je fus chez madame de Blair. Cette famille se dit d'origine écossaise. Le premier Blair qui vint en Alsace est M. de Blair de Boisemont, intendant de l'armée du maréchal de Broglie, marié à mademoiselle de Flesselles. Il a eu un parent dans le régiment d'Alsace. Je vis aussi madame Douet, belle-fille du fermier général de ce nom, mort il y a six ans, laissant à ses trois enfants vingt millions de bien.

En allant avec madame la duchesse de Bourbon prendre madame la duchesse de Chartres pour nous promener au Palais-Royal, je rencontrai chez Son Altesse sérénissime le cardinal de Rohan, toujours coiffé de Cagliostro et de tous les intrigants du monde. Il ne peut pas s'empêcher de parler d'eux, et cela lui fait un tort énorme, sans compter les sommes folles qu'il dépense ou qu'il perd. Ce pauvre prélat a bien la rage de gâter sa vie et de tourmenter son avenir.

---

[1] L'abbé Morellet, chaque fois que M. Marmontel *fils* venait le voir, répétait d'un ton de conviction profonde : « Mon neveu, vous n'êtes qu'une bête. »

CHAPITRE XXVI

Saint-Cloud. — Le chevalier de Mornay. — Amours de mademoiselle d'Orléans et de M. de Saint-Maixent. — Souper à Monceaux avec la duchesse de Chartres. — La comtesse de Clermont-Tonnerre, mesdames de Talleyrand, de Ségur, de Boufflers, de Béauvau, de Luxembourg. — Anecdote racontée par la duchesse de Chartres. — A Chantilly. — Hospitalité du prince de Condé. — Ermenonville. — M. de Girardin. — Saillie de madame de Tonnerre. — M. de Girardin stupéfait. — Vers du duc de Nivernais. — Le landgrave de Hesse-Cassel. — Visite à Sceaux au duc de Penthièvre. — Intérieur de ce prince. — Le chevalier de Florian. — Ses deux passions. — La comtesse de Cussé et mademoiselle Odrot. — Chez la duchesse de Bourbon. — Bal de l'Opéra. — Dîner chez madame de Mackau. — Madame Royale. — M. le Dauphin. — Son esprit précoce. — Le maréchal de Biron. — *Atys*.

17 juin. — Il faisait si beau ce jour-là que nous nous décidâmes à aller à Saint-Cloud, d'autant plus que, devant souper le même soir à Monceaux avec madame la duchesse de Chartres, nous serions retenus fort tard, sans doute, et la matinée du lendemain se trouverait trop courte pour ce voyage. Saint-Cloud est un lieu enchanteur ; bien que je l'aie visité plusieurs fois, j'en reviens toujours de plus en plus charmée. Quoique plus grand et plus beau, ce jardin me rappelle Étupes, mon cher Étupes où j'ai passé de si bons moments, où j'ai tant causé avec ma chère princesse que je regrette chaque jour davantage. Je vois aussi avec plaisir le gouverneur M. le chevalier de Mornay. Ce bon et respectable vieillard a quatre-vingt-quatre ans ; il ne quitte plus guère son appartement que pour se promener au soleil, sur les pelouses. Attaché depuis son enfance à la maison d'Orléans, il a été page de M. le régent, sous Louis XIV ; il a connu le grand

roi, la cour. Il raconte les anecdotes les plus curieuses sur tout ce monde ; seulement il les raconte avec le *patois* et le cynisme de la régence, et une honnête femme en devrait rougir, si elle les écoutait autrement que devant son mari. Ce jour-là, nous le trouvâmes assis dans sa chaise à porteurs, au-dessus de la cascade, les glaces ouvertes et humant l'air. Il nous reçut avec sa grâce habituelle, cette grâce de vieillard si charmante et si triste, cet air qui dit :

— Supportez-moi, pardonnez-moi mes années, je tâcherai de vous les faire oublier en vous amusant.

Il m'improvisa cinq ou six madrigaux, et finit par me demander en quoi il pouvait m'être agréable.

— Beaucoup, lui répondis-je.

— Et comment, *mame* la baronne ? *Msieu* d'Oberkirch n'aura point peur de *c'te* déclaration-là.

— Dites-nous, monsieur le chevalier, à quoi vous pensiez lorsque nous sommes arrivés.

Son visage s'illumina de mélancolie et de souvenir.

— Ah ! répliqua-t-il lentement, vous n'êtes point malavisée. A quoi je pensais ? à ce que j'ai vu à cette même place, quand j'avais seize ans, un soir; à ce que peu de personnes savent, à ce que l'histoire ne dira pas, bien que ce soit de son domaine.

Je fais grâce de sa façon de parler fatigante dont j'ai donné un échantillon.

— Vous nous le direz bien à nous, monsieur, ajoutai-je bien doucement ; vous me feriez tant de plaisir !

— Oui, je puis vous le conter *à vous* qui êtes des Allemands, et qui n'en rirez pas. J'en ai pourtant ri quand j'étais jeune, à vingt ans. A seize, lorsque j'y assistai, je n'en riais pas, je vous le jure. Je pris la chose très-au sérieux, presque aussi sérieusement que les acteurs eux-mêmes. Eh bien ! j'ai vu là, près de cette cascade, à l'endroit où je suis vieux et caduc, j'ai vu mademoiselle d'Orléans, la plus belle créature que Dieu ait faite, je l'ai vue là, agenouillée, par une brillante nuit d'août, à côté d'un de mes pauvres camarades, page comme moi, dont j'étais le confident ; bon gentilhomme d'Anjou, M. de Saint-Maixent. Je les ai vus prononcer un serment qu'ils ont fidèlement tenu : la princesse d'entrer au couvent, et lui de se faire tuer à l'armée. Elle est devenue abbesse de Chelles, et il a reçu un boulet dans la poitrine, un boulet espagnol. Il n'avait pas vingt ans ! s'il les eût atteints encore ! On ne fait de ces sublimes extravagances-là que dans la première jeunesse.

— Quoi ! monsieur le chevalier, le page se fit tuer, et la princesse entra en religion ! Ils s'aimaient donc ?

— Certainement, ils s'aimaient. Madame la duchesse d'Orléans s'en doutait, et Madame, qui furetait partout, comme une fouine, le découvrit. Ils voulaient s'épouser et s'en aller ensemble. Heureusement il était un honnête homme, car la princesse était décidée et rien ne l'en eût empêchée. Elles avaient toutes de si singulières têtes, ces filles de M. le régent. Ils vinrent s'adresser les derniers adieux dans cette allée ; je faisais le guet avec une femme de chambre de la princesse. Ils discutèrent longtemps. Mademoiselle voulait fuir, lui ne le voulait pas ; il la suppliait de ne point détruire toute sa vie et de se soumettre, puisque leur union était impossible. Il se jeta à genoux et lui jura sur son honneur de n'appartenir à aucune autre et de se faire tuer à la première occasion, puisqu'il ne pouvait aspirer au seul bonheur qu'il désirât sur la terre. Elle le regardait avec des yeux de feu ; il me semble que j'y suis encore. La lune laissait à travers les arbres une grande place claire. Tout à coup elle aussi se mit à genoux près de lui et fit serment de ne se marier jamais, de quitter la cour et de prendre le voile. — Es-tu content ? lui demanda-t-elle ensuite, nous ne serons pas séparés de la sorte. — Moi, j'en pleurais d'attendrissement ; lui, baisait les mains de Mademoiselle et pleurait plus fort que moi. La princesse tint parole ; elle résista à toute sa famille, aux supplications, aux ordres ; elle s'enferma à Chelles. On lui chercha mille motifs auxquels elle ne songeait point ; jusqu'à Caucherau, son maître à danser, qu'on l'accusa d'avoir choisi. La vérité, la voilà. Madame même se garda de l'écrire, ainsi qu'elle faisait du reste. Elle était en trop grande furie, et la peur de la mésalliance l'avait trop tourmentée. Pauvre Saint-Maixent ! il méritait bien qu'on l'aimât ; je n'ai plus retrouvé son pareil après lui.

M. de Mornay racontait ainsi mille choses curieuses ; j'ai retenu celle-ci, parce qu'elle tient à l'histoire, et qu'elle n'est point malhonnête. On ne pourrait dire autant de presque toutes les autres. Cette régence fut un temps si immonde !

Nous racontâmes au chevalier que nous avions l'honneur de souper à Monceaux, avec madame la duchesse de Chartres ; il nous pria d'emporter pour elle un magnifique bouquet de fleurs rares, qu'il lui envoyait chaque jour. Elle les aimait beaucoup. Cette galanterie allait bien à cette belle tête dépouillée, à cet air d'autrefois qu'on ne rencontre plus chez les hommes du jour.

La princesse nous accueillit à merveille, nous et notre présent. Le cercle était, comme de coutume, aussi distingué qu'agréable. La comtesse de Clermont-Tonnerre, la baronne de Talleyrand, mesdames de Ségur, de Boufflers, de Beauvau, de Luxembourg, et quelques hommes. Madame la duchesse de Chartres tenait entièrement aux convenances ; bonne et indulgente pour les autres, elle ne se passait pas la plus petite légèreté. Elle aimait M. le duc de Chartres avec une de ces affections qui résistent à tout ; il lui a fait verser bien des larmes. Dans ce temps-là elle se montrait heureuse et gaie, elle faisait de bons rires d'enfant avec madame de Tonnerre, d'une vivacité si spirituelle, d'une originalité si piquante ; on ne pouvait rester sérieux en les écoutant.

Je me souviens qu'à ce souper-là madame la duchesse de Chartres nous raconta une anecdote assez drôle qui peint bien les mœurs de la cour et le caractère de M. le duc de Chartres dans sa jeunesse. J'aime à me rappeler tout cela, et je regarde les anecdotes comme le complément de l'histoire ; elles sont souvent plus véridiques et plus significatives que de longues pages.

Un jour (en 1774), madame la duchesse de Bourbon engagea madame la duchesse de Chartres et madame la princesse de Lamballe à passer la journée chez elle, à Vanvres, dans une petite maison qu'elle y possédait, et qui a été habitée depuis par mademoiselle de Condé. M. le duc de Chartres désira en être. La princesse refusa, elle ne voulut accepter ni frère ni mari, et déclara qu'elle n'aurait que des femmes. M. le duc de Chartres fit semblant de se rendre à cette observation et de respecter la défense. Pendant que les dames dînaient, on vint leur annoncer une ménagerie de bêtes savantes qui demandaient à danser devant Leurs Altesses. Madame la duchesse de Bourbon donna ordre de les introduire dans la cour, et proposa de se mettre aux fenêtres pour mieux voir sans danger. La partie fut acceptée, et l'ours et le tigre commencèrent un menuet, sous la direction de leur conducteur, d'une manière si grotesque que les princesses s'en pâmèrent de rire. Tout alla bien pendant un quart d'heure; tout à coup l'ours se démusele, le tigre brise sa chaîne, ils renversent leur cornac et se précipitent dans la maison où la scène était changée. Les princesses poussaient des cris abominables, ordonnant qu'on fermât les portes et se jetant dans toutes les armoires. L'ours sut bien les y trouver : c'était M. le duc de Chartres, avec deux seigneurs de sa cour, qui avait imaginé cette manière de s'introduire. La terreur disparut, on se remit à table et l'on porta la santé des ours, qui devinrent les rois du festin.

— C'est égal, dit madame de Tonnerre, c'est un vilain déguisement que celui de bête féroce, et si mon mari s'avisait de le prendre, je le musellerais si bien qu'il n'aurait plus la force de rompre sa chaîne.

— Oh ! madame, répondit la maréchale de Luxembourg, les maris ont toutes les forces de par la loi qu'ils ont faite, et les chaînes que nous leur donnons sont si rouillées dès le lendemain qu'elles se rompent toutes seules.

— Madame, êtes-vous sûre de ne pas les aider un peu ? répondit finement madame la duchesse de Chartres.

Tout le monde savait le passé de madame de Luxembourg, autrefois madame de Boufflers, et la chose est si connue qu'il est inutile de la rapporter.

— C'est demain le bal donné en honneur de M. le comte de Haga, continua la princesse, se repentant déjà de sa plaisanterie et voulant en amortir l'effet. Lesquelles de vous, mesdames, comptent aller à Versailles ?

— Moi ! moi ! moi ! répondirent plusieurs voix.

— Et vous, madame la baronne ? me demanda-t-elle.

— Je n'ai point eu l'honneur d'être invitée, madame.

— Alors, que faites-vous ?

— Je ne sais, rien, au Petit-Dunkerque peut-être, j'ai des laines à acheter.

— Moi, je vais à Chantilly, dit madame de Tonnerre ; vous devriez m'y accompagner, madame. C'est un si beau lieu, et il fait un temps si agréable ! M. le prince de Condé a bien voulu m'y faire préparer à dîner, et certainement vous ne serez pas de trop.

J'étais fort tentée d'accepter, ma première visite à Chantilly avec madame la comtesse du Nord m'ayant laissé un charmant souvenir. Madame de Tonnerre insista. Je consentis, et M. d'Oberkirch s'en montra charmé. Il fut convenu que nous partirions dans le carrosse de madame de Tonnerre, qui y mit toutes ses grâces, et que nous irions de là à Ermenonville, M. de Girardin nous y ayant conviés depuis longtemps. Nous n'y étions point allés en 1782 ; une circonstance, je ne sais laquelle, nous en ayant empêchés. Nous nous retirâmes fort tard de Monceaux, le souper s'étant prolongé très-longtemps. On était si aimable à cette cour.

18 juin. — Notre voyage fut délicieux; nous causâmes pendant toute la route, et madame de Tonnerre nous raconta la cour et la ville. Née de Rosières-Sorrans et chanoinesse de Remiremont, la comtesse Delphine de Sorrans, dame pour accompagner de Madame Élisabeth, avait épousé, deux ans auparavant, le comte de Clermont-Tonnerre. Elle savait les histoires

de chacun, les aventures, les familles, les querelles, les raccommodements et tout ce qui en résultait. Une pointe de malice assaisonnait ses récits qu'il ne tiendrait qu'à moi de répéter. Mais, en vérité, malgré mes séjours à Paris et à Versailles, je ne pus jamais me défendre de ma pruderie provinciale, et l'on m'a quelquefois accusée d'être gourmée parce que je n'étais pas libre comme les autres.

M. le prince de Condé avait, en effet, ordonné le plus charmant dîner. Nous trouvâmes des relais de façon à arriver juste à l'heure. M. de Baschi du Cayla, premier écuyer du prince, nous fit les honneurs de Chantilly en son nom. Les calèches étaient attelées, nous commençâmes notre promenade par les écuries, que j'admirai de nouveau; pas une place n'était vide, et les cent cinquante chevaux mangeaient à leurs râteliers. Le chenil, la ménagerie, l'Ile d'amour, la belle forêt, les eaux magnifiques, nous enchantèrent de nouveau. Il ne faisait pas trop chaud, l'air était embaumé des mille parfums des fleurs, toute la nature souriait, et madame de Tonnerre me dit un peu étourdiment :

— Si je me promenais seule à pareille heure, en ce beau lieu, avec un joli garçon, qu'il fût pressant et pas trop maladroit, ma foi...

Elle vit que je ne souriais pas, elle se tut. Je ne puis me faire à ces manières *élégantes*, et je crois que je ne m'y ferai jamais. Le soir, nous jouâmes au reversis; ce jeu devient plus amusant à Paris, par l'esprit que l'on met jusque dans les cartes. On nous conduisit ensuite dans des appartements très-commodes et très-bien meublés. Un nombreux domestique plein de soins et d'attentions ne nous laissa pas le temps de former un désir. Oh! que c'est beau d'être prince et de savoir faire un pareil usage de son nom et de sa fortune !

Le 19, nous fûmes conduits, toujours en calèche, et par un temps commandé exprès, au charmant hameau ; le déjeuner nous y attendait dans la grande chaumière. Jamais je n'ai mangé d'aussi bonne crème, aussi appétissante et aussi bien apprêtée. Il y avait un certain plat de fruits conservés et de primeurs mêlés ensemble, enveloppés de mousse, de fleurettes des champs, avec des nids d'oiseaux aux quatre coins, qui formaient le plus joli coup d'œil possible. Je tâchai de retenir cet arrangement pour le reproduire à Montbéliard. Quand nous eûmes déjeuné, nous retrouvâmes les équipages de Son Altesse sérénissime ; ils nous menèrent fort galamment jusqu'à Ermenonville, où, comme on le pense, nous fûmes reçus à quatre battants quand on reconnut les livrées.

M. de Girardin, brigadier des armées du roi et propriétaire de ce beau logis, vint au-devant de nous et nous offrit la main. Il descend d'une famille d'origine italienne nommée *Girardini*, et est petit-fils, par sa mère, de M. Ath, riche fermier général. Les Girardin appartenaient eux-mêmes à la finance, et leur grande fortune venait de cette source et de leurs alliances. M. de Girardin était un homme de bonne compagnie, d'esprit et de monde. On avait fort parlé de lui, à cause de M. Rousseau à qui il donna asile dans un pavillon, les dernières années de sa vie. Il hantait beaucoup les philosophes ; sa maison était un de leurs principaux cénacles. Je les regarde comme ayant causé le malheur de la France, ce qui me fait les détester de toute ma raison. Nous vîmes le tombeau de Jean-Jacques, si fameux et si diversement jugé. Quant à moi, je n'entrerai pas dans cette discussion. M. Rousseau a professé des

CHAPITRE XXVI.

principes détestables de toutes les manières. Il avait le plus affreux caractère, et c'est certainement l'être le plus bizarre et le plus ingrat du monde. Ses livres sont affreux au point de vue de la morale ; ils sont d'autant plus dangereux que le style en est enchanteur. Le *tombeau* et l'*île des Saules* me firent donc un plaisir médiocre, et je n'y donnai pas une attention bien empressée. Je crois que M. de Girardin s'en piqua. Madame de Tonnerre se confondit en admiration et en éloges, sur lesquels notre hôte renchérit ; cela avait l'air d'une gageure ; elle termina tout par un trait bien digne d'elle, et qui dut montrer à M. de Girardin combien elle riait de ses amplifications philosophiques.

— Tout cela est vrai, M. Rousseau était un bien grand homme, mais, pour le résumer en un mot qui le peint tout entier, c'était un cuistre.

Le Mécène ne répliqua rien.

Il y a à Ermenonville, comme dans tous les lieux célèbres, un livre sur lequel chacun écrit son nom et ses impressions, soit en vers, soit en prose ; nous remarquâmes ces vers du duc de Nivernais, parmi un fatras de sottises, qui ne devraient pas être écrites en français, tant elles sont indignes de notre nation :

Je ne traiterai plus de fables
Ce qu'on nous dit de ces beaux lieux,
Où les mortels, devenus presque dieux,
Goûtent sans fin des douceurs ineffables.
De l'Élysée où tout est volupté,
Je regardais le favorable asile
Comme un beau rêve, à plaisir inventé.
Mais je l'ai vu, ce séjour enchanté,
Oui, je l'ai vu, je viens d'Ermenonville.

Nous rentrâmes le soir à Paris, assez tard. Madame de Clermont-Tonnerre vint souper chez nous; elle fut du plus grand agrément pendant ces deux journées, et je remerciai le hasard qui me procurait cette bonne fortune.

20 juin. — Le landgrave de Hesse-Cassel, beau-frère de madame la princesse de Montbéliard dont il a épousé la sœur, est venu nous faire une visite et m'apporter de ses nouvelles. C'est la dernière fois que je vis ce prince, qui mourut l'année suivante, laissant pour successeur son fils, le prince George, âgé alors de quarante-deux ans et marié à une princesse de Danemark.

Je n'aime point en général ces visites du matin; on n'a pas le temps de s'occuper chez soi; mais celle-ci me fit grand plaisir. Je trouve cependant qu'il suffit de donner au monde l'après-dîner, sans lui consacrer même les heures de l'intimité. Mon séjour à Paris, très-agréable du reste, me déplaît à cause de cela. Je ne m'appartiens plus, j'ai à peine le temps de causer avec mon mari et de suivre mes correspondances. Je ne sais comment font les femmes dont c'est la vie habituelle. Elles n'ont donc ni enfants à élever, ni famille ni amis à entretenir. Je commençais à trouver mon absence longue, et à regretter mes montagnes, malgré les plaisirs qui m'entouraient. Nous devions faire une visite à Sceaux, à M. le duc de Penthièvre, cet excellent prince, dont nous étions accueillis avec une distinction toute particulière. Fils de M. le comte de Toulouse, dernier enfant de Louis XIV et de madame de Montespan, il eut pour mère Marie de Noailles, d'abord marquise de Gondrin, que M. le comte de Toulouse épousa par amour. Il réunit sur sa tête l'immense fortune de son père et celle de M. le duc du

Maine, son oncle ; M. le comte d'Eu, son dernier fils, étant mort sans héritier. Cette branche bâtarde de la maison de France hérita, comme on sait, des biens de la grande Mademoiselle, fille de Gaston d'Orléans, frère de Louis XIII ; elle les donna aux enfants de madame de Montespan, pour racheter la liberté de Lauzun, qui la paya en ingratitude. M. le duc de Penthièvre n'a plus que madame la duchesse de Chartres, M. le prince de Lamballe son fils étant mort bien jeune et bien malheureusement. Il avait épousé une princesse de Savoie-Carignan, cette charmante princesse dont j'ai déjà parlé, qui fut longtemps l'amie de la reine.

M. le duc de Penthièvre, veuf depuis longtemps d'une princesse de Modène, petite-fille de M. le régent, est grand veneur et grand amiral de France. Il demeure en son hôtel, place des Victoires[1], et à son château de Sceaux, habituellement ; mais pourtant son existence est errante ; il a tant de terres qu'il visite l'une après l'autre, bien qu'il ait vendu Rambouillet dix-huit millions au roi. Toutes ses maisons sont admirablement meublées et entretenues, ainsi que leurs dépendances. Chacun de ses voyages est une bénédiction pour les malheureux ; ce prince est bon et aumônier au possible. Il comble ses vassaux de ses charités ; il fait travailler les ouvriers de toutes sortes ; il ne veut pas qu'une pierre soit hors de sa place ; aussi dit-on de lui qu'il est dérangé à force d'arrangement.

Cette maison de M. le duc de Penthièvre est un modèle. Une intimité exemplaire, un accord jamais troublé règne entre le père et la fille ; ils s'aiment comme des *bourgeois*, et rien n'était plus simple que

---

[1] Cet hôtel est occupé maintenant par la Banque de France.

leurs habitudes, malgré leur grande fortune. Une placidité, une sérénité à toute épreuve brillaient sur la physionomie du prince. Il accueillait le pauvre comme le riche, le malheureux mieux que le fortuné. Aussi l'aimait-on partout, et son angélique fille autant que lui. Elle épousa, je l'ai dit, M. le duc de Chartres par amour ; ce fut la seule fois, peut-être, que le père et la fille ne furent pas parfaitement d'accord. M. le duc de Penthièvre répugnait à cette alliance, il craignait le caractère de son futur gendre ; il paraît qu'il avait bien raison de le craindre.

Le jour où nous allâmes lui faire notre visite, il était seul à Sceaux, avec M. de Florian, un de ses gentilshommes, bien connu par ses charmants ouvrages, et que nous voyions souvent. C'était un homme très-remarquable que M. de Florian, un des meilleurs esprits et des cœurs les plus parfaits que je connaisse. Il ressemblait à son prince par les vertus, et Sceaux, avec de pareils habitants, était un vrai paradis. M. de Florian avait, disait-on, *deux* passions malheureuses, ce qui est bien étonnant chez un homme de cette pureté-là, et toutes les deux à la fois encore. Il les combattait l'une et l'autre. La première était un amour fougueux et invincible pour la comtesse de Cussé, fille de la marquise de Boufflers ; celle-ci n'était pas exempte de reproches, car la belle comtesse vivait en puissance de mari. On ajoutait qu'elle n'eût point été cruelle, mais que le chevalier ne parlait pas, qu'il se condamnait au silence, se contentant de la regarder de loin, parce que, disait-il, il avait peur de la trop aimer et de ne plus être maître de sa vie.

L'autre passion, je la sais d'original, il me l'a confiée, était ce qu'il y a de plus chaste et de plus suave. Il y avait à Sceaux une jeune fille dont le père était architecte et sans fortune ; elle s'appelait mademoiselle Odrot ; son père avait perdu la vue, un jour, en assistant à la démolition d'une maison : une pierre tomba dans la chaux vive, la chaux ricocha jusqu'à son visage, et il fut affreusement défiguré, ses yeux ne se rouvrirent plus, ils étaient dévorés. Il lui restait pour tout bien une petite maisonnette et un jardin donnant sur le parc de Sceaux. Madame la duchesse du Maine en avait gratifié son aïeul, un de ses anciens domestiques. M. de Florian rencontra souvent dans ses promenades la jeune Antigone conduisant l'infirme ; il la rencontra seule avec son chien et sa corbeille pleine de fleurs qu'elle venait de cueillir. Elle était belle et simple à tourner une tête pastorale comme celle du chevalier. Il l'aima de tout son cœur si bon, si tendre; il rêva de cette beauté et de cette simplicité angélique, il en fit *Estelle*, il en fit *Galathée*, il en fit toutes les héroïnes de ses bergeries. C'était toujours elle qu'il peignait et sans la flatter, c'était impossible. Ses soins pour son père tenaient du miracle, elle ne le quittait que pendant son sommeil, et encore lui laissait-elle pour garde une vieille servante qui l'avait vue naître. Il va sans dire qu'elle aima le chevalier de Florian, que ces tranquilles et tristes amours n'eurent point de dénoûment. Il avait bien envie d'épouser mademoiselle Odrot, il ne l'osa pas. Ils se voyaient sans espérance, pour se voir, pour s'aimer, pour se le dire, et pour se consoler ensemble du destin qui les séparait. A Paris, il adorait madame de Cussé ; à Sceaux, son esprit, son cœur, tout son être appartenaient à mademoiselle Odrot. Il accordait fort bien cet appareillage. M. d'Oberkirch donnait de tout cela une explication que les hommes trouvaient positive et à laquelle je n'ai rien compris.

Nous revînmes de bonne heure de Sceaux, madame la duchesse de Bourbon m'ayant fait promettre d'aller voir son costume pour le bal de l'Opéra. Je ne pus pas me décider à l'y suivre ; ces cohues ne me plaisent point. Qu'irais-je y chercher ? La princesse était fort sévèrement vêtue, en couleur de capucin, avec une sorte de coqueluchon large et pointu qui cachait sa coiffure. Elle était méconnaissable ; la mode commençait à se répandre de cette mascarade. On appelait cela un *bahut*. La façon venait de Venise, le pays des masques. Le jardin du Palais-Royal devait être ouvert et illuminé toute la nuit, ainsi que les boutiques ; les gens du bal seraient invités à y descendre de par M. le duc de Chartres. Un ordre du roi, arrivé le soir même, défendit cette innovation. Comme on doit parler sur toutes choses, on prétendit que la reine et le roi de Suède devaient y venir ensemble ; on ajouta que cette liberté de courir ainsi les jardins et les boutiques pouvait amener quelque rencontre, quelque reconnaissance, et qu'enfin le lieutenant de police avait fait dire qu'il ne garantissait pas la sûreté de ces illustres personnages, si on lui donnait un aussi grand espace à garder. Quoi qu'il en soit, la fête extérieure n'eut pas lieu, et il fallut se renfermer dans la salle, où l'on dut avoir bien chaud, si j'en juge d'après ce que nous éprouvâmes en nous promenant seulement au Cours-la-Reine en calèche.

21 juin. — Nous étions engagés à dîner à Versailles chez madame de Mackau, sous-gouvernante des enfants de France. J'étais charmée de ces dîners ; nous y trouvions presque toujours l'occasion de voir M. le dauphin et Madame Royale, quelquefois tous les deux. Ces charmants enfants promettent tant de bonheur à notre patrie ! Madame Royale est si belle et si pleine

CHAPITRE XXVI.

d'instincts admirables ! Elle annonce tant de raison, tant d'intelligence et de caractère ! Ah ! quelle princesse cela fera ! M. le dauphin avait trois ans à cette époque, il parlait très-facilement. Nous eûmes l'honneur de lui faire notre cour. Il était d'une charmante figure, plein d'esprit ; il avait des mots charmants et une soumission aveugle aux ordres de la reine. Je n'ai pas connu d'enfant d'une humeur plus sereine et plus égale. On le reprenait quand il disait *je veux*.

— Le roi dit *nous voulons*, lui répétait sa berceuse.

— Eh bien ! oui, répondait-il, le roi et moi, nous voulons tous les deux ; vous voyez donc bien que j'ai raison. Mon papa ne dirait pas *nous* pour lui tout seul.

C'est à sept ans qu'il a répondu cela devant madame de Mackau, de qui je le tiens.

En 1784, il était vêtu en matelot, avec une ceinture ; c'était la grande mode pour les petits garçons. Il portait le cordon bleu et la croix de Saint-Louis. La duchesse de Polignac ne le quittait pas plus que son ombre ! Elle a été admirable pour lui ; la reine ne pouvait mieux confier son fils. Cette année-ci, avant les tristes événements qui se sont accomplis [1], il a eu encore une bien jolie réponse. Il avait tourmenté toute la journée son valet de chambre pour qu'il lui prêtât de l'argent, sa somme de menus plaisirs étant épuisée, et la reine ayant défendu qu'on lui en donnât davantage, afin de l'accoutumer à l'économie dont il ne voulait pas entendre parler. On lui avait montré, le matin, un superbe pantin mécanique qu'il désirait vivement acheter ; il y fallait bien renoncer, faute de pouvoir se satisfaire. Le soir, il priait Dieu comme de

---

[1] Le premier dauphin est mort à Meudon le 4 juin 1789.

coutume ; le vieux serviteur placé près de lui par le roi, dont il avait servi le père, lui dictait ses prières, qu'il oubliait avec l'étourderie de son âge.

— Monseigneur, il faut demander à Dieu la sagesse plutôt que la richesse.

— Mon cher Joseph, pendant que je suis en train, je vas les lui demander toutes les deux, répliqua-t-il en le regardant d'un air futé.

C'est digne d'un homme et d'un homme d'esprit.

Le soir, nous allâmes, dans la loge du maréchal de Biron, voir *Atys* à l'Opéra. C'est un charmant spectacle, les ballets en sont délicieux. Il y a surtout une certaine entrée avec des guirlandes qui ravit. Nous y regrettâmes le fameux Vestris qui y paraît ordinairement ; il est en Angleterre où il gagne beaucoup d'argent.

CHAPITRE XXVII

Montgolfier. — MM. Charles et Robert. — Trait de M. le dauphin. — Le baron de Boden. — Un comédien. — L'abbé de L'Épée. — Histoire d'un sourd-muet. — Le comte de Haga à la *Folle Journée*. — Vers que lui adresse Dugazon. — Le maréchal de Biron. — Duel du comte de La Marck. — Je prends congé de la reine. — Madame la princesse de Lamballe. — Mot sur le chevalier de Florian. — La marquise de Pierrecourt. — Le *Dormeur éveillé*. — Départ pour l'Alsace.

23 juin. — Nous étions invités par madame de Mackau à aller à Versailles, pour assister à l'ascension d'une montgolfière. On parlait beaucoup de cette nouvelle invention, due à MM. Montgolfier, gens du Vivarais, où ils avaient fait une première expérience

l'année précédente. Le *Mercure* en avait rendu compte, et toute l'Académie s'en était émue. Cette découverte prouve l'esprit d'observation, qui seul peut féconder le génie. M. Montgolfier avait recouvert un vase, dans lequel il faisait bouillir un liquide, avec un papier plié de façon à en faire un cône ou une sphère. Ce papier s'éleva tout d'un coup. Montgolfier le replaça, et il s'éleva de nouveau. Ce petit événement du hasard ne fut pas perdu pour lui. Il se mit à rêver sur cet effet d'un air devenu plus léger que l'air atmosphérique, par la dilatation que produit la chaleur. En réfléchissant et essayant un perfectionnement, il arriva enfin à la pensée développée et appliquée dans son aérostat.

La première ascension d'un ballon supportant une chaloupe se fit à Paris, et les hommes qui les premiers osèrent hasarder leur vie dans une si périlleuse expérience furent MM. Charles et Robert.

Le comte de Ségur a composé sur cet événement, si bien fait pour impressionner l'imagination, les vers que voici :

Quand Charles et Robert, pleins d'une noble audace,
Sur les ailes des vents s'élèvent dans les cieux,
Quels honneurs vont payer leurs efforts glorieux ?
 Eux-mêmes ont marqué leur place
 Entre les hommes et les dieux.

Le ballon que l'on avait lancé au mois de novembre, à la Muette, avait quatre-vingts pieds de haut sur cinquante de large. Il fut enlevé sans hésitation, à la stupéfaction des spectateurs, et traversa Paris portant deux personnes. Madame la duchesse de Polignac était ce jour-là à la Muette avec M. le dauphin. Elle ne négligeait aucune occasion de l'instruire, et d'en faire un prince digne de sa race. Elle réussissait parfaitement.

On remarquait surtout dans ce jeune enfant un caractère angélique, une bonté extrême jointe à une fermeté rigoureuse. Ainsi, un des petits garçons avec lesquels il jouait avait commis une faute dont on accusa M. le dauphin. Il s'agissait, je crois, d'une porcelaine cassée, et la reine tenait beaucoup à ce brimborion. L'autre enfant n'était plus là pour se dénoncer et sauver l'innocent, qui ne dit pas un mot et se laissa punir sans chercher à détourner le châtiment sur le coupable. La punition fut cependant cruelle; on le priva pendant trois jours de sa promenade à Trianon, où il y avait des jeux charmants; il ne murmura point et se soumit. La chose fut découverte lorsque l'ami de récréation revint. Non moins généreux que le prince, il se dénonça et reprit toute la faute, qui en effet lui appartenait. On demanda alors à M. le dauphin pourquoi il ne se disculpait pas.

— Est-ce que c'est à moi d'accuser quelqu'un? répondit-il.

Que Dieu (écrivais-je alors) nous conserve ce précieux rejeton; il poussera de belles branches au vieil arbre de la monarchie... Hélas !

24 juin. — Nous étions conviés à déjeuner chez le baron de Boden, ministre plénipotentiaire du landgrave de Hesse-Cassel. Il demeurait grande rue Poissonnière, sur le boulevard. Nous étions fort nombreux. On fit venir un homme qui donnait la comédie à lui tout seul, et qui était très-drôle. Il joua une douzaine de scènes avec des costumes différents, toutes satiriques et pleines de malice, personnifiant chaque pays par un type qu'il rendait à merveille. Son visage, grimé à la perfection, était toujours méconnaissable.

25 juin. — Je fis la visite la plus intéressante,

celle du magnifique établissement de l'abbé de l'Épée. Ce bienfaiteur de l'humanité était né en 1712. Je restai plus de trois heures dans cette maison. Je vis plusieurs de ces petits malheureux sourds-muets, de la figure la plus intéressante. Leurs yeux intelligents et tristes se fixaient sur nous avec une *avidité* qui semblait vouloir deviner nos pensées.

On nous montra un jeune homme de dix-huit ans environ, d'une belle taille et d'une physionomie distinguée : son histoire est tout un roman. Il a été enlevé à l'âge de huit ans par une troupe d'Égyptiens bohêmes. Il se promenait avec son gouverneur sur la grande route ; cette troupe s'était arrêtée à quelque distance, et le gouverneur commit l'imprudence inouïe d'entrer dans leur camp seul avec son élève. Ces misérables attachèrent le pédagogue à un arbre, le bâillonnèrent fortement, et remontant dans leurs chariots ils emmenèrent l'enfant, dont la jolie figure les avait frappés, et dont l'infirmité leur était inconnue. Ils le cachèrent si bien et le firent si vite passer en Espagne, que les réclamations de la police et celles de la famille devinrent inutiles. Cela se passait dans le Midi. Cet enfant, fils unique, avait perdu son père d'un accident affreux avant que de naître. Pendant que sa mère le portait dans son sein, son mari, qu'elle aimait à l'adoration, fut tué devant elle en tombant de cheval ; elle en fut si saisie, qu'elle accoucha dans la nuit d'un enfant sourd-muet. Cet enfant séparait seul les collatéraux d'une immense fortune. On prétendit dans le pays qu'ils n'étaient pas étrangers à l'enlèvement de l'héritier, mais on n'en put jamais avoir de preuves. La pauvre mère mourut de chagrin.

Deux ans après, les cousins produisirent un extrait mortuaire en bonne forme, signé du curé, du notaire et des notables d'une bourgade de province, attestant la mort du pauvre petit, donnant exactement son signalement, son âge, et ne laissant aucun doute sur l'identité. A cet extrait mortuaire était jointe la déclaration des bohémiens qui l'avaient enlevé. Deux d'entre eux venaient d'être pendus, en attestant la vérité avant d'aller rendre compte au juge de toutes choses. Les papiers, sur lesquels on prit toutes les informations nécessaires, furent jugés authentiques ; la famille entra en jouissance.

Un seul être ne fut point convaincu par ces preuves, le bon précepteur. Désespéré de la faute qu'il avait commise, il consacra sa vie à la réparer, et le bâton de pèlerin à la main, il se mit à parcourir le midi de la France, l'Espagne, l'Italie, s'arrêtant à toutes les bandes nomades qu'il rencontrait, interrogeant les vieillards, examinant tout et ne découvrant rien néanmoins.

Un jour, aux environs de Rome, il rencontra un ramoneur conduisant deux petits garçons, dont l'un pleurait à chaudes larmes et recevait force coups de pieds, force horions, sans faire entendre ni réponse, ni murmures, et que son maître appelait à chaque coup :

— Maudit sourd ! maudit muet ! je te laisserai sur la grande route et tu y mourras de faim.

Aux mots de sourd et muet, le précepteur s'émut. Il s'avança bien vite vers cet homme et se mit à l'interroger d'une voix tremblante. Celui-ci lui répondit qu'il était Piémontais, qu'il parcourait le pays pour exercer son industrie avec ses deux élèves, deux enfants perdus. L'un trouvé sur les marches d'une église où on l'avait abandonné, l'autre acheté à des bohémiens qui n'en savaient que faire et pour qui il était, au contraire, une charge : c'était l'infirme. Le gouverneur trembla de joie, il demanda à voir ce petit malheureux, et offrit de rembourser ce qu'il avait coûté, avec un grand bénéfice encore.

— Je le veux bien, répliqua le ramoneur, il ne me sert à rien du tout, et il me coûte à nourrir ; ce sera le premier gain que je retirerai de lui.

Le fidèle ami de l'orphelin s'approcha alors, prit le vagabond par le bras et essaya de retrouver sous la couche de suie dont ils étaient couverts, les traits intéressants de son jeune élève, si blanc, si rose, si frais autrefois. Hélas ! excepté de grands yeux tristes et doux, il n'y restait rien des beaux jours. Des joues creuses, des lèvres décolorées, une maigreur effrayante, voilà tout ce qui se présenta à ses regards. Impossible de se faire entendre, ni d'avoir un renseignement. En vain le brave homme répétait-il :

— Mon cher enfant, mon cher élève, monsieur le comte, me reconnaissez-vous ?

L'enfant regardait bien, il levait ses belles paupières pleines de larmes, mais ne donnait aucun signe d'intelligent souvenir. Alors le précepteur, frappé d'une idée, essaya un des signes familiers avec lesquels il se faisait comprendre autrefois. Le petit garçon jeta un cri inarticulé, se frappa le front et répondit à sa manière, après un peu d'hésitation toutefois.

— Ah ! s'écria le brave homme, c'est lui ! mon Dieu, soyez béni !

Et sans songer à autre chose, pleurant de joie et de reconnaissance, il prit l'enfant dans ses bras, le couvrit de baisers ; et laissant là le ramoneur stupéfait, il se mit à courir vers la ville la plus voisine, où il nettoya son élève, le fit habiller et commença à le reconnaître tout à fait, malgré le changement que les

11.

mauvais traitements et la maladie avaient produits en lui.

Sa déclaration fut bientôt faite aux magistrats et à notre ambassadeur. Il prit ensuite une voiture publique, et ramena en France l'orphelin qu'il s'agissait de faire rentrer dans sa fortune et dans son nom. Ce n'était pas une mince entreprise, la famille était riche et puissante, et le précepteur était seul. Il ne se découragea pas. Possesseur d'une petite fortune léguée par un frère et de quelques économies, il consacra le tout à la bonne œuvre. Soins, démarches, requêtes, rien ne fut épargné, tout fut inutile. L'enfant ne pouvant s'expliquer, ne pouvait être entendu ni donner aucun éclaircissement; d'ailleurs l'extrait mortuaire était là.

Au moment de perdre courage, son défenseur eut une idée venue d'en haut, il songea à l'abbé de l'Épée, à sa méthode, il amena son élève, le mit entièrement en pension à l'établissement, se privant même de le voir, afin que l'on ne pût pas supposer qu'il influençait ses souvenirs. Les maîtres, aidés par une intelligence supérieure, lui enseignèrent en fort peu de temps ce qu'il pouvait apprendre; il dépassa toutes les prévisions et devint bientôt capable d'enseigner lui-même. Quand le gouverneur le vit au point où il désirait, il demanda qu'on le lui rendît pendant deux mois, et qu'on le fît accompagner d'un professeur qui pût le comprendre et traduire ce qu'il entendrait. Tous les trois partirent pour le Midi, pour le château où l'enfant était né, et là on abandonna le sourd-muet à lui-même. L'épreuve fut décisive; il reconnut tout, expliqua tout. Il alla ouvrir toutes les portes, entra droit dans la chambre de sa mère, montra son lit, chercha sa chambre à lui, celle de son précepteur; désigna plusieurs vieux domestiques, des tableaux, des meubles, les passages même dérobés, le village, l'église, et la servante du curé qui le gâtait fort. Il n'y eut plus un doute dans le pays. On poussa la clameur de haro, on intenta le procès; quand nous vîmes ce jeune homme, le procès était en litige.

J'ai appris depuis que la famille, convaincue d'une substitution et d'un enlèvement d'héritier, avait tout rendu sans bruit, afin d'éviter un scandale et une punition méritée. Le jeune homme est maintenant possesseur de sa fortune, il habite sa terre avec son vieux gouverneur, et il est marié. Une jeune fille très-riche s'est éprise de son malheur et l'a épousé. Puisse la reconnaissance de cet infortuné assurer son bonheur!

Après les sourds-muets, nous allâmes au Singe-Vert, tabletier en vogue de la rue des Arcis, et chez mademoiselle Rivoire, fabricante de tapisserie, pour y faire nos provisions. Nous comptions quitter Paris fort incessamment, et je voulais me munir de laines et de métiers, tant pour moi que pour madame la princesse de Montbéliard à qui j'en devais rapporter.

Nous allâmes le soir aux Français, à la *Folle Journée* avec le maréchal de Biron. M. le comte de Haga assistait à cette représentation, il voyait pour la seconde fois l'œuvre de M. de Beaumarchais. La salle était comble. Le roi de Suède fut fort applaudi. Dugazon, qui jouait Brid'oison avec la perfection qu'on lui connaît, s'avança sur le devant du théâtre et dit en bégayant un couplet, composé pour la circonstance.

Le maréchal de Biron, tout vieux qu'il était, se tenait droit, et avait l'air le plus noble et le plus imposant. Il avait, pour ainsi dire, la folie de la royauté. Le roi, quel qu'il fût, était son idole, parce qu'il était le roi. Son dévouement était si chaleureux, si véritable, qu'on ne pouvait s'empêcher d'en être attendri. Il eût remué les cœurs les plus rebelles. On comptait devant lui, un jour, les maréchaux de France, du nom de Biron.

— Effacez celui qui fut infidèle à son roi; il a, par là, renoncé à notre maison, et nous devons le renier; ce que je fais de toute ma puissance.

Il avait conservé les traditions du grand siècle; il en savait les usages, les étiquettes, les inflexibles devoirs d'honneurs.

— Vous avez bien démérité de vos pères, nous disait-il, et vous êtes une société bien déchue. Que deviendront vos enfants, avec de tels exemples [1]?

26 juin. — Autres emplettes. Quand on quitte Paris il faudrait des fourgons. Nous fîmes ensuite des visites d'adieu. La grande nouvelle du jour était le duel du comte de La Marck et de M. Duperron, chambellan du roi de Suède. On ne parlait que de cela dans tous les cercles et au théâtre. Madame la duchesse de Bourbon avait vu M. le comte de Haga, et tenait de lui les détails les plus positifs, que voici :

Le comte de La Marck est un d'Aremberg [2]. Il avait

---

[1] Nous avons lu dans les mémoires inédits d'une personne de cette noble maison, un trait chevaleresque qui donne une juste idée du caractère et des sentiments du maréchal de Biron : au moment où éclatait la guerre d'Amérique, l'amiral Rodney était retenu à Paris prisonnier pour dettes. Il parut alors dans un journal anglais un article dans lequel on accusait la France de retenir ce marin célèbre dans une inaction forcée, dans la crainte que ses talents et sa bravoure ne luttassent avec avantage contre le bailli de Suffren. Indigné de cette injure à son pays, le maréchal de Biron paya à l'instant même la dette de Rodney, et le rendit à la liberté, pour prouver une fois de plus aux Anglais, que nos marins ne le craignaient pas.

[2] *Auguste*-Marie-Raymond d'Aremberg, comte de La Marck du chef de sa mère, fille et héritière unique de Louis-Engelbert, dernier rejeton mâle des comtes de La Marck, descendant en droite ligne de Guil-

alors une trentaine d'années. Élevé à Paris, plein d'esprit, d'une élégance citée, il était fort aimé des femmes, de celles de la cour comme de celles du théâtre, et il fut la cause de plusieurs rivalités fort invraisemblables. On lui reproche, aujourd'hui, d'être l'ami du comte de Mirabeau, cet homme si libertin et si pervers en toutes choses.

M. Duperron, chambellan du roi de Suède, était Français et avait servi autrefois dans le régiment de La Marck. Mais ce n'était pas là ce que le comte avait à cœur, bien que cette circonstance fût le prétexte de la querelle. Il aimait alors une comédienne, il en était fou, et ne supportait pas même qu'on la regardât. Cette comédienne avait eu longtemps des relations avec Duperron. Elle lui plut de nouveau, et il pensa que pendant son séjour en France il n'avait rien de mieux à faire que de la revoir. Celle-ci, tout au comte de La Marck, qui était un bien autre personnage, le repoussa poliment d'abord, brusquement ensuite, et ne pouvant s'en débarrasser, elle le menaça de son amant. Ces sortes de femmes, au lieu de craindre l'éclat, le cherchent ; elles sont de celles qui disent :

Qu'un amant mort pour nous nous mettrait en crédit !

Elle se plaignit en effet. Le comte de La Marck, furieux, s'exprima partout avec mépris sur le compte du chambellan, espérant, disait-il, que cela lui reviendrait aux oreilles, ce qui ne manqua pas. Ils se rencontrèrent un soir à l'Opéra, face à face, et l'orage éclata sur-le-champ.

laume de La Marck surnommé le *Sanglier des Ardennes*. C'est à la mort de son grand-père qu'il devint, sous le titre de comte de La Marck, propriétaire du régiment de ce nom au service de France. Il reprit, en 1790, le nom de prince Auguste d'Aremberg qu'il porta jusqu'à sa mort arrivée en 1833.

— Est-il vrai, monsieur le comte, demanda le chambellan, que vous m'ayez accusé de lâcheté, et que vous ayez prétendu hier que j'avais refusé de m'embarquer avec le régiment lors de la dernière guerre?

— Cela est parfaitement vrai, monsieur, je l'ai dit, et je le répète; c'est complétement mon opinion.

— Alors, monsieur le comte, vous me ferez bien l'honneur de me rencontrer demain?

— Comment donc, monsieur! tout à vos ordres, ne fût-ce que pour apprendre que vous vous montrez quelquefois.

La rencontre eut en effet lieu le lendemain, ils se battirent. Le pauvre chambellan fut tué sur place, et le comte de La Marck fut blessé grièvement. Tout cela pour une créature semblable. Les hommes ne se lasseront-ils pas de se compromettre et de se faire mettre au cercueil pour de semblables causes? Il faut convenir qu'ils ont mieux à employer leur sang et leur adresse.

Le roi de Suède était fort affecté de cette perte; il en fut vivement impressionné, et s'en plaignit doucement au roi. On n'y donna point de suite, on trouva le comte de La Marck assez puni. Il resta plusieurs mois au lit pour cette gentillesse, et pendant ce temps son infante, ayant gagné en célébrité, trouva mieux que lui et le planta là.

27 juin. — J'allai faire ma cour au roi et à la reine, et prendre congé de Leurs Majestés. Nous arrivâmes de bonne heure, et la journée se passa à l'ordinaire. La reine fut pleine de bontés; elle me recommanda de ne pas rester longtemps en Alsace, et de revenir bientôt.

J'allai à la messe du roi, à la promenade dans les carrosses, j'y recueillis mille compliments, non pour moi, mon Dieu ! je le savais de reste ; mais on connaissait l'amitié de madame la comtesse du Nord ; la prédilection de madame la duchesse de Bourbon n'échappait à personne, on me fêta.

Madame la princesse de Lamballe m'avait conviée à souper, par ordre de la reine. Cela arrivait souvent ainsi après les révérences, et c'était une marque de distinction. Personne ne soupe *officiellement* avec le roi et la reine que la famille royale et les princes du sang, les jours de grand couvert. Mais la reine fait inviter par ses dames, et surtout par sa surintendante, les personnes qu'elle désire favoriser. Madame la princesse de Lamballe est fort jolie, sans avoir les traits réguliers pourtant. Elle est d'un caractère gai et naïf, et n'a pas beaucoup d'esprit peut-être. Elle fuit les discussions, et donne raison tout de suite plutôt que de disputer. C'est une douce, bonne et obligeante femme, incapable d'une pensée mauvaise. C'est la bienveillance et la vertu même, jamais l'ombre d'une calomnie n'a même osé essayer de l'atteindre. On assure que le prince de Lamballe avait un autre amour dans le cœur lorsqu'il l'épousa. On parla, dans ce temps-là, d'une jeune fille, d'un roman, de je ne sais quelle mièvrerie. M. le duc de Penthièvre assura que ce n'était pas vrai. Quoi qu'il en fût, madame la princesse de Lamballe gagna la tendresse et la confiance de son mari ; elle lui pardonna ses infidélités ; sa douceur et sa soumission le ramenèrent à elle. Restée veuve à dix-neuf ans, au lieu de retourner dans son pays, elle se consacra à son beau-père, à la reine, dont elle est surintendante depuis 1774. Elle donne immensément, plus qu'elle ne peut, au point de se gêner, aussi l'appelle-t-on le bon ange dans les terres de la maison de Penthièvre. La marquise de Las Cases est sa dame d'honneur; la comtesse de Volude de Lage, sa dame pour accompagner. Le chevalier de Florian, connu par ses jolis ouvrages, est l'écuyer de la princesse [1].

A propos du chevalier de Florian, il me revient un mot que j'écris de suite pour ne pas l'oublier. Je ne sais qui dit, en parlant de ses pastorales :

— Je les trouve charmantes, seulement il n'y a jamais de loups parmi ses moutons.

— Ah ! répondit le chevalier, je n'ai pas besoin d'en mettre, ils y viendront bien tout seuls ; je les vois déjà paraître à l'horizon.

Le chevalier de Florian est un des hommes les plus éminents de ce temps-ci. Je ne sais qui a inventé de lui faire épouser la fille de Moreau le graveur, petite créature fort insignifiante et qu'il a refusée. Il lui faut mieux que cela.

28 juin. — Je fis beaucoup de visites, entre autres chez la marquise de Pierrecourt. Les Nonant de Pierrecourt sont de la même famille que les Nonant de Raray. Une madame de Raray a été autrefois gouver-

---

[1] Admirable femme ! Elle s'obstina à rester près de la reine et fut massacrée à la Force le 2 septembre. Son corps fut insulté et coupé en lambeaux. On força un malheureux perruquier à friser et poudrer les beaux cheveux blonds de cette noble tête, qui fut portée au bout d'une pique. On présenta cette tête à la reine sous les fenêtres du Temple, où elle était enfermée [*].

[*] J'ai entendu bien des fois raconter à l'un de mes parents ce qui suit : Il passait rue Saint-Antoine au moment du massacre des prisonniers de la Force. Des monceaux de cadavres étaient çà et là; le sang coulait dans les ruisseaux comme l'eau de la pluie. Épouvanté d'horreur et se sentant défaillir, il entra chez un marchand de vin et demanda un verre d'eau. Au moment où il buvait, une troupe d'égorgeurs entre dans la boutique du marchand et se fait servir du vin. L'un de ces monstres avait à la main une tête de femme fraîchement coupée, et dont la magnifique chevelure blonde était enroulée autour de son bras nu. Pour vider son verre, il posa cette tête toute droite sur le comptoir de plomb du marchand. C'était la tête de la princesse de Lamballe ! CH.

nante des enfants de Gaston d'Orléans [1]. La marquise de Pierrecourt actuelle est mademoiselle de Rothe. Elle n'avait pas encore été présentée, et en mourait d'envie ; elle le fut plus tard. Son mari servait dans les carabiniers. Cette famille est de Normandie ; elle écartelle des comtes de Dreux et prétend en descendre par les femmes [2].

Mademoiselle de Nonant de Pierrecourt a épousé le comte Raymond de Narbonne-Pelet de Fritzlar [3], capitaine de dragons, et sa sœur cadette est madame de Nonant-Raray, mariée à son cousin issu de germain, depuis 1785 [4].

Nous avions, le soir, des places dans une petite loge de ma princesse, pour la première représentation, à la ville, du *Dormeur éveillé*, musique de Piccini, paroles de M. de Marmontel. Cette pièce, déjà jouée à la cour, est fort brillante. Tirée d'un conte des *Mille et une Nuits*, elle prête aux développements féeriques. Le calife est le personnage principal, et il passe par toutes sortes de situations. On applaudit beaucoup la pièce et les acteurs. Madame la duchesse de Bourbon nous parla encore de M. le duc de Chartres dont elle était péniblement occupée. M. le duc de Penthièvre aime peu son gendre, et sans la crainte d'affliger sa fille, il donnerait son immense fortune à ses petits-enfants.

---

[1] Catherine d'Angennes baronne de Raray (la terre de Raray n'a été érigée en marquisat qu'en 1654).

[2] Elle en descend doublement par les Moy et par les d'Aché ; la terre et le surnom de Pierrecourt sont un héritage de Charlotte de Dreux.

[3] Le comte de Narbonne a été surnommé Fritzlar pour avoir glorieusement emporté ce poste, qui est une ville de la Basse-Hesse.

[4] Madame la comtesse de Nonant-Raray, née de Nonant de Pierrecourt, existe encore aujourd'hui âgée de quatre-vingt-six ans, pleine de vie, de sens et d'esprit (en 1853).

La famille royale continue à s'affliger de ces dissensions.

En rentrant chez nous, nous trouvâmes une lettre qui nous rappelait impérieusement et de suite en Alsace. Nous nous résolûmes à partir le lendemain même : tout était prêt. En avançant de deux jours nous nous évitions l'ennui des visites et des explications. Quelques compliments nous libéraient de tout, nous nous décidâmes. Le 29 juin donc, nous montâmes en voiture, après avoir salué seulement madame la duchesse de Bourbon. La princesse me fit promettre que je reviendrais le plus tôt possible ; mon mari s'engagea avec moi. Nous nous mîmes en route, le cœur un peu gros. J'aimais tant Paris ! Heureusement je voyais là-bas les objets de mon affection. Et puis, j'aime aussi mon pays natal, mes chères montagnes, mon cœur bat quand je les aperçois à l'horizon.

La patrie est aux lieux où l'âme est attachée !

CHAPITRE XXVIII

Essai malheureux du ballon Adorn. — M. le duc de Chartres et la machine aérienne. — Le prince Henri de Prusse. — Visiteurs. — Deuil de famille. — M. Holland. — Naissance de la grande-duchesse Hélène. — Lettre de son auguste mère. — Le prince Louis amoureux de la princesse Marianne Czartoriska. — Embarras. — Le mariage se fait malgré la famille de Wurtemberg. — Lettre de la grande-duchesse Marie à ce sujet. — Négociation. — Je réussis. — Entrevue. — Attendrissement. — M. Gérard de Rayneval; son fils. — Le roi achète Saint-Cloud. — Le comte d'Oëls. — Le prince Henri de Prusse à Kehl. — Imprimerie de M. de Beaumarchais. — Méprise. — Tremblement de terre à Montbéliard.

En arrivant à Strasbourg, je trouvai toute la ville en émoi à cause de l'essai malheureux d'un nouveau ballon construit par un sieur Adorn, opticien de cette ville. L'inventeur était dans la nacelle avec un de ses parents. L'aérostat s'éleva pendant quelques secondes, puis il retomba sur un toit où il mit le feu. Les nouveaux Icares se blessèrent tous les deux. Cette catastrophe fit grand bruit et occupa surtout la bourgeoisie et le commerce. On frémit en pensant que ces malheureux pouvaient retomber sur la flèche de la cathédrale et à l'horrible mort qui les y attendait.

Presqu'en même temps une autre histoire de ballon occupait tout Paris. M. le duc de Chartres fit faire à Saint-Cloud l'essai de la machine aérienne ; il y voulut monter, mais à peine s'éleva-t-elle à une centaine de toises, qu'il exigea d'être remis à terre ; on n'osa pas le lui refuser, et la descente s'exécuta aux huées de tous les spectateurs. Cette aventure et le combat d'Ouessant firent justement douter du courage du prince. On ne manqua pas de vers en cette occasion ; en voici quelques-uns :

> Chartres ne se voulait élever qu'un instant ;
> Loin du prudent Genlis il espérait le faire,
> Mais par malheur pour lui la grêle et le tonnerre
> Retracent à ses yeux le combat d'Ouessant.
> Le prince effrayé dit : Qu'on me remette à terre,
> J'aime mieux n'être rien sur aucun élément.

Madame la duchesse de Bourbon était navrée de ces propos, et madame la duchesse de Chartres tout autant qu'elle. Quant à M. le duc de Penthièvre, c'était pour lui une affliction de toutes les minutes ; il n'en parlait jamais qu'à son confesseur ; mais lorsqu'il voyait ses petits-fils, il leur prêchait sans cesse le respect de leur nom et de leur race, l'exemple de leurs ancêtres et leurs devoirs de princes du sang. Madame de Genlis, dit-on, détruit tout cela et ne les élève point en princes.

Après avoir vu nos parents, nous nous hâtâmes d'aller faire notre cour à Montbéliard ; nous y trouvâmes plusieurs visites, dont la première et la meilleure était celle du prince Henri de Prusse. Il voyageait en Suisse et ne voulut point passer si près d'une partie de sa famille sans la voir. Je fus charmée de connaître cet homme si célèbre. Il est petit de taille, il est laid, il louche d'une manière désagréable, mais il est plein d'esprit, mais il a la plus charmante conversation. Je n'ai jamais connu un homme d'un esprit plus sûr et plus délicat ; c'est un vrai héros en toutes choses. Le souvenir de ses exploits comme soldat, de son génie comme général, de ses talents comme homme politique, pénètre d'admiration. On peut bien dire que chez lui l'âme ennoblit le corps.

Le prince Henri, qui est très-lié avec la famille de la comtesse de Wartensleben, lui apporta des nouvelles du comte Alexandre de Wartensleben, officier aux gardes avec lequel le prince de Prusse a été élevé et pour lequel il a beaucoup d'affection. C'est un noble caractère, franc et véridique. Frédéric II l'a cajolé pour savoir les secrets du jeune prince, mais Wartensleben lui a répondu fièrement qu'il était l'ami dévoué du prince, et que le rôle d'espion ne lui convenait pas. Il a payé cette réponse par trois mois de prison à Spandaw. Le prince héréditaire, pour le consoler, lui envoya une pension de cent louis, et depuis qu'il est monté sur le trône, il y a ajouté une belle prébende en lui donnant le commandement du régiment de Rœmer. Le baron de Rathsamhausen, capitaine commandant de grenadiers au régiment de Nassau, en garnison à Genève, était à Montbéliard en même temps que le prince, ainsi que le baron de Glaubitz, officier dans Royal-Deux-Ponts, venu de Landau avec le baron Christian de Hoën, sous-lieutenant au même corps.

Puis le baron de Dettlingen, lieutenant dans Alsace.

Cette cour de Montbéliard était toujours le centre des provinces environnantes ; on y affluait de partout. L'extrême bonté, l'affabilité des princes, la façon dont ils recevaient, exempte de morgue et d'étiquette, rendaient ce séjour le plus agréable du monde.

Je fus obligée de le quitter plus tôt que je n'en avais l'intention, à cause de deuils de famille que nous eûmes à porter coup sur coup ; et en particulier celui de la douairière d'Oberkich, morte à l'âge de soixante-dix-sept ans. Elle était née de Buch. On la regretta malheureusement peu à cause de son caractère

12.

difficile. Nous n'en prîmes pas moins le deuil pour deux ans, selon l'usage d'Alsace. Je dois dire néanmoins qu'à mon voyage à Paris je repris la couleur; l'étiquette n'étant que d'une année pour les pères et mères, partout ailleurs que dans notre province.

On regretta fort à Montbéliard le sous-gouverneur des jeunes princes de Wurtemberg, M. Holland, mort à l'âge de quarante-deux ans. C'était un homme très-supérieur, surtout en philosophie. Il avait publié à l'âge de trente ans un ouvrage remarquable pour réfuter le dangereux livre du baron d'Holbach intitulé *Réflexions philosophiques*. Certainement la réponse était plus puissante que les questions posées. M. Holland avait accompagné les jeunes princes, ses élèves, dans leurs voyages en Russie et en Prusse, et ceux-ci l'aimaient beaucoup.

Ma chère princesse Marie mit au monde, au mois de décembre, la grande-duchesse Hélène de Russie; auparavant elle m'avait adressé la lettre suivante, contenant des craintes chimériques, bien que très-permises, et dont nous fûmes grandement heureux de la voir délivrée.

Saint-Pétersbourg, $\frac{30 \text{ octobre}}{10 \text{ novembre}}$ 1784.

« Ma bien chère Lanele, mon amitié pour toi est toujours la même, et ce sentiment va, au contraire, journellement en augmentant. Je vois que par là il se distingue de tout autre. Tes lettres me font constamment le plus grand plaisir, et plus souvent tu m'écriras, plus tu obligeras ta tendre amie. Quand vous recevrez celle-ci, ma bonne Lanele, je serai bien près de mon terme. J'avoue que je suis d'une poltronnerie horrible cette fois; les souffrances de mes dernières couches m'inspirent cette terreur. Quant à Tille, je crois que la bombe crèvera dans huit ou dix jours ; elle est extrêmement épaisse. Mille baisers à la chère petite Marie. Ton fidèle et chaste amant te présente ses tendres hommages. Adieu, ma chère Lanele, je t'aime comme mes yeux. Ta fidèle amie,

« Marie. »

Les plaisanteries sur M. de La Fermière continuaient, on le voit. Nous en riions souvent dans notre correspondance ; il est si doux de se rappeler des souvenirs heureux, et notre voyage, pendant lequel cet enfantillage avait pris naissance, avait été si gai !

Je comptais passer mon hiver tranquillement à Strasbourg, lorsqu'une autre lettre de la grande-duchesse m'obligea à me déplacer encore ; mais, pour faire comprendre ce nouvel incident, il est nécessaire de reprendre les choses de plus loin.

Le prince Louis, second fils du prince de Montbéliard, voyageait alors pour son agrément et son instruction. Il rencontra le prince Adam-Casimir Czartorisky, palatin de Russie, staroste de Podolie, issu de la maison royale des Jagellons. La mère du roi de Pologne, Stanislas-Auguste Poniatowski, était une Czartoriska, sœur de ce même palatin. La famille était donc grande et illustre. Le prince Adam était distingué, spirituel, charmant ; il accueillit à merveille le prince Louis, et celui-ci devint éperdument amoureux de sa fille, la princesse Marianne, alors âgée de seize ans. Elle avait deux frères plus jeunes qu'elle : le prince Adam, âgé de quatorze ans, et le prince Constantin qui en a onze.

L'embarras fut grand alors. Les princes Czartorisky, de trop haut lignage pour consentir à un mariage morganatique, ne sont point pourtant de maison souveraine. Bien que descendant des Jagellons, et quoique la princesse Marianne fût cousine germaine du dernier roi de Pologne, on n'accorde pas que la royauté élective place les familles, qui y parviennent, au même rang que les maisons régnantes par héritage.

Ces considérations firent hésiter le prince et la princesse de Wurtemberg-Montbéliard ; ils engagèrent leur fils à différer, si ce n'est à rompre. Celui-ci, un peu léger de caractère, et entraîné par sa passion, passa outre, et se maria avant d'avoir obtenu le consentement de ses parents auxquels il avait donné déjà plus d'un sujet de mécontentement. Peut-être le prince Czartorisky a-t-il eu tort de se prêter à cette conclusion, sans l'autorisation de la maison de Wurtemberg ; mais il a eu pour cela des raisons faciles à comprendre. D'abord cette alliance le flattait ; ensuite il fut offensé, avec assez de justice, de la manière dont on le repoussait ; le sang royal qui coulait dans ses veines lui semblait digne de se mêler à celui de tous les princes de l'Europe ; enfin, et par-dessus tout, sa fille aimait passionnément le prince Louis. Cette jeune princesse dépérissait sous ses yeux, et le cœur d'un père ne résiste guère à cela.

Lorsque le mariage fut célébré, on songea aux moyens de calmer la famille de Montbéliard. Le prince s'adressa d'abord à son auguste sœur, et celle-ci me le renvoya ainsi qu'on va le voir.

CHAPITRE XXVIII.

Cè $\frac{17}{28}$ décembre 1784 [1].

« Ma chère Lanele, ces lignes te seront remises par mon frère Louis, qui vient se jeter aux pieds de nos adorables parents pour demander grâce, de même que sa charmante épouse. Au nom de Dieu, ma chère et tendre Lanele, accompagne ma belle-sœur, qui restera à La Chapelle ou à Belfort jusqu'à ce que le premier moment de vivacité soit passé, et qui après quelques jours ira tout de même se jeter aux pieds de nos chers parents. Sois son Dieu tutélaire; conseille-la, dis-lui comment s'y prendre pour gagner les cœurs et la tendresse de papa et de maman. J'ose te demander cette marque de ton amitié, persuadée que tu ne me refuseras pas. Mais je te conjure en même temps de ne pas me compromettre et de dire à Montbéliard que tu accompagnes ma belle-sœur, parce que mon frère t'en avait conjurée. Que d'obligations ne t'aurai-je pas, ma chère et bonne Lane ! Nous te devrons la bonne intelligence d'une famille qui jadis donnait l'exemple de l'union. Lorsque tu sauras toute l'histoire de mon frère, tu verras qu'il n'est pas à blâmer et que tout autre à sa place aurait fait de même. Adieu, ma chère et bonne Lane. Que ne puis-je à mon tour te prouver aussi évidemment que je le désirerais la vraie et sincère amitié avec laquelle je suis ta tendre et fidèle amie.

« MARIE. »

[1] Il est remarquable que cette lettre a été écrite quatre jours seulement après celui où madame la grande duchesse a donné le jour à la grande-duchesse Hélène, née le $\frac{13}{24}$ décembre. Cette princesse mariée en 1799 au prince héréditaire de Mecklembourg est morte en 1803.

Je vis entrer chez moi, un soir, au moment où je m'y attendais le moins, le prince et la princesse, mis fort simplement, tout à fait incognito et sans se faire annoncer. Je fus grandement surprise, on le conçoit, surtout après avoir lu la lettre de la grande-duchesse et compris ce que l'on désirait de moi.

— Vous viendrez avec nous, n'est-ce pas, chère baronne ? Nous partons demain. Vous remplacerez ma sœur dont vous êtes la meilleure amie, et que l'éloignement où elle est empêche de remplir cet office conciliant.

— Monseigneur, je ferai de mon mieux ; mais je ne suis pas madame la grande-duchesse, malheureusement.

— Ma mère est si bonne. Elle nous pardonnera ; nous serons si heureux !

Ils étaient bien heureux, en effet ; malheureusement ce bonheur des mariages d'inclination ne dure point, car ce serait le paradis sur la terre [1].

Il fut convenu qu'on suivrait le plan de madame

---

[1] La baronne d'Oberkirch se montre trop indulgente pour le prince Louis dont la conduite peu régulière était bien loin de donner de la satisfaction à ses parents. Il s'agissait alors bien moins de faire accepter un mariage auquel les considérations politiques n'étaient pas étrangères, mariage que la haute position des princes Czartorisky rendait d'ailleurs tout naturel, que de faire pardonner au prince Louis par sa famille les désordres de sa vie antérieure. Si à l'époque de la *lune de miel* la princesse Marianne a pu se faire illusion sur son mari, cette illusion fut bientôt dissipée, car au bout de bien peu de temps elle fut en butte aux plus mauvais traitements de sa part. Ils divorcèrent en 1792, et le prince se remaria plus tard avec la duchesse de Nassau-Weilbourg. Il avait eu de la princesse Czartoriska, un fils, le prince *Adam* de Wurtemberg, lieutenant général au service de Russie, et aide-de-camp de l'Empereur mort il y a une vingtaine d'années. Sa mère, qui était venue à Paris partager le glorieux exil du prince Adam Czartorisky, son frère, y est morte le 21 octobre 1854, à l'âge de quatre-vingt-six ans.

CHAPITRE XXVIII.

la grande-duchesse ; que madame la duchesse Marianne et moi nous irions à Belfort ou à La Chapelle, attendre le prince qui essuierait seul la première bordée de la colère paternelle. M. d'Oberkirch me permit de me mêler de cette affaire en me recommandant la plus grande prudence, afin de ne blesser en rien madame la princesse de Montbéliard, qui m'avait toujours comblée de bontés.

Nous partîmes le lendemain de bonne heure. Je fis ce voyage dans le carrosse du prince, seule avec ces jeunes tourtereaux qui s'aimaient à faire plaisir. La princesse avait grand'peur, son mari la rassurait.

— Ma mère est si bonne ! répétait-il.

— Appuyez bien sur les Jagellons, mon prince, lui disais-je, c'est votre branche de salut.

— Ils ont plusieurs fois sauvé leurs sujets et la chrétienté, répondait fièrement la jeune femme.

Nous arrivâmes le soir. Je voulais envoyer aussitôt le prince Louis à Montbéliard ; il me demanda en grâce jusqu'au lendemain matin.

— Il me faut bien la nuit pour me préparer, madame, et ce premier moment me fait peur.

Il partit donc le lendemain. La jeune femme pleura beaucoup. J'eus beau essayer de la distraire, je ne pus y réussir. Elle ne quitta pas la fenêtre, et ne put parler d'autre chose que de son mari et de ce qu'il était allé faire.

— S'il revient de suite, c'est mauvais signe, madame, et pourtant je voudrais qu'il revînt.

Il ne revint point ce jour-là. Le lendemain il écrivit par un de ses gens que la scène avait été rude, mais que pourtant il était loin de désespérer. Il avait arrêté un plan avec ses sœurs, ajoutait-il.

Cette seconde journée fut comme l'autre ; mêmes

inquiétudes, mêmes regrets, mêmes espérances. Le soir, vers cinq heures, nous entendîmes rouler un carrosse. La princesse se précipita sur l'escalier; son mari était dans ses bras.

— Vous allez me suivre toutes deux, dit-il. On vous cachera, ma chère Marianne, dans la chambre de la comtesse de Wartensleben, et pendant ce temps, l'excellente Lane m'aidera, au nom de ma sœur, à fléchir nos parents déjà à moitié ébranlés. Vous paraîtrez quand il en sera temps.

Nous nous mîmes en route, *on dissimula la princesse*, et j'entrai dans le salon où madame la princesse de Montbéliard causait avant le souper. En m'apercevant elle releva la tête.

— Ah! vous voilà, me dit-elle, avec plus de froideur qu'à l'ordinaire. Je me doute de ce qui vous amène. Vous prenez donc le parti de la rébellion?

Je voulus répondre.

— Pas un mot maintenant, interrompit-elle; ce soir, chez moi. Le prince est déjà assez triste de cette folie; ne lui en parlez pas.

Je trouvai en effet le prince triste, et par conséquent le salon l'était. La conversation se fit à bâtons rompus. Madame de Wartensleben s'était fait excuser de descendre sous prétexte de migraine. Le prince Louis sortait à chaque instant; il ne pouvait tenir en place. Ses parents n'avaient pas l'air de s'en apercevoir. Madame la princesse leva le siége de bonne heure et me fit signe de la suivre. Dès que nous fûmes seules dans son appartement:

— Eh bien, me dit-elle, de quoi ces malheureux enfants vous ont-ils chargée? Où est cette jeune femme?

J'hésitai à répondre.

— Où est-elle ? Ne craignez pas de me fâcher.

— Elle est ici, madame.

La princesse fit un mouvement.

— Ici, chez moi ! sans que je l'aie permis ! Qui donc a eu l'audace de la recevoir ?

— Moi, madame.

— Vous, Lane ! Et vous n'avez pas craint de m'irriter, de m'affliger ?

— Madame, le duc Louis est votre fils, la princesse Marianne est sa femme maintenant ; vous avez un trop bon esprit, un trop grand cœur pour ne pas reconnaître un fait accompli. A quoi servirait la résistance ? au malheur de vos enfants, et vous ne voulez pas le malheur de vos enfants.

La princesse ne répondit pas.

— Croyez-vous que le duc régnant, croyez-vous que le roi de Prusse approuveront cette escapade ; le croyez-vous, baronne ?

— *Approuveront*, je ne le crois pas ; *accepteront*, j'en suis sûre.

Marianne a du nom et sort du sang des dieux.

La princesse sourit imperceptiblement. Elle aimait les vers et les citations faites à propos.

— Les Czartorisky descendent des Jagellons, madame, et les Jagellons sont une race souveraine. Le roi de Pologne, Poniatowsky, est le cousin germain de la princesse ; ce sont là de nobles alliances, madame, on ne peut le nier.

— Oui, on ne peut le nier ; mais les Czartorisky sont des particuliers cependant...

— Quels particuliers ! les plus grands seigneurs de la Pologne !

— Cela est vrai, pourtant...

— La princesse est charmante.

— Sans doute, je le sais.

— Eh bien, madame, que voulez-vous de plus? Ils sont heureux, ils s'aiment. Cela fait plaisir à voir!

La princesse commençait à s'émouvoir beaucoup.

— Elle est bien jeune!

— Le duc Louis est fort jeune aussi.

— Voilà où est le mal, deux enfants ensemble! Vous savez combien Louis est peu raisonnable. Et puis, mon oncle, le grand Frédéric, n'est pas disposé à la tendresse; les amours le touchent peu. Il veut avant toutes choses du respect, de la déférence. Il ne pardonnera pas.

— Il pardonnera, si vous pardonnez.

— Le prince, mon mari, est bien irrité.

— Madame!...

— Eh bien?

— Parlez-lui beaucoup des Jagellons, des charmes de la princesse Marianne, de l'amour de vos jeunes années, de sa tendresse pour ses enfants; il cédera.

— Lanele, vous êtes un bon avocat.

— Et puis, madame, c'est une chose faite. Votre Altesse royale ne peut désunir ce que Dieu a uni; ce ne serait ni chrétien ni paternel.

— Il ne fallait pas amener cette jeune femme ici; c'est trop oser, madame, et vous mériteriez tous que je la fisse partir.

— La femme de votre fils, de votre fils que vous chérissez! Quoi! une famille si unie, si heureuse, se séparerait ainsi d'un de ses membres, parce qu'il a cherché le bonheur tout seul. Songez-y, madame, est-ce possible?

— Que dit la grande-duchesse? sait-elle tout cela?

— Madame la grande-duchesse dit que vous êtes la meilleure des mères, madame.

Une larme roula sous la paupière de Son Altesse royale.

— Lanele, je parlerai ce soir au prince; demain matin, de très-bonne heure, revenez ici; je vous dirai ce que j'aurai obtenu.

Je m'estimai heureuse d'avoir *obtenu* cela, moi; je me retirai, et j'allai rendre compte au jeune couple de ma conversation. J'étais pleine d'espérance, je l'avoue. Je ne dormis guère, et le lendemain, avant le jour, j'étais dans l'antichambre de la princesse. Celle-ci me fit entrer avant de sortir de son lit, et je lus sur son visage un attendrissement de bon augure.

— Lanele, me dit-elle, asseyez-vous là, et écoutez-moi; vous redirez ensuite mes paroles avec votre prudence ordinaire. J'ai parlé au prince; la nuit presque entière s'est écoulée dans cette conversation. Nous sommes profondément affligés, mais cependant vous l'avez dit, c'est une chose faite, nous ne fermerons pas nos bras à nos enfants; c'est à eux, par leur conduite, par leur affection, par leur bonheur surtout, à mériter, à justifier notre indulgence. Ce qui m'effraye le plus, je ne vous le cache pas, c'est leur jeunesse extrême, c'est leur amour même. Presque jamais ces mariages-là, faits en dépit de tout, ne réussissent. On a un bandeau épais sur les yeux et sur le cœur, on ne se connaît pas, et quand le temps arrive, on se voit tout autrement qu'on n'était, on se refroidit, on se querelle, on se déteste, on se sépare. Dieu veuille épargner ces malheurs aux enfants de ma tendresse! Mes bénédictions ne leur manqueront pas pour les écarter.

J'étais aussi émue que la princesse; je lui baisai la

main, elle pleurait, j'avais grande envie d'en faire autant.

— Aussitôt que je serai habillée je me rendrai chez mon mari, poursuivit la princesse, vous pourrez alors aller chercher vos protégés, et les conduire aux pieds de leur père; il leur ouvrira ses bras. Tâchez qu'ils ne soient pas trop effrayés, car ils n'ont rien à craindre. Ils assisteront après au déjeuner de famille, et notre nouvelle enfant sera pour nous comme si nous l'avions choisie.

Bonne, excellente mère ! quel cœur ! quelle indulgence !

Je n'ai pas besoin de raconter la scène qui suivit, on la devine de reste. Le père et la mère se montrèrent ce qu'ils étaient, les meilleurs, les plus parfaits du monde. Nous pleurions tous. Le duc Louis étouffait, la duchesse Marianne faillit s'évanouir ; l'attendrissement était à son comble. La jeune femme fut charmante, pleine de gentillesse, d'abandon, de grâce ; il était impossible de ne pas la chérir.

— Voilà votre meilleure excuse, disait le prince de Montbéliard à son fils, en la montrant ; je conçois tout, maintenant.

Je restai trois jours à Montbéliard, pour jouir du bonheur de cette famille chérie, et je retournai chez moi où ma fille et M. d'Oberkirch me réclamaient. J'étais enchantée de ce dénoûment, que nous avions tous écrit à la grande-duchesse. M. d'Oberkirch m'en félicita. Quant à moi, je n'en avais pas douté.

Le lendemain de mon arrivée je menai ma fille au Jardin des Plantes, dont j'ai déjà parlé, et qui venait de s'enrichir encore. M. Gérard, le préteur royal, a rapporté de l'Amérique septentrionale des plantes rares, et les a offertes à la ville de Strasbourg.

Le fils de M. Gérard, nommé Gérard de Rayneval, avait signé le traité de Londres pour la paix, en 1783, en qualité de secrétaire, près la mission du jeune comte de Vergennes, plénipotentiaire pour Sa Majesté.

Au Jardin des Plantes, nous apprîmes que le roi venait d'acheter Saint-Cloud. La faculté déclarait ce château le plus sain de tous pour la santé de M. le Dauphin. La reine demanda à M. le duc d'Orléans de le lui céder, et le prince lui en fit le sacrifice avec beaucoup de grâce. M. le duc de Chartres dit tout haut qu'il n'aurait pas été aussi accommodant.

Les lettres de Paris ne parlaient aussi que du prince Henri de Prusse, qui, en quittant Montbéliard, s'y était rendu sous le nom de comte d'Oëls. Il y faisait fureur ; ainsi que de raison, les vers lui pleuvaient de toutes parts, et les métaphores n'y manquaient pas. Son séjour fut une sorte de triomphe ; sa modestie, son amabilité lui gagnèrent tous les cœurs et excitèrent l'enthousiasme. Au moment de son départ, il dit au duc de Nivernais, qui l'accompagnait de la part du roi :

— J'ai passé la moitié de ma vie à désirer voir la France ; je vais passer l'autre moitié à la regretter.

En quittant Paris, il repassa nécessairement par Strasbourg, qu'il a traversé seulement, pour s'arrêter à Kehl. A cette même époque, M. de Beaumarchais s'y trouvait. Ayant acheté du sieur Panckoucke les œuvres complètes de M. de Voltaire, à condition qu'il les ferait imprimer hors de France, il avait établi une imprimerie à Kehl pour y publier cet ouvrage [1]. M. de

---

[1] Une partie des ouvrages de Voltaire était prohibée en France, une édition complète ne pouvait donc s'y imprimer. M. de Maurepas, dont on connaît la légèreté d'esprit, accorda à cette opération son patronage secret, et M. d'Ogny, directeur général des postes, qui était de connivence, favorisa l'introduction en France de l'édition

Beaumarchais pria le prince Henri de la visiter, ce dernier consentit, selon l'habitude, à imprimer lui-même une feuille de l'ouvrage dont on s'occupait. A sa grande surprise, il vit sur cette feuille les vers suivants :

> Auguste ami des arts, arbitre des guerriers
> Que Mars et les Neuf Sœurs couvrent de leurs lauriers,
> Au chantre de Henri quel honneur tu viens faire,
> Héros ! qui méritas un chantre tel que lui.
> Toi, l'honorable ami de notre grand Voltaire,
>   En visitant son sanctuaire,
> Henri, tu mets le comble à sa gloire aujourd'hui.
> C'est quand l'aigle divin sur son autel se pose
> Qu'il ne manque plus rien à son apothéose.
> Mais son autel, Henri, n'est-il donc pas le tien ?
>   Vois comme au temps futur avec nous on arrive ?
> De l'immortalité nous composons l'archive ;
> De Frédéric le Grand, frère, émule et soutien,
> Tes hauts faits, tes vertus, leçon de tous les âges,
> Rempliront à leur tour nos plus brillantes pages...

Ce furent des occupations générales à Strasbourg pour ce passage du prince de Prusse. Gardant le plus strict incognito, il ne se montra point. Il y eut une foule de méprises ; des voyageurs fort ordinaires passèrent pour lui, et un ministre du culte évangélique, parfaitement louche, eut toutes les peines du monde à éviter une ovation. Le prince en a beaucoup ri. Il vou-

---

de Kehl. Malgré le peu d'obstacles qu'elle rencontrait, la spéculation ne fut pas heureuse ; tirée à 15,000 exemplaires, cette édition complète eut à peine 2,000 souscripteurs. Les premiers de ces 162 volumes commencèrent à paraître en 1783, il fallut sept ans pour en terminer l'impression. Beaumarchais, pour plaire à Catherine II, consentit à cartonner la correspondance de cette souveraine avec Voltaire, en supprimant les passages indiqués par elle.

lait repasser par Montbéliard, et se fit excuser, le temps pressait ; le roi de Prusse le rappelait depuis longtemps. A Montbéliard où on avait fait des préparatifs, et où on l'attendait, il y eut précisément un tremblement de terre dont on fut très-épouvanté. Vers les dix heures du soir, beaucoup de gens étaient déjà couchés, lorsqu'on entendit gronder le tonnerre, et presque aussitôt on sentit les maisons trembler, les portes s'ouvrirent, les lits remuèrent, et les porcelaines dansèrent sur les buffets ; à grand'peine pouvait-on se tenir debout. Les habitants eurent une frayeur horrible ; on se rappela avoir entendu dire aux vieillards, que cent douze ans auparavant pareille chose était arrivée. Madame Hendel faillit en mourir de peur ; elle en resta quinze jours au lit.

A dater de ce moment les lettrés de la principauté s'attendirent au sort de Pompéi et d'Herculanum. Il y eut bien des testaments et des confessions décidés cette nuit-là.

CHAPITRE XXIX

Le *Christkindel*. — Le régiment d'Alsace. — Le baron de Coëhorn. — Naissance du duc de Normandie. — Mot du comte d'Artois. — L'été à Exincourt. — Poëme sur le loto d'Étupes. — Fragments. — Réponse en vers du conseiller Rossel. — M. Hangardt. — Résultat du système de J.-J. Rousseau. — Aveu qu'il a fait à ce sujet. — Lutte de jeux de mots. — La princesse Czartoriska. — Les portraits en découpures. — M. Huber. — Ukase de Catherine II sur la noblesse. — Le comte de Ségur en Russie. — Le cardinal de Rohan. — Son arrestation. — Lady Craven à Montbéliard. — Originalités de lord Craven. — Lady Craven et mademoiselle Clairon. — Ovation de M. Blanchard à Francfort. — Mort de la princesse de Holstein. — Mort du prince-abbé de Murbach. — Ennuis de la grande-duchesse de Russie pour l'éducation de ses fils. — La princesse Auguste de Brunswick. — Ses plaintes à Catherine II.

1785. — Nous passâmes l'hiver à Strasbourg, et à l'époque de Noël nous allâmes, comme de coutume, au *Christkindelsmarckt*. Cette foire, qui est destinée aux enfants, se tient pendant la semaine qui précède Noël et dure jusqu'à minuit; elle a lieu près de la cathédrale, du côté du palais épiscopal, sur une place qu'on nomme le *Frohnhof*. Le grand jour arrive, on prépare dans chaque maison le *Thannenbaum*, le sapin couvert de bougies et de bonbons, avec une grande illumination; on attend la visite du Christkindel (le petit Jésus), qui doit récompenser les bons petits enfants; mais on craint aussi le *Hanstrapp*, qui doit chercher et punir les enfants désobéissants et méchants.

Le Christkindel paraît toujours et les cadeaux aussi; souvent on entend la voix rude et sévère de *Hanstrapp*, qui paraît même quelquefois armé d'un martinet, et vêtu de rouge et de noir comme Satan.

Cet hiver, nous vivions assez retirés à cause de notre deuil ; cependant nos amis venaient chez nous, ainsi que plusieurs officiers du régiment d'Alsace dont le prince Max de Deux-Ponts était colonel propriétaire. Depuis deux ans le baron de Flachsland, neveu de la douairière de Berckheim, et devenu maréchal de camp, était remplacé comme colonel-commandant par le baron de Coëhorn. Le comte de Lœvenhaupt était colonel en second [1]. Un jeune de Coëhorn était sous-lieutenant de remplacement [2]. Je me souviens que pour fêter la naissance de M. le duc de Normandie, il y eut une grande fête, et qu'ils la quittèrent pour souper chez nous où l'on but de bon cœur à la santé du jeune prince baptisé par le cardinal de Rohan, en sa qualité de grand aumônier. Le parrain fut Monsieur frère du roi, et Madame Élisabeth marraine pour la reine de Naples. On parla beaucoup de cette naissance, ainsi que cela se conçoit ; chacun dit son mot, j'ai retenu celui-ci que madame la duchesse m'écrivit.

Lorsque la reine était grosse du premier dauphin, Sa Majesté dit à M. le comte d'Artois :

— Votre neveu est bien remuant ; il me donne de grands coups de pied, il me pousse et me repousse furieusement.

— Il me semble, madame, répondit le prince gaiement, qu'il me repousse aussi beaucoup.

La naissance du second fils de la reine repousse encore plus loin du trône cet aimable prince. La

---

[1] Les Lœvenhaupt sont Suédois.
[2] C'est le brave général Coëhorn, mort à Leipsick de ses blessures. Il n'a jamais été au feu sans être blessé. C'est à lui que l'empereur dit, après le passage du pont de l'île de Lobau : « Général, ceci vaut le pont de Lodi. »

Providence ne le destine pas sans doute à régner sur nous (et que Dieu nous en préserve, car il faudrait acheter ce règne par bien des morts et bien des malheurs). Si M. le comte d'Artois ne porte pas la couronne, il sera toujours adoré de tous, à cause de sa chevaleresque loyauté et de son caractère ouvert et franc. Il est généralement plus aimé que Monsieur, malgré le mérite incontestable de celui-ci.

Nous avions résolu de passer l'été avec madame la princesse de Montbéliard, sans cependant nous établir tout à fait au château, ce qui pouvait devenir indiscret. Mon oncle, le commandeur de Waldner, était des nôtres; et nous louâmes à Exincourt, près d'Étupes, la maison de M. Duvernoy, qui donnait des leçons à ma fille. Exincourt est un tout petit village à un quart de lieue d'Étupes, du côté de Montbéliard.

Comme on le pense, la plus grande partie de notre temps se passait à Étupes.

Cette cour n'en était pas une; on y jouissait d'une liberté entière. Pendant la matinée on s'associait à sa fantaisie, on restait au château ou l'on se promenait dans le parc, aux environs; personne ne vous en demandait compte. Chevaux, voitures, domestiques, étaient à la disposition des hôtes; on allait où on voulait. Après le dîner encore un peu de promenade, et ensuite jusqu'au souper le fameux loto dont on raffolait à Montbéliard. On y perdait quelquefois jusqu'à dix livres dans la soirée, alors Son Altesse grondait ; c'était un jeu exaspéré. Les mêmes personnes dont j'ai parlé déjà étaient encore là, avec les mêmes dispositions et le même caractère, bien entendu. Madame la princesse de Montbéliard ayant appris que j'écrivais un journal voulut absolument le voir. Elle rit beaucoup de ma description du loto de l'année der-

CHAPITRE XXIX.

nière, et la lut tout haut un soir autour de la table. M. de Wargemont était alors au château, fort amoureux de mademoiselle de Domsdorff, qu'il a épousée depuis. Il tournait assez spirituellement les vers ; elle lui demanda de rimer cette petite scène, il le lui promit et le fit en effet l'année suivante, en 1786. Ce poëme (si poëme il y a) est intitulé *le Loto d'Étupes.* Il vaut mieux que beaucoup de morceaux de poésie que j'ai déjà transcrits ; j'en vais donc donner quelques fragments, il fera connaître les commensaux de la cour de Montbéliard.

> Je chante cet enfant de la monotonie,
> Sans doute au rang des jeux placé par ironie ;
> Son nom est le *loto*, son effet le sommeil.
> On est autour de lui comme on est au conseil,
> Faisant beaucoup de bruit et fort peu de besogne.
> Telles étaient jadis les diètes en Pologne.
> Muse aimable d'Étupe, apprête mes pinceaux,
> Et toi daigne, Momus, égayer mes tableaux.
> La nuit couvre les cieux et la table est dressée ;
> Alors vient à la file une troupe empressée.
> Comme on était la veille on s'arrange soudain,
> Et c'est encore ainsi que l'on sera demain.
> Vous, héros bienfaisant, adorable princesse,
> De ce jeu vous savez écarter la tristesse.
> . . . .
> . . . .
> Plus loin est un trio[1] qui reçut en partage
> Tout ce qui des humains doit mériter l'hommage.
> L'amour lui prodigua grâces, esprit, beauté,
> Mais l'amitié l'enlève à la société.

---

[1] Son Altesse sérénissime madame la princesse Louis de Wurtemberg, la comtesse de Wartensleben et mademoiselle de Domsdorff.

Ensuite est un marquis [1], pour plaire à ses voisines,
Faisant à tour de bras de l'esprit et des quines ;
Sans être toujours neuf, toujours aimable et gai.

. . . .

Suivent plusieurs autres portraits que j'ai déjà tracés en prose : celui du vicomte de Wargemont lui-même, du comte de Baleuze, de madame de Damitz, de mademoiselle de Schack, enfin du capitaine Parrot. Voici celui du conseiller Rossel, qui amena une réponse assez piquante et assez piquée :

Plus loin est gravement le père de Louise ;
C'est un grand Grec, savant, profond dans l'analyse.

. . . .

Plus que personne il a le compliment facile ;
Il faut, pour s'en tirer d'une manière habile,
Être avec lui ferré sur la civilité.
Ce n'est pas le seul point où sa dextérité
Dans son malin plaisir souvent nous embarrasse,
C'est le Fréron en titre et chéri du Parnasse.
Il juge sans pitié ses nombreux nourrissons ;
De français, aux Français il donne des leçons.
Hélas ! il faut pourtant, comme dit La Fontaine,
Toujours payer tribut à la faiblesse humaine.
Amis, convenons-en, Rossel n'est pas parfait,
Je ne peux vous cacher que Rossel est distrait.

Voici la réponse de M. Rossel :

Pour peindre avec tant d'art et d'ingénuité
Un jeu dont vos seuls vers font la célébrité ;
Il ne fallait pas moins, ingénieux vicomte,
Que ces rares talents dont vous êtes doué,

[1] Le marquis de Vernouillet.

CHAPITRE XXIX.

Talents dont aujourd'hui l'on est fort engoué,
Et qui de vos rivaux feront toujours la honte.

. . . .

Mais permettez qu'ici je *vous observe*,
Peut-être en dépit de Minerve,
Que du pauvre Rossel votre esprit a manqué
Le portrait et le caractère.
Il n'est, comme chacun peut l'avoir observé,
Pas plus Grec ni Fréron, que vous n'êtes Voltaire.

Comme on le voit, on se lardait assez joliment dans notre petit cercle. Ce qui fit un peu taire les muses du cru, ce furent les vers suivants adressés par M. de Ségur à madame de Luxembourg et qu'on nous envoya :

Le loto, quoi que l'on en dise,
Sera fort longtemps en crédit ;
C'est l'excuse de la bêtise
Et le repos des gens d'esprit.
Ce jeu vraiment philosophique
Met tout le monde de niveau ;
L'amour-propre si despotique
Dépose son sceptre au loto.
Esprit, bon goût, grâce et saillie,
Seront nuls tant qu'on y jouera.
Luxembourg, quelle modestie,
Quoi ! vous jouez à ce jeu-là !

On n'en joua pas moins au loto à Étupes et avec rage. On n'en finissait point le soir. Madame la princesse allait se coucher de guerre lasse quelquefois, et laissait les amateurs de quine se le disputer. Ainsi qu'on l'a vu, madame la duchesse Louis de Wurtemberg, née Czartoriska, n'y prenait pas grande part. Elle était restée fort intime avec la comtesse de Wartensleben, sans doute à cause de l'hospitalité reçue. Cette jeune femme intéressait tout le monde par sa jeunesse et son désir général de plaire. Elle méritait d'être heureuse, le sera-t-elle ? Je l'espère.

Parmi les originaux que nous eûmes en passant, un des plus drôles et des plus ridicules était certainement un M. Hangardt, fils d'un ancien homme d'affaires du prince, admirateur frénétique de Jean-Jacques Rousseau, élevé d'après ses principes, et se nommant Émile, comme le héros du philosophe genevois. Le prince, auquel le père avait rendu des services, le reçut avec bonté et l'engagea à rester quelques jours. On ne se figure pas le chef-d'œuvre de bêtise et de nullité produit par cette éducation ; le sujet y prêtait, j'en conviens. Pendant que J.-J. Rousseau était à Strasbourg, où il s'était réfugié lors de son expulsion du territoire de Berne, il reçut la visite de M. Hangardt père. Celui-ci lui parla de son *Émile* avec un enthousiasme plein de feu, ajoutant qu'il élevait son fils suivant ses principes.

— Ma foi ! tant pis pour vous, monsieur, répondit l'auteur, et plus tant pis encore pour votre fils.

Il ne se trompait guère, ce fils devint un paltoquet et un imbécile, nous parlant *de la nature* à chaque instant, et se servant de termes à faire rougir, sous prétexte de ne rien dissimuler. On le mit au pas là-dessus, mais on ne le corrigea pas de ses bévues et de ses maladresses.

On portait encore deux montres, quoique cette mode datât de plusieurs années, et les petits-maîtres chargeaient les cordons et les chaînes de colifichets qui étaient souvent d'un grand prix, et qu'on appelait breloques. M. de Vernouillet se conformait à cette élégance. Un soir qu'il était au jeu et que madame de

Wartensleben parlait de ces bijoux à la princesse Louis, celle-ci demanda à les voir, et le marquis remit ses deux montres à Émile Hangardt, qui passait auprès de lui, pour les porter à la princesse. Émile Hangardt maladroit, comme je l'ai dit, et voyant pour la première fois de si belles choses, craignant d'en laisser tomber une, retint l'autre et finit par les laisser tomber toutes deux à terre. Le duc Frédéric se leva fort mécontent, en exprimant ses regrets à M. de Vernouillet.

— Ce n'est rien, mon prince, répondit celui-ci, voilà la première fois que mes montres *tombent d'accord.*

M. Hangardt trouva ce jeu de mots magnifique ; il vit qu'on en riait et se promit de l'effacer par un autre à la première occasion. Son esprit se mit à la torture ; nous en étions à nous demander ce qu'il méditait : un beau jour il éclata. Les domestiques entre eux se moquaient de lui. Son Altesse royale l'ayant gardé à dîner, celui qui le servait s'appliqua à lui enlever son assiette presque aussitôt qu'on l'avait servi, de manière à ne lui rien laisser manger entièrement ; à peine lui permettait-il de goûter chaque chose. Impatient de ce manége, l'Émile saisit le moment de lui donner un coup sur la main avec le manche de son couteau. On se récria sur cette hardiesse à la table de Son Altesse royale.

— *Ce n'est rien*, madame, répondit-il en employant le même ton que le marquis, c'est pour lui donner une leçon de lecture, et lui apprendre à distinguer les *L* des *O* (les ailes des os).

On partit d'un éclat de rire homérique. L'enfant de la nature en fut si fier et si content qu'il se mit à nous assassiner de calembours, de pointes, et devint enfin si insupportable qu'on fut obligé de le congédier.

Il nous arriva à Étupes, sous les auspices de M. Tronchin, un jeune homme doué d'un grand talent pour les découpures. Il était élève du fameux Huber de Genève, et a fait de charmants portraits qui ont tous le mérite d'une ressemblance extraordinaire. Chacun a voulu poser, et tout le monde a été satisfait.

Madame la princesse de Montbéliard donna à ce jeune homme une lettre pour madame la grande-duchesse Marie; il se rendait en Russie, et il gagna beaucoup d'argent à la cour.

Nous avons parlé avec cet artiste de son maître Huber et de sa famille. M. Huber, doué d'une facilité extraordinaire, a appris la peinture tout seul. Il avait surtout le talent de découper des portraits, et faisait ainsi des tableaux d'une exécution étonnante. Sa réputation s'étendit dans toute l'Europe. Protégé par Voltaire, il avait découpé son portrait si souvent, qu'il le faisait avec les mains derrière le dos, sans ciseaux, et avec une carte qu'il déchirait seulement. Les vingt dernières années de sa vie se passèrent chez M. de Voltaire à faire des tableaux à l'huile assez mauvais, dit-on [1].

Son fils, qui avait alors environ trente-cinq ans, est aveugle, ce qui l'a empêché de faire comme son père,

---

[1] « Le chevalier Huber est cité dans les mémoires de Grimm, de Marmontel, de Matthison et de madame Necker, comme un homme d'un esprit très-supérieur. Le comte Joseph de Maistre, ami intime de sa veuve, lui parle dans ses lettres publiées récemment de son mari, *de charmante mémoire*, comme d'un des hommes les plus aimables de son temps. Aide de camp et ami du prince Frédéric, depuis Landgrave de Hesse-Cassel il entra plus tard au service de Piémont où il se distingua dans la campagne contre les Espagnols. Doué d'un talent naturel singulier pour les arts, possesseur d'une belle fortune, M. Huber, qui vécut vingt ans dans l'intimité de Voltaire, paraît avoir été son ami, mais non son protégé ou son commensal. »

mais ce qui ne l'empêche pas d'être un naturaliste distingué. Il a composé un traité sur les abeilles, véritable chef-d'œuvre [1].

Pour en revenir à 1786 et à Étupes, nous y recevions souvent des nouvelles de madame la grande-duchesse. L'impératrice Catherine, dont elle nous parlait beaucoup, rendit à cette époque un ukase fort extraordinaire. Il divise en six classes l'ordre de la noblesse, et les deux premières renferment les nobles par diplômes, c'est-à-dire les nouveaux, tandis que la noblesse ancienne se trouve reléguée dans la sixième. Quelque peu illustre que soit l'ancienne noblesse de Russie, c'est renverser toutes les idées reçues, et recommencer l'histoire de l'empire sur nouveaux frais. Il n'en est pas ainsi en France, où dans l'opinion un vieux nom vaut mieux que le titre le plus élevé, s'il est nouveau.

Catherine dirige elle-même l'éducation de ses petits-fils ; elle a même composé divers essais de morale et abrégés d'histoire à leur usage. Le prince Constantin a auprès de lui, depuis son enfance, une femme grecque et un valet de chambre grec, afin d'apprendre cette langue, qu'il possède maintenant parfaitement, dit-on, et qu'il parle avec une grande facilité. Son nom, son éducation et les projets de son aïeule semblent le destiner à l'empire d'Orient. Quant aux princesses, c'est madame de Lieven qui est chargée de leur éducation. Il était difficile de choisir une personne de plus de mérite et d'esprit.

Le grand-duc et la grande-duchesse doivent passer

---

[1] Il se trouve dans la première édition de ces mémoires, un épisode relatif à un parent de M. Huber. Cette anecdote *vraie* quant au fond, ne le serait pas dans certains détails, blessants pour les personnes mises en scène ; nous croyons donc devoir la supprimer.

l'automne à Gatschina, campagne située à vingt werstes de Czarskozelo. Cette résidence a été bâtie par Grégoire Orloff.

Quant à Peterhoff (la cour de Pierre), c'est un château situé sur une colline qui borde la Newa, entre Pétersbourg et Oranienbaum, château bâti par Menzikoff et qu'affectionnait Pierre III. Le palais, qui est superbe, est entouré de bois et de charmantes maisons de campagne appartenant aux seigneurs russes.

Le comte de Ségur était notre ambassadeur près de la czarine, à la grande joie de madame la comtesse du Nord. Son esprit, son amabilité, ses charmantes et grandes manières, étaient l'objet de l'admiration générale. La princesse les appréciait infiniment et recherchait sa conversation. Quant à la czarine, on sait combien elle aimait tous les plaisirs de l'intelligence, et on connaît la vivacité de la sienne. Elle causait mieux que personne et elle attirait les causeurs ; il suffit de nommer le prince de Ligne pour donner une idée des charmes de cette cour, où se trouvaient des grands seigneurs d'un grand mérite. Si Catherine a des défauts, si elle a commis des fautes, on ne peut méconnaître sa grandeur ; elle est bien véritablement la Sémiramis du Nord.

Un grand scandale venait d'avoir lieu à Versailles. L'affaire du collier éclatait avec toutes ses conséquences. Le malheureux cardinal de Rohan, entraîné par les intrigues qui l'entouraient, par son Cagliostro, une madame de la Mothe-Valois, et d'autres encore, avait compromis le nom sacré de la reine, et le sien encore davantage, si c'est possible. Je n'entrerai ici dans aucun des détails d'une procédure que j'ignore ; ce qui est seulement évident pour moi c'est que la reine est innocente, c'est qu'elle n'a jamais prêté en rien aux calomnies qui l'ont accablée. Je le tiens des personnes qui la connaissent le mieux. Elle fut toujours victime de ses bonnes intentions et des apparences ; il en est encore de même aujourd'hui, il en sera toujours ainsi, je le crains. C'est une de ces étoiles dont l'éclat, toujours voilé pour la terre, n'est visible que pour Dieu.

L'intendant d'Alsace reçut l'ordre de mettre les scellés sur les papiers du cardinal. On fit la visite de son palais sans y rien trouver. Un heiducque dévoué à Son Excellence corps et âme était arrivé trois heures avant l'estafette de la cour, et il a brûlé, dit-on, beaucoup de papiers. Il fut arrêté, interrogé inutilement, relâché ensuite, et il repassa immédiatement le Rhin.

Le lendemain de la visite au palais épiscopal de Strasbourg, on alla à Saverne en faire autant ; on obtint le même résultat, c'est-à-dire qu'on ne trouva rien. Le pauvre cardinal dut se rappeler, lorsque le masque de ses vils amis leur fut arraché, ce que je lui avais dit et prédit. Il n'est pourtant pas désabusé entièrement à ce qu'on assure. Ce Cagliostro l'a ensorcelé. On s'occupa fort en Alsace de toute cette histoire. Le cardinal y était assez aimé, bien qu'on ne le respectât pas autant que sa dignité l'aurait voulu. L'abbé Georgel, son grand vicaire et son confident, avait bien plus de tenue, et imposait infiniment plus que lui.

Il y a des existences marquées par la Providence au coin de la bizarrerie et de l'extraordinaire ; des existences qui semblent devoir couler sans trouble ni obstacle, et qui se dérangent un beau jour de leur voie toute tracée sans que rien puisse les y ramener jamais. Le cardinal en est un exemple, et nous reçûmes à Montbéliard la visite d'une femme qui en est un autre tout aussi frappant. Lady Craven nous arriva avec une lettre de recommandation du margrave d'Anspach, cousin germain de la princesse et fils d'une sœur du grand Frédéric, comme Son Altesse royale. Cette visite nous plut et nous préoccupa fort. Le margrave de Bareuth et d'Anspach était un homme très-original ; l'Europe entière retentit de ses folies et des impossibilités dont sa vie fut pleine. Il ne connaissait pas de frein dans ses caprices, et établit à sa cour mademoiselle Clairon, qui y resta dix-sept ans comme amie, comme maîtresse, je ne sais, mais assurément comme première puissance [1].

Lady Craven est fille du comte de Berkeley ; elle était séparée de lord Craven qu'elle épousa à l'âge de dix-sept ans ; elle en avait à peu près trente-cinq lorsque je la vis. Divorcée après quatorze ans de mariage et avec sept enfants, elle n'en tenait pas moins son rang dans le monde à force de hardiesse, d'aplomb et d'esprit. Sans être précisément jolie, c'était une femme piquante et agréable. Ses cheveux châtain foncé étaient superbes, ses yeux magnifiques, sa peau blanche et fine était seulement marquée de taches de rousseur et se colorait à la moindre impression. C'est une personne du commerce le plus doux et le plus agréable, gaie, insouciante, sans le moindre pédantisme ; son intimité est délicieuse.

Sa passion dominante est la comédie, qu'elle joue admirablement ; elle a fini par communiquer cette passion au margrave, et maintenant un théâtre est installé dans son palais. Lady Craven nous donna un échantillon de son talent par quelques scènes qu'elle

---

[1] Dès 1779, aux conférences de Teschen, le margrave d'Anspach et Bareuth, dominé par mademoiselle Clairon, et préférant sa liberté et ses plaisirs aux devoirs de la souveraineté, avait fait à Frédéric II la cession de ses deux magraviats en échange d'une pension annuelle de douze cent mille livres.

CHAPITRE XXIX.

récita les soirs. Nous en fûmes enchantés. Madame la princesse Louis lut quelquefois les répliques, et s'en acquitta de manière à satisfaire les juges les plus difficiles.

La conversation de lady Craven était aussi amusante que ses talents. Elle racontait comme M. de Voltaire. Les originalités de lord Craven lui fournirent plusieurs chapitres fort drôles. Une des manies de celui-ci, et la plus singulière, était de ne pouvoir rester trois jours de suite au même endroit sans y tomber malade, croyait-il, et le changement d'air était perpétuellement nécessaire à sa santé.

Un créancier le poursuivit deux ans durant, sans pouvoir mettre la main sur lui. Ce créancier mangea trois fois sa créance en voyages, et comme Sa Seigneurie ne disait jamais où elle allait, le pauvre homme arrivait toujours un mois après son départ, obligé de se remettre en course pour le chercher de nouveau. Les Anglais ont des manies bien étranges et qu'il est impossible d'expliquer.

Mais ce que lady Craven racontait de la manière la plus triomphante, c'était son arrivée chez le margrave, ses rapports avec mademoiselle Clairon, les jalousies et les extravagances de celle-ci, lorsqu'elle se vit supplantée. D'abord lady Craven, débarquant en simple voyageuse, sans projets, sans idée de se fixer à cette cour, trouva chez la princesse de théâtre une bienveillance complète, et d'autant plus facile à concevoir qu'elle voyait en elle une admiratrice de son talent. Elle s'engoua de lady Craven, lui fit ses confidences, lui parla de l'insuffisance du margrave qui, disait-elle, avait plus d'originalité que d'esprit. La belle Anglaise prit part à ses peines, chapitra le prince, qui s'excusa fort et se prétendit avec raison le meilleur de tous les amis possibles. Il donnait tout ce qu'on peut donner, et nulle part on n'eût trouvé aussi extravagante obligeance.

La vie de mademoiselle Clairon chez son ami ne ressemblait à aucune autre. Ni l'impératrice de Russie ni celle d'Allemagne n'avaient autant de caprices. C'était sans cesse à recommencer; à peine un d'eux était-il satisfait, qu'il s'en présentait six autres et toujours tragiquement, toujours avec un étalage et des gestes à remplir un théâtre.

— Je crois que le bonnet de nuit de mademoiselle Clairon est une couronne de papier doré, disait lady Craven.

La confidente commença par remplir son rôle en conscience, puis elle se permit de rire des alexandrins qu'elle devait reporter, puis elle essaya d'en faire rire le margrave, et dès que celui-ci eut ri une seule fois, et découvert que la chose était comique, il se mit à en rire toujours. Lady Craven lui devint indispensable. Sa simplicité de grande dame contrastait tellement avec les airs impériaux de la comédienne! Celle-ci s'en aperçut, et essaya les scènes les plus touchantes de son répertoire.

Un jour même elle parla de se tuer. Le bon margrave s'en émut.

— Allons donc, monseigneur, lui dit milady, oubliez-vous que ses poignards rentrent tous dans le manche.

L'effet manqua; mademoiselle Clairon n'était point accoutumée à ces déconvenues, elle essaya d'une autre manière. Elle voulait jouer *Ariane* sur le théâtre de la cour, on ne le lui refusa point. Tout alla bien jusqu'au moment où l'infidèle Thésée se retire sans répondre une parole et où l'actrice prononce ces mots couronnés, pour elle, par tant d'applaudissements :

Il sort, Nérine !

Elle tomba, à ce moment, dans les bras de Nérine en jetant un cri et en murmurant :
— Je souffre trop, je ne puis continuer.

Il fallut l'emporter, on baissa la toile, il n'y eut pas moyen de finir la tragédie. Ariane la jouait dans son appartement au pauvre margrave, qui pleurait presque ; lady Craven s'en aperçut, et répondit ainsi par un vers tragique :

Vous êtes empereur, seigneur, et vous pleurez !

A dater de ce moment ce fut une guerre ouverte et sourde ; ce furent des ruses et des fureurs, des cris ou des sanglots étouffés. Lady Craven n'en fit que rire ; elle amusa le prince, ce qui est toujours le meilleur secret pour réussir ; elle joua la comédie sur le théâtre et dans le salon. Ses joues roses, son sourire de perles, sa bonne humeur, rendaient insupportables les prétentions et les serpents de Cléopâtre. Après trois ans de lutte, mademoiselle Clairon quitta la place. Elle ne partit point naturellement comme une autre ; elle lâcha les imprécations de Camille contre sa rivale, à quoi celle-ci répondit en se drapant à son tour :

Elle fuit, mais en Parthe, en me perçant le cœur.

Lady Craven racontait et mimait tout cela à mourir de rire. La princesse la retint le plus longtemps possible, et quand elle nous quitta ce fut un concert de regrets qui l'accompagna bien loin. L'esprit est un don si charmant de la nature, il fait pardonner tant de choses ! Rien n'est plus vrai que ce proverbe : Il y a manière de tout dire et de tout faire.

— Ah ! nous disait lady Craven la veille de son départ, quand nous nous étonnions qu'elle sût ainsi tenir tête à une reine tragique, j'avais appris Corneille, Racine, Voltaire par cœur; elle n'eût jamais pu me faire rester court; j'avais toujours une réplique toute prête, et je connaissais les plus fortes.

On assure que le margrave finira par l'épouser. Ils n'attendent tous deux, l'un que la mort de sa femme, qui est toujours mourante, l'autre celle de son mari, qui ne vaut guère mieux.

Lady Craven nous quitta pour aller à Francfort où une foule de princes allemands étaient alors réunis. M. Blanchard s'y était rendu et y effectua avec bonheur son quinzième voyage aérien. Il fut ensuite conduit en triomphe chez l'ambassadeur de Russie, le comte de Romanzoff, où il devait souper. Le peuple détela ses chevaux, et mena son carrosse; on couronna son buste au spectacle; enfin il reçut les honneurs les plus extraordinaires.

Il avait échoué dans un essai fait le 5 octobre, où le prince de Hesse-Darmstadt devait l'accompagner avec un officier de sa suite.

Au mois de novembre, j'allais retourner à Strasbourg lorsque j'en fus empêchée par une bien triste raison. Un grand malheur frappa la famille de Wurtemberg: la princesse de Holstein, femme du coadjuteur de l'évêque de Lubeck, fille du prince et de la princesse de Montbéliard, mourut à Oldenbourg; elle avait vingt ans. C'était une charmante femme, bonne, douce, spirituelle, jolie. Quelle douleur pour sa mère, si heureuse jusque-là dans ses enfants! Mariée depuis quatre ans seulement, elle jouissait d'un bonheur parfait. Son mari resta inconsolable ; il vécut néanmoins pour ses deux fils, l'un, Paul, âgé de deux ans, et l'autre, Pierre, âgé d'un an à peine. Ce fut un deuil général. Quant à moi, j'aimais extrêmement cette pauvre chère princesse Frédérique : je restai près de sa mère pour mêler mes larmes aux siennes, et tâcher d'adoucir l'amertume de sa douleur.

Madame la princesse de Montbéliard connaissant mon dévouement pour cette jeune princesse, et l'amitié qu'elle me témoignait, me donna pour souvenir un des tableaux en découpure faits par l'artiste de Genève. Il représente la princesse assise devant une table et jouant avec son chien. Elle occupe la droite du tableau et a derrière elle son mari, le duc de Holstein ; à la gauche se trouve assise madame la princesse de Montbéliard sa mère, et, au milieu, le prince Ferdinand, son cinquième fils, âgé de vingt et un ans. Tout cela est d'une ressemblance parfaite et sera gardé précieusement toute ma vie.

Après un mois passé près de la pauvre mère, il fallut pourtant revenir à Strasbourg. L'année commença mal par la mort de Casimir de Rathsamhausen, prince abbé des chapitres nobles réunis de Murbach et de Lure. Il mourut juste le 1ᵉʳ janvier à Guebwiller, en odeur de sainteté parmi les catholiques ; il le méritait par ses vertus et sa bonté [1]. Ce fut encore un chagrin pour le prince de Montbéliard qui l'aimait beaucoup. M. d'Andlau, abbé commendataire de Lure,

---

[1] Né en 1698, il succéda en 1756 à l'abbé de Ventadour, depuis cardinal de Soubise, comme prince-abbé de Murbach et de Lure. Le pape Clément XIV ayant accordé à ces deux maisons des bulles de sécularisation il vit à son grand regret ses nobles et austères moines se transformer en chanoines fastueux.

était aussi fort malade. Ce bénéfice de dix mille livres de rentes éveillait bien des ambitions.

Je reçus une lettre de madame la grande-duchesse au commencement de l'année, toute pleine de plaintes et de chagrin. Elle regrettait d'abord excessivement sa sœur, puis elle avait des ennuis et des désagréments de famille très-graves et très-pénibles. J'ai dit que Catherine II voulait diriger elle-même l'éducation des deux jeunes grands-ducs Alexandre et Constantin. Elle se mit même à écrire pour leur instruction. Jusque-là les parents n'eurent que de la reconnaissance à lui témoigner. Une femme grand homme peut former un souverain ; mais elle avait résolu d'emmener ses petits-fils dans le voyage qu'elle fit en Crimée. Le grand-duc Paul résista tant qu'il put, ce qui a fort mécontenté l'impératrice, et a donné lieu à de vives discussions auxquelles la grande-duchesse Marie fut forcée de prendre part, à son très-vif regret. Enfin ses enfants prirent la petite vérole volante, et Catherine fut obligée par là de les laisser à leur mère.

Un autre chagrin qu'eut ma princesse vint mettre le comble à mes tourments. Elle aimait tendrement son frère aîné, le prince Frédéric de Wurtemberg. Il quitta le service de Prusse, et vint s'établir en Russie avec sa femme, la princesse Auguste de Brunswick [1]. Il était lieutenant-général au service de la czarine et demeurait avec la grande-duchesse sa sœur. Celle-ci, bonne, parfaite, comme on le sait, témoigna une vive affection à sa belle-sœur, dont, malgré cela, elle n'a jamais pu acquérir la confiance. Elle le lui prouva d'une manière affligeante, et dont la grande-duchesse fut à bon droit très-blessée.

---

[1] Fille du célèbre duc de ce nom.

La princesse Auguste, qui était fort belle et joignait à des traits remarquables une physionomie spirituelle, avait quelquefois un peu de coquetterie et d'inconséquence, chose assez excusable à son âge. Le duc fut souvent dans le cas de lui donner des conseils et des avertissements, devoir et droit d'un mari qui tient à l'honneur de sa femme. Elle les prit fort mal, lui en fit des reproches, et finit par le pousser à bout. Le prince se fâche pourtant difficilement, mais une fois qu'il est en colère, c'est avec une grande violence. A la suite d'une scène, un jour que la cour était réunie à l'Ermitage, à un spectacle que donnait l'impératrice, au moment où tout le monde allait se retirer, la duchesse de Wurtemberg se jeta aux pieds de Sa Majesté en implorant sa protection contre les violences de son mari, déclarant qu'il lui était impossible de supporter plus longtemps ses traitements affreux, qui dégénéreraient certainement en tyrannie positive dès qu'il ne serait plus contenu par la présence de l'impératrice.

On peut juger de l'effet que produisit une pareille scène sur les spectateurs, et en particulier sur le grand-duc et la grande-duchesse, aussi étonnés, aussi stupéfaits que blessés d'avoir ignoré un pareil éclat, qu'ils auraient tâché de prévenir par tous les moyens possibles.

Ce qu'il y eut plus fâcheux, c'est que Catherine fut si bien circonvenue par la duchesse et ses adhérents, qu'elle lui donna à peu près raison et la fit rester près d'elle à l'Ermitage. La duchesse Auguste a de l'esprit, de l'adresse, tout ce qu'il faut pour réussir près d'une souveraine dont la volonté est une loi, mais qui se laisse parfaitement séduire lorsqu'on lui plaît. Madame la princesse de Montbéliard sentit vivement l'inquiétude et la blessure de ses enfants, et sa douleur ne se calma pas par ce redoublement. Elle m'en écrivit des lettres fort affligées.

CHAPITRE XXX

Départ pour Paris. — Mort et deuil du duc d'Orléans. — Les abbés de Saint-Phar et de Saint-Albin. — Madame de Lambert. — MM. de Puységur. — Mot de la duchesse de Bourbon. — La bonne aventure. — Séance de magnétisme. — La somnambule et le comte d'Aranda. — La belle juive. — Madame de Longuejoue. — Le duc de Chartres devenu duc d'Orléans. — Concerts spirituels. — Mademoiselle Candeille. — Dîner avec Mademoiselle, fille du duc d'Orléans. — La reine réforme sa toilette. — *Dardanus*, scène fâcheuse entre l'acteur Moreau et le public. — Bonté et sensibilité de madame la duchesse de Bourbon. — Je magnétise chez la princesse. — *Richard Cœur-de-lion*. — Vers à Grétry. — La comtesse de Saulx-Tavannes. — *Le Sourd*. — Dîner avec M. le duc d'Enghein. — Michel Golofkine. — Astley. — L'anglomanie. — Le perroquet de madame de La Vallière. — La fête de la princesse. — Le baron de Goltz. — La landgrave de Hesse. — Mot de Rivarol. — Lettre de mademoiselle de La Vallière à son confesseur. — Madame la duchesse de Bourbon.

Nous avions décidé d'aller cet hiver à Paris. Nous allâmes d'abord à Montbéliard passer deux jours avec la princesse, et de là nous nous acheminâmes vers la capitale par Vesoul, Langres, Bar-sur-Aube, Brienne, Arcis-sur-Aube et Provins. Nous arrivâmes à Paris le 29 janvier 1786, qui était un dimanche. Nous descendîmes à l'hôtel de la Chine, rue de Richelieu. M. d'Oberkirch était avec moi ainsi que Marie, ma fille, âgée de neuf ans, sa gouvernante et ma fidèle Schneider, bien entendu. Je vais reprendre, pour mon récit, la forme de journal, elle m'est plus commode et aide mieux mes souvenirs.

CHAPITRE XXX.

Le 30 janvier. — Visite à madame la duchesse de Bourbon, qui voulut bien être enchantée de mon retour, et me retint à dîner avec sa grâce ordinaire. Je la trouvai en deuil de son père, M. le duc d'Orléans, mort en novembre dernier à Sainte-Assise, où il était tombé malade. Quoique brouillé avec son beau-père, M. le duc de Bourbon, sur l'ordre du roi, a été le voir à son lit de mort.

— Monsieur, lui dit ce bon prince, je suis reconnaissant de votre visite, mais je le serais bien davantage si vous me la faisiez avec ma fille.

Il est mort dans les sentiments de la plus grande piété. On l'a regretté dans sa maison ; il faisait du bien. Les abbés de Saint-Albin et de Saint-Phar, ses enfants naturels, l'ont veillé pendant sa maladie, ainsi que madame de Lambert, leur nièce [1]. Ils sont fils de mademoiselle Marquise, célèbre par sa beauté, devenue depuis marquise de Villemomble. Il leur a laissé une belle existence. Madame la duchesse de Chartres et madame la duchesse de Bourbon ont ramené madame de Montesson à Paris, ainsi que l'avait demandé leur père. Madame de Montesson eût bien voulu rester au Palais-Royal, porter la coiffe et tout ce qui s'ensuit, mais je crois l'avoir déjà dit quelque part, le roi le lui fit défendre. Elle s'alla donc jeter au couvent à l'Assomption, où elle prit, dans l'intérieur du cloître, le deuil de princesse. Elle ne sortit jamais, ne pouvant avoir des carrosses drapés, et se contenta des respects des religieuses. Tout cela fit un peu sourire. Pour d'autres personnes, il ne lui en vint guère du moment où son crédit était à bas. On ne l'aimait que bien juste assez pour ne pas la détester.

[1] Madame de Lambert était fille de madame de Brossard, sœur de MM. de Saint-Albin et de Saint-Phar.

M. le duc de Chartres prit le nom de duc d'Orléans, mais il ne remplaça son père, ni près des gens de lettres, que celui-ci protégeait, ni surtout pour les pauvres, auxquels il donnait jusqu'à deux cent cinquante mille francs par an.

Madame la duchesse de Bourbon fut vivement affectée de la mort de son père.

— Il m'aimait, lui, me disait-elle, et qui m'aimera à présent?

Après le dîner nous allâmes chez Sickes, et de là aux Français voir *Alzire* ; il y avait un monde considérable ; nous nous y amusâmes beaucoup.

Le 31 janvier. — Nous allâmes le matin chez madame de Bernhold et chez les dames de madame la duchesse de Bourbon. Cette princesse avait eu l'extrême bonté de me demander à dîner chez moi ce jour-là ; elle y vint de très-bonne heure, pour causer plus longtemps. Elle amenait avec elle MM. de Puységur. L'aîné, le marquis, était alors major d'artillerie avec rang de colonel. Ils sont petits-fils du maréchal ; leur père, lieutenant général, est mort en 1783 d'une goutte remontante.

Le marquis a deux frères : l'un, le comte Maxime, qui jouait la comédie chez madame de Montesson (le marquis jouait également et fort bien, et avait fait représenter quelques années auparavant un opéra comique intitulé *le Trébuchet*).

L'autre, le second des frères, le comte de Chastenay-Puységur, était officier de marine. MM. de Puységur sont très-liés avec madame la duchesse de Bourbon, et vont sans cesse chez elle.

Il y a encore un Puységur ancien colonel de Normandie, depuis maréchal de camp, parent de ces messieurs, et de la branche du Puységur qui est aujourd'hui, au moment où je parle, en 1789, ministre de la guerre [1].

Notre dîner fut charmant. On causa et on rit beaucoup. La princesse eut un joli mot ; on parlait d'une dame chez laquelle on disait un mal affreux de tout le monde.

— Mon Dieu ! que voulez-vous, disait madame la duchesse de Bourbon, on y dîne si mal ! on y mourrait de faim si on n'y mangeait pas un peu son prochain.

Nous allâmes ensuite faire une visite à madame de La Vallière, et de chez elle à l'Opéra, où on donnait *Didon*. J'étais avec M. et madame de Bose ; je les ramenai souper chez moi. Nous nous remîmes à causer longuement, et madame de Bose, qui fait admirablement bien les cartes, me dit ma bonne aventure. Elle fut véritablement étonnante, me racontant des choses qu'il était impossible qu'elle sût. Elle m'annonça pour l'avenir des choses qui se sont réalisées, et d'autres qui ne le sont pas encore et que j'ai la faiblesse de craindre. J'ai un peu de tendance au merveilleux, et les phénomènes du magnétisme confirment encore quelquefois ces idées.

1er février. — A onze heures il y avait une séance de magnétisme chez madame la duchesse de Bourbon. MM. de Puységur devaient y amener plusieurs somnambules et les endormir. De l'aveu même du docteur Mesmer, le marquis de Puységur est plus habile que lui. Après avoir endormi les malades et les avoir jetés dans un somnambulisme complet, il les fait obéir à sa volonté, à ses gestes et au mouvement de la baguette. M. de Chastenay-Puységur, son frère, qui,

---

[1] Branche dite de Rabastens.

comme je l'ai dit, sert dans la marine, a le même succès, tellement qu'on le regarde comme un personnage surnaturel. Ces messieurs obtiennent, des sujets qu'ils endorment, non-seulement la connaissance du présent dans des lieux éloignés, mais encore la prescience de l'avenir. D'autres fois ils mettent, en le magnétisant, un homme en rapport avec une fille en état de somnambulisme. Alors celle-ci exécute ses pensées et le suit partout. Cela ne dure que pendant le sommeil magnétique, et la somnambule ne se souvient de rien. Une fois éveillée, elle reste parfaitement indifférente pour celui avec lequel elle a été mise en rapport.

Ce fut ce qui arriva ce matin-là. M. de Puységur mit en rapport une de ses somnambules avec un jeune secrétaire de l'ambassade d'Espagne; ils ne s'étaient jamais vus. A peine cette fille, assez laide du reste, lui eut-elle touché la main, qu'elle s'illumina spontanément; son visage changea du tout au tout et prit une expression véritablement extraordinaire. Elle se leva avec une grâce pleine à la fois de modestie et de passion, et s'approcha du jeune homme auquel elle dit en baissant la tête :

— Je vois votre pensée. Vous avez accepté d'être mis en rapport avec moi, pour obéir à Son Altesse, mais vous n'en aviez aucun désir ; vous craigniez que ce contact passager de nos deux âmes ne laissât une trace dans la vôtre ou dans la mienne. Je ne suis point jolie, et c'est désagréable l'amour d'une laide. Soyez tranquille, je ne vous plairai jamais et vous ne me plairez plus à mon réveil.

Le jeune homme rit en nous regardant.

— C'est là ma pensée, dit-il. En souffrez-vous ?

— Oui, en ce moment.

— Et qu'est-ce que je pense encore ?

CHAPITRE XXX.

— Oh! vous pensez à une femme que je vois bien loin d'ici; elle est dans une chambre peinte et ornée à jour, elle porte un costume que je n'ai jamais vu à personne. Oui, de larges pantalons, les jambes nues, avec des mules brodées en or, une robe de gaze, un long voile sur un bonnet très-haut, en argent découpé, qui fait comme la coiffe des femmes du pays de Caux. Tout cela est bien riche et cette femme est bien belle.

Le secrétaire d'ambassade, un comte d'Aranda, autant que je puis me souvenir, était pâle et tremblant; il ne trouvait pas une parole.

— Est-ce vrai? demanda M. de Puységur.

— Oh! comment peut-elle savoir cela? murmura-t-il.

— Voulez-vous qu'elle se taise ou qu'elle continue?

— Qu'elle continue, répliqua-t-il vivement. Pouvez-vous lire dans la pensée de cette femme?

— Oui.

— Qu'y voyez-vous? m'aime-t-elle?

— Non, dit la jeune fille, en secouant tristement la tête.

— Elle ne m'aime pas! En aime-t-elle un autre? Est-elle seule?

— Elle est seule, pas depuis longtemps, pas pour longtemps. Écoutez ce que je vais vous dire, retenez-le et faites-en votre profit, monsieur le comte. Il est fort heureux que vous m'ayez interrogée; vous étiez perdu sans cela. Vous avez écrit à cette femme.

— Oui.

— La lettre est dans un petit sac brodé qu'elle porte à sa ceinture; elle l'a reçue ce matin.

— Pouvez-vous la lire?

— C'est difficile ; cela me fatiguera bien.

— Lisez-la, je le veux, interrompit M. de Puységur en la chargeant de fluide.

— Oh ! que vous me faites mal ! vous me brisez la tête et le cœur.

— Lisez.

— Je vois, je vois. Vous êtes bien fou, monsieur le comte, vous promettez à cette femme d'aller l'épouser, de l'enlever dans six mois, dès que vous aurez atteint vos vingt-cinq ans. Oh ! mon Dieu, oh ! mon Dieu, cette femme est une juive !

Ce mot produisit un effet que je ne puis rendre sur les assistants ; nous étions à peu près une demi-douzaine. Le diplomate devenait de plus en plus pâle, et son émotion était visible.

— Monsieur le comte, demanda encore M. de Puységur d'un ton sérieux, doit-elle continuer ?

— Oui, oui, je préfère tout savoir. Si cette femme ne m'aime pas, qui aime-t-elle ?

— Un homme de sa nation, un misérable, un voleur.

La sueur froide nous prit à tous.

— Oui, on compte vous attirer lorsque vous reviendrez, vous faire signer je ne sais quels papiers, pour vous laisser libre, et si vous refusez... prenez garde.

Le son de voix de cette somnambule avait, je vous assure, quelque chose de surnaturel en ce moment ; évidemment elle était inspirée.

— Mais cette femme... cette malheureuse... je l'ai fait instruire, baptiser, elle est chrétienne.

— En cela, comme en tout, elle vous a trompé, monsieur. Pure cérémonie, pour vous mieux abuser ; elle est juive de cœur et de pratique.

CHAPITRE XXX.

— Elle ne m'aime pas! répétait ce jeune insensé tout bas.

Cette idée seule le frappait. Ni son danger ni les autres trahisons dont on le menaçait n'arrivaient jusqu'à lui. Il ne pensait qu'à son amour! Pauvre jeune homme! épouser une juive! un gentilhomme des vieux Castillans!

— Ah! mon Dieu, madame, me dit-il après très-simplement, ma mère en serait morte de chagrin, et vous voyez!

Il nous raconta alors ce que personne au monde ne savait que lui, et ce qui par conséquent lui semblait plus étrange encore dans la bouche de la somnambule. Envoyé à Ceuta l'année dernière, il marchait dans les rues de la ville, le lendemain de son arrivée, par une chaleur africaine, et sans songer aux précautions exigées; mourant de soif, il s'arrêta près d'une fontaine pour boire en ôtant le bonnet qu'il avait sur la tête. Le soleil le frappa, une congestion au cerveau s'ensuivit, il tomba comme mort sur la place. Des femmes juives lavaient leur linge à cette fontaine, une d'elles demeurait tout près de là; la richesse des vêtements de l'étranger leur fit espérer un bon salaire. Elles étaient seules à cette heure, où personne dans ces pays n'ose affronter les rayons du soleil. Elles l'emportèrent chez leur compagne, employèrent leur science en médecine, et elles en ont beaucoup, à le soigner, à le faire revenir; il reprit connaissance. La belle juive lui versa un certain breuvage dont la fraîcheur et le goût lui parurent délicieux, et il s'endormit. A son réveil il se sentit tout à fait remis, mais il se sentit aussi un nouveau sentiment dans le cœur, un amour fou, extravagant, pour son hôtesse, une de ces passions qui n'ont ni frein ni bornes. Dès lors il ne la quitta plus, que le temps nécessaire aux devoirs de sa mission, il devint son esclave, elle lui résista, se fit vertueuse; il lui promit de lui donner son nom si elle acceptait le baptême. Elle consentit, et lorsqu'il fut rappelé, lorsqu'il fallut se séparer d'elle, ce fut en lui jurant qu'aussitôt ses vingt-cinq ans accomplis, il reviendrait et l'emmènerait triomphante dans ses terres, dans ses ambassades, qu'il en ferait une grande dame enfin. On sait le reste.

La somnambule le sauva à ce qu'il paraît réellement; il fit prendre des informations; tout était vrai. Il est venu remercier M. de Puységur qui me le dit à Strasbourg lorsque je l'y retrouvai. Cette histoire me frappa beaucoup, mais elle n'est pas la seule extraordinaire que j'aurai occasion de raconter pendant le cours de magnétisme que nous suivîmes pour ainsi dire, cet hiver-là, avec madame la duchesse de Bourbon.

Je voulus faire une visite dans son appartement à madame de Longuejoue, une des dames de madame la duchesse de Bourbon, fort bonne et fort spirituelle. Elle ne croyait point au magnétisme, et lorsque nous revînmes dîner chez la princesse, nous nous disputions encore [1]. Il y avait à ce dîner M. le duc d'Orléans et madame la princesse, sa femme, avec deux de ses dames [2]. M. le duc d'Orléans essaya de nier le somnambulisme, la princesse sa sœur lui demanda d'assister à une séance; il le promit, et nous en prîmes note. Le prince est peu agréable; il a quelque chose

[1] Madame de Longuejoue n'a jamais quitté madame la duchesse de Bourbon, et était avec cette princesse dans ses derniers moments. Elle est morte il y a peu d'années.

[2] Madame la duchesse d'Orléans a une dame d'honneur et quatre dames pour accompagner. L'une d'elles est madame de Blot, dont on a tant parlé, et dont les caprices sont si célèbres.

de brusque et de décidé qui déplaît. Il ne fait point l'effet d'un prince du sang, d'un petit-fils de Louis XIV, je ne sais pourquoi. On parla beaucoup des nouvelles modes, et de la manière vraiment indécente dont les femmes se décolletaient.

— Ah! bah, dit M. le duc d'Orléans, je trouve cela fort joli; il n'y a que le nu qui habille.

— Mon frère, demanda la princesse, avez-vous entendu dire que la vieille duchesse de M*** soit assez folle pour chercher des amants dans la bourgeoisie? Elle n'en trouvera point, et en sera pour sa courte honte.

— Vous vous trompez, madame, une duchesse a toujours trente ans pour un bourgeois.

Madame la duchesse de Bourbon parla ensuite longuement du prince son père; elle l'aimait et le regrettait fort. M. le duc de Chartres se montra beaucoup moins expansif. Cependant feu M. le duc d'Orléans avait d'excellentes qualités; il était lourd, gourmand, timide, mais il était bon. Les femmes eurent trop d'empire sur lui, surtout madame de Montesson qui le conduisait, on le sait, jusqu'à la domination. Le prince son fils fit, sur sa *belle-mère*, qu'il ne pouvait souffrir, des plaisanteries qui me parurent de mauvais goût. Les deux princesses se turent et nous imitâmes leur silence.

Le 2 février, madame la duchesse de Bourbon nous fit l'honneur de dîner à notre *auberge*, et de nous permettre de la suivre au concert spirituel. Je n'en fus pas très-charmée. L'orchestre de ces concerts entendait bien la symphonie, mais il était impossible de distinguer les paroles. Il semblait que les voix fussent l'accessoire et les instruments le principal. Cette musique était trop bruyante, trop confuse, et les chanteurs ne savaient pas filer les sons.

Ces concerts spirituels remplacent l'Opéra, qu'on

ferme le vendredi saint, à Pâques, à Noël et à la Pentecôte. Ce sont les mêmes virtuoses et le même orchestre, seulement ils sont en habit de ville, et non de théâtre. Les motets ont un grand succès et sont fort applaudis. On chante le *De profundis* et le *Miserere* à grands chœurs; cela me déplaît. Nos oreilles protestantes ne se font point à entendre psalmodier des histrions. Les catholiques y sont si bien habitués que les abbés mêmes s'y rendent en foule et ostensiblement. Parmi les morceaux les plus remarquables se trouvait un duo, chanté avec beaucoup d'ensemble par deux actrices de la Comédie italienne, mesdemoiselles Renaud. Les honneurs de la soirée ont été pour mademoiselle Candeille, magnifique personne, aussi agréable à voir qu'à entendre. Ma princesse eut l'amabilité de me faire reconduire chez moi, où M. d'Oberkirch m'attendait pour souper.

3 février. — Nous fîmes un charmant dîner chez Son Altesse royale avec Mademoiselle, fille de M. le duc d'Orléans. Cette enfant n'est pas jolie; elle le deviendra à ce que prédisent les courtisans; je crois, au contraire, qu'elle le sera moins en grandissant. Elle a un air décidé et masculin qui ne me plaît pas dans une jeune fille. Sa gouvernante, ou plutôt son gouverneur, madame de Genlis, en fait un éloge sans bornes. Cette jeune princesse est en effet fort intelligente et fait espérer de grands talents. Son caractère est peu facile, dominant et sans grâces; c'est du moins ce que me dit son auguste tante, car je n'ai guère eu l'occasion de la juger par moi-même.

L'événement du jour était la déclaration faite par la reine de grandes réformes dans sa toilette. Sa Majesté a mis bien des amours-propres en émoi. Voilà les femmes de trente ans obligées d'abdiquer, comme elle, les plumes, les fleurs et la couleur rose, la reine ayant signifié qu'elle n'en porterait plus, que c'était ridicule à son âge. On aurait volontiers supprimé tous les actes de naissance. Madame la duchesse de Bourbon se moqua avec beaucoup de finesse des prétentions et des prétentieuses, et, comme on parlait de madame de Blot qui donne les modes et les exagère toutes :

— Les femmes d'ordinaire s'habillent comme la veille, dit la princesse, mais madame de Blot s'habille toujours comme le lendemain.

Il est impossible d'avoir l'esprit plus fin que madame la duchesse de Bourbon; elle a un tact d'observation très-rare, mais elle se garde de montrer tout ce qu'elle voit, ailleurs que dans son intimité. On la craint assez cependant à la cour. J'avais eu l'honneur de lui présenter chez moi madame d'Aumont, femme de M. d'Aumont qui commande le génie à Strasbourg. Après une entrevue de cinq minutes, la princesse avait déjà deviné une femme d'un charmant esprit et d'une instruction étendue.

Ces d'Aumont prétendent être d'une branche cadette et déjà éloignée des ducs d'Aumont. Ils ne portent pas de titre, et on assure qu'ils pourraient bien en venir du côté gauche. En tout cas, ils sont de parfaite compagnie.

La princesse m'emmena le soir à l'Opéra; on y donnait *Dardanus*, opéra de Rameau retouché par Sacchini, mis en quatre actes, puis en trois, et sous cette nouvelle forme soutenu aussi par des ballets. La pièce a une recrudescence. La soirée de ce jour-là fut orageuse. Le sieur Moreau, que le public n'aimait pas et qui remplaçait un autre chanteur [1], a été tellement

---

[1] Il remplaçait dans le rôle d'Isménor le sieur Chéron qui s'était dit malade.

troublé des murmures et des marques de mécontentement qu'il a reçues, qu'il s'est avancé vers le parterre et lui a fait quelques reproches honnêtes, arrachés par le chagrin, et qui n'avaient cependant rien que de très-respectueux. Il a terminé par ces mots :

— J'irai en prison, mais vous m'arrachez ces paroles.

J'ai été émue jusqu'aux larmes de la douleur de ce pauvre homme. Madame la duchesse de Bourbon, qui éprouvait le même sentiment et entraînée par son extrême bonté, s'est écriée tout haut :

— Non, non, pas de prison.

Ces mots ont rappelé le public à la justice. On a applaudi la princesse d'abord, puis Moreau, qui, électrisé par ces encouragements tardifs, a chanté comme un ange. Madame la duchesse de Bourbon lui envoya le lendemain une fort belle bague [1].

4 février. — M. de Puységur disait que je suis très-apte à magnétiser et voulut m'en donner une leçon ; en conséquence j'allai chez la princesse, où il vint aussi avec une jeune fille. Nous commençâmes, et presque tout de suite j'obtins des effets. J'endormis cette enfant, mais sans pouvoir la faire parler. J'avoue que cette séance me fatigua beaucoup, et tellement que je n'eus pas envie de recommencer. Après la séance, nous revînmes tous dîner chez moi. Madame la duchesse de Bourbon aime ces parties et cette liberté. A ce dîner fort gai, on rit un peu, je l'avoue, et plus que je ne l'aurais voulu, aux dépens d'un officier au régiment d'Alsace que mon mari m'avait présenté, lequel était

---

[1] Le dimanche suivant, sur les dix heures du matin, M. Moreau fut conduit en prison où il resta jusqu'à une heure après midi et reparut le soir dans le rôle de Nissus de Pénélope où il fût reçu avec transport. Il lui fut donné 150 livres de gratification en sortant de prison.

sourd comme une planche. Nous allâmes à la Comédie italienne voir *Richard Cœur-de-lion*, opéra de M. Sedaine, musique de Grétry. Cette musique est délicieuse ; quant aux paroles, c'est autre chose. Là fable est d'une invraisemblance, d'une naïveté inouïe. Les détails ont été si peu soignés par l'auteur qu'aux premières représentations Richard paraissait avec l'ordre de la Jarretière, qui n'a été créé que bien plus tard. Sedaine, qui était maçon, n'est pas, il est vrai, obligé de savoir cela. Le jour de la première représentation, l'année précédente, M. de La Croix a adressé à M. Grétry les vers que voici :

> Ceux-ci font bien, ceux-là font vite,
> Le plus grand nombre ne fait rien ;
> Mais Grétry seul a le mérite
> De faire beaucoup, vite et bien.

Il y a dans cet opéra une ariette qui fait venir la chair de poule, en vérité : *Une fièvre brûlante !* Les deux premiers actes sont remplis de motifs et de mélodies délicieuses.

Madame la duchesse de Bourbon me permit, après le spectacle, de faire quelques visites pour nous retrouver ensuite. Je voyais toujours beaucoup les d'Autichamp, les Bose ; ce jour-là j'allai chez la comtesse de Saulx-Tavannes, dame du palais de la reine ; son mari était chevalier d'honneur de Sa Majesté, et fut créé duc peu de temps après. Madame de Saulx était mademoiselle de Levis de Châteaumorand. Monsieur son fils était sous-lieutenant au régiment de la Reine inanterie, et marié à mademoiselle de Choiseul-Gouffier.

Nous soupions chez madame la duchesse de Bourbon avec la même compagnie, sauf le pauvre sourd, dont on parla beaucoup. M. d'Oberkirch nous en conta un trait assez drôle. Il l'avait vu à la Comédie française écoutant *Rodogune* et riant aux éclats aux morceaux les plus sérieux. Le parterre le prit pour un fou et voulut le faire sortir. Il n'était pas endurant et n'en cria que de plus belle qu'il avait payé sa place, qu'il s'amusait, qu'il voulait rester, qu'il ne voyait pas pourquoi on voulait l'emmener ; il tira son épée et menaça de s'en servir contre le premier qui l'approcherait; le guet et la garde intervinrent, on s'expliqua, et un plaisant lui écrivit ces mots :

« Monsieur, si vous aimez les bonnes comédies, lisez Molière et restez chez vous. Celle que vous nous donnez ne vaudra jamais *M. de Pourceaugnac.* »

Un autre jour, il dînait en ville. Placé à côté de la maîtresse du logis et croyant parler bas à son voisin, il lui *criait :*

— Je ne sais quelle rage a madame de... de donner à manger ; tout est exécrable chez elle.

Chacun riait ; il se retourna vers la dame et lui fit les compliments les plus fleuris sur l'ordonnance de son dîner, sur son cuisinier et ses gens d'office. On en rit de plus belle, bien entendu.

— Il en est des sourds comme des maris trompés, dit la princesse, ils sont toujours les derniers à s'en apercevoir.

5 février. — Nous fîmes des visites après avoir entendu le service à l'église de la légation danoise. Madame la duchesse de Bourbon nous avait fait l'honneur de nous engager à dîner avec M. le duc d'Enghien. Quel charmant prince ! comme il est beau ! comme il est aimable ! comme il annonce l'héroïsme de sa

CHAPITRE XXX.

grande race ! Madame sa mère en est folle. Elle ne le voit point aussi souvent qu'elle le voudrait et qu'il le voudrait lui-même. Elle le fit beaucoup causer. Il eut pour elle des mots charmants pleins de cœur, et lui montra la tendresse la plus vraie. Parlant du prince son père avec une mesure juste, sans donner de tort à personne, il sut les faire valoir tous les deux. Il avait alors quatorze ans ; c'est un tact bien rare à son âge. Son gouverneur nous conta de lui une foule de traits excellents. Il donne tout ce qu'il a aux pauvres; il se prive pour faire des aumônes, surtout aux vieux soldats et aux familles des anciens serviteurs de sa maison.

Ayant appris que les descendants du valet de chambre favori du grand Condé étaient tombés dans la misère par suite de pertes successives, il les fit chercher et demanda la permission de leur faire une pension sur sa cassette particulière.

— C'est une dette de mon aïeul, dit-il, c'est à moi de l'acquitter envers les enfants de celui qui consacra sa vie aux Condé.

Madame la duchesse de Bourbon ne put retenir ses larmes quand il la quitta après dîner.

— Mon cher enfant, lui dit-elle, aimez bien votre mère quoique vous la voyiez si peu.

— Madame, mon cœur la voit toujours, répondit-il.

J'allai chez des dames russes, entre autres la princesse Galitzin et la comtesse Golowkine. Celle-ci était de la famille de Michel Golowkine, grand chancelier et ministre sous l'impératrice Anne, et qui, sous Élisabeth, fut envoyé en Sibérie où il mourut. La comtesse Golowkine raconta fort agréablement une anecdote sur le prince Potemkin qui a remplacé le prince Orlow dans la faveur de Catherine II. Un jour il montait l'escalier du palais impérial et rencontra Orlow qui le descendait, et, pour lui dire quelque chose et ne pas rester dans un silence embarrassant, il lui demanda :

— Quelle nouvelle y a-t-il à la cour ?

— Aucune, répondit froidement Orlow, excepté que vous montez et que je descends.

Ma princesse me fit demander à ma porte pour aller chez Astley, fameux écuyer anglais. On s'y presse à s'y étouffer. L'anglomanie fait des progrès immenses. On veut être Anglais à tout prix, et cette prétention efface chez nous l'esprit national. J'entendais, quelques jours avant celui-ci, le maréchal de Biron, et quelques autres vieux débris de l'ancienne cour et de la gloire française s'en plaindre amèrement. Ils ont raison. On cherche à oublier le passé pour fonder un avenir nouveau ; on cherche à effacer nos modes, nos usages pour devenir semblables à nos voisins que nous haïssons. C'est bien peu conséquent. M. le duc d'Orléans est le premier à introduire ces nouvelles idées, et malheureusement surtout M. le comte d'Artois y est enclin. Le roi lui en a fait plusieurs fois des reproches affectueux. Son Altesse royale est jeune ; elle se laisse entraîner : c'est assez pardonnable à son âge ; mais dans la position qu'elle occupe tout a de graves conséquences.

Nous faisions ces réflexions chez la duchesse de La Vallière, où j'allai en quittant le cirque. Je la trouvai très-occupée d'un perroquet que lui avait légué une de ses amies et qui refusait obstinément de manger. Il se contentait de débiter les injures les plus inouïes, ce qui n'est guère séant pour un perroquet de duchesse. Je n'ai jamais vu bête plus mal élevée, et cela dans toutes les langues. Il était impossible de n'en pas rire, quelque grand air que l'on voulût prendre. Madame de La Vallière ne parlait de rien moins que de l'envoyer au corps de garde, chez les Suisses, où, disait-elle, il trouverait des élèves dignes de lui.

— Mais, madame, l'amie qui vous l'a légué n'était cependant pas un pandour.

— Non, madame, c'était la femme la plus délicate du monde, toutefois sa maison était un peu cavalière; elle protégeait la maison militaire du roi.

L'explication nous parut concluante et justifiait le nouveau Vert-Vert.

6 février. — C'était la fête de la princesse, nous allâmes au Palais-Royal, acheter une babiole quelconque pour la lui offrir. C'était, je me le rappelle, une écritoire avec des compartiments et des secrets qu'on venait d'inventer. On a achevé de construire, depuis mon dernier voyage, des boutiques en bois formant galerie à la place où l'on doit élever un corps de bâtiment à l'entrée du jardin. M. le duc d'Orléans en a suspendu la construction, toujours sans dire pourquoi, ou avec de mauvaises raisons, comme à l'ordinaire. Ce prince aime l'argent pour le garder ou le mal dépenser; c'est du moins ce que disent tous ceux qui le connaissent.

Madame la duchesse de Bourbon reçut fort bien mon petit présent et lui donna la place d'honneur parmi tous ceux, beaucoup plus beaux, qui lui furent offerts. Nous ne dînâmes point avec elle, ayant invité le baron de Goltz, envoyé de Prusse, et madame de Blair. Nous allâmes voir ensemble *Jérôme Pointu* aux Variétés amusantes. Je ne m'en lasse pas, j'y ai ri cette fois autant que les autres.

7 février. — Nous eûmes la duchesse de La Vallière,

la landgrave de Hesse et les dames russes à déjeuner. Je hais cette mode; les déjeuners sont stupides, on n'a rien à dire et on court après l'esprit.

— Je parie pour l'esprit, disait M. de Rivarol, devant lequel on s'exprimait ainsi, sur le compte de je ne sais quel seigneur.

Madame la landgrave de Hesse-Cassel est sœur de madame la princesse de Montbéliard, et l'une des marraines de ma fille, qu'elle comble de bontés et à laquelle elle apporta de charmants livres. Elle causa beaucoup avec madame de La Vallière de son illustre grand'tante pour laquelle elle a une *dévotion*, c'est son mot. Madame de La Vallière nous en raconta beaucoup de choses que le public ignore et qu'a conservées la tradition de famille. Cette conversation resta gravée dans ma mémoire par mille incidents. Madame de La Vallière nous dit, entre autres, que sœur Louise de la Miséricorde avait porté un cilice plus de trois ans avant d'entrer en religion. La famille possède une lettre d'elle où elle parle à son confesseur de ce cilice que celui-ci reprochait comme contraire à sa santé. Elle nous cita ce fragment qu'elle me montra plus tard et qu'elle me permit de copier. Le voici textuellement :

« Ah ! mon père, ne me grondez pas de ce cilice; c'est bien peu de chose. Il ne mortifie que ma chair, parce qu'elle a péché, mais il n'atteint pas mon âme qui a plus péché encore. Ce n'est pas lui qui me tue, ce n'est pas lui qui m'ôte tout sommeil, tout repos : ce sont mes remords. C'est surtout le lâche désir d'en ajouter d'autres à ceux que j'ai déjà. Et puis ne *les* vois-je pas chaque jour? Mes yeux ne suivent-ils pas *leurs* yeux? Ne suis-je pas assise à côté de ma rivale, tandis que *lui* est à côté d'elle aussi, mais loin de moi? N'ai-je pas vu? N'ai-je pas entendu? Ah! mon père, que Dieu me punisse si je blasphème. Je ne sais ce qu'est l'enfer, mais je ne saurais en imaginer un plus terrible que celui où est mon cœur, où il reste néanmoins, où il se complaît, car ne plus *le* voir serait un autre enfer auquel il ne s'accoutumerait point. »

Une femme est bien à plaindre quand elle aime ainsi.

Madame la duchesse de Bourbon nous avait conviés à dîner, et, contre l'étiquette, elle voulut que j'y conduisisse ma fille, qui partit tout de suite après dîner. Son Altesse sérénissime vint entendre à l'Opéra *Colinette à la cour*. Les paroles sont du même auteur que le *Savetier et le Financier;* la musique est de Grétry. Il y a de jolis ballets, pleins de variété et de mouvement. Cette pièce rappelle un peu *Ninette à la cour*, de Favart, que j'avais vu jouer en 1782.

Madame la duchesse de Bourbon est, de toutes les princesses, celle qui se montre le plus en public; aussi est-elle fort aimée. Elle vit en simple particulière, mettant l'étiquette de côté, autant qu'elle le peut. Elle aime à sortir le matin, incognito, à pied ou en carrosse de place, accompagnée d'une de ses dames; d'ordinaire elle fait des aumônes dans ses courses matinales. Elle va chercher les pauvres dans leurs greniers ; elle s'adresse aux curés des paroisses et même à ses gens pour les découvrir. Il y a dans son cœur une immense place vide par sa séparation si prompte d'avec son mari : elle remplit cette place en faisant du bien.

— J'ai besoin d'être aimée, me disait-elle souvent.

On l'a beaucoup calomniée, et je la respecte trop pour relever ces calomnies. Elle vivait loin de la cour, parce qu'elle y souffrait, parce qu'elle y trouvait des souvenirs pénibles et des réalités plus pénibles encore. Mais son intérieur était calme, sans reproches, semé de bonnes œuvres. Il est si facile d'accuser les femmes ! On prend si peu la peine de les défendre lorsqu'on n'attend rien d'elles ; et cette princesse ne jouissait d'aucun crédit. Je lui rendrai toujours hautement justice. Je suis heureuse et fière de l'intimité dont elle me fit la grâce de m'honorer et je la reconnais pour la digne héritière des vertus, des grandeurs de la race de saint Louis, de celle de nos rois bien-aimés.

CHAPITRE XXXI

Le duc de Normandie. — Nouveaux carrosses. — Amour du vicomte de Wargemont. — Dîner chez madame de Zuckmantel. — Modes. — Le baron de Wurmser. — Mademoiselle Aurore, de l'Opéra. — Vers qu'elle lui adresse après sa chute. — Impromptu de M. d'Albaret. — Mariage du duc régnant de Wurtemberg. — Les Franquemont. — La belle Italienne. — La duchesse de *** et le comte de Périgord. — Une somnambule chez la duchesse de Bourbon. — La marquise de Fleury. — La comtesse Julie de Sérent. — La comédie. — M. de Vaudreuil. — *Annette et Lubin*. — Réception de M. de Guibert à l'Académie. — M. de Saint-Lambert. — M. Ducis. — Mademoiselle Raucourt. — La marquise de Lacroix. — Trait de bonté. — Le margrave d'Anspach déjeune chez moi. — Le comte Diodati. — Le baron de Boden. — Encore le chevalier de Florian et M. de La Harpe. — M. de Castellane. — Causerie.

1786. 8 février. — Nous avions promis depuis longtemps à ma fille de la conduire à Versailles, où d'ailleurs la baronne de Mackau nous avait invités nombre de fois. Nous nous mîmes en chemin par une belle journée, quoique froide ; le baron d'Andlau nous accompagnait. Après dîner, madame de Mackau nous mena chez les enfants de France. M. le Dauphin et M. le duc de Normandie seuls étaient visibles. Je trouvai le premier grandi, mais un peu fort; c'était un joli enfant. Il s'occupait beaucoup d'un nouveau carrosse, qu'il avait essayé le matin même, et dont l'invention est charmante et commode; c'est le premier qu'on voit ainsi. Les panneaux et les peintures, sur les côtés, et devant, sont remplacés par des glaces, et ces glaces sont retenues dans des encadrements de vermeil ornés de saphirs, de rubis et autres pierres précieuses. C'est magnifique et élégant. La reine a fait présent à M. le Dauphin de cette voiture; elle lui donne beaucoup, et, quand on lui en fait l'observation, elle répond en riant :

— Le roi, à sa naissance, n'a-t-il pas augmenté ma cassette de deux cent mille livres? Ce n'est pas pour que je les garde.

M. le duc de Normandie est un gros enfant, bien fort à dix mois. Ses yeux sont moins grands que ceux de M. le Dauphin; pourtant il sera au moins aussi joli. Il était entre les mains de ses berceuses, quoiqu'il ne dormît pas. Sa nourrice nous assura qu'il se portait à merveille.

Malgré les instances de madame de Mackau, nous voulûmes retourner souper chez nous, à Paris, les Bose et le vicomte de Wargemont nous y attendaient. M. de Wargemont était toujours en garnison à Belfort; il désirait vivement la fin de ses affaires, à Paris, pour retourner à Montbéliard; son amour pour mademoiselle de Domsdorff était toujours le même; on pouvait prévoir le dénoûment, et qu'ils ne tarderaient pas à recevoir la bénédiction. Le vicomte de Wargemont demeurait à la Chaussée-d'Antin; il était fort lié avec

M. le prince de Lamballe, et allait souvent à l'hôtel de Penthièvre. Son père et son oncle, le marquis et le comte de Wargemont, ont servi tous les deux, ce dernier dans la légion de Soubise.

9 février. — J'allai dîner avec ma fille chez madame de Zuckmantel, et après le dîner chez madame la duchesse de Bourbon ; nous allâmes voir *Iphigénie en Tauride*, de Gluck, avec les princesses. Les Bose soupent chez moi tous les soirs, et très-souvent aussi madame de Persan qui, comme on se le rappelle, est mademoiselle de Wargemont.

10 février. — J'allai le matin voir madame la duchesse de Bourbon qui voulait me montrer une nouvelle parure. Elle avait inventé une sorte de chapeau qui la coiffait admirablement et qu'elle voulait mettre à la mode. Elle me pria d'en accepter un pareil, et j'en fus ravie ; il était charmant. C'était un rond de paille doublé de taffetas rose avec une guirlande de roses autour. Un grand nœud tombait derrière jusque sur les épaules, et les brides s'attachaient ou plutôt flottaient sur la poitrine, retenues par un parfait contentement, qu'assujettissait une épingle à tête de pierreries. Elle avait pris l'idée de ce chapeau à M. de Florian et à ses bergeries ravissantes. On le posait au sommet de la tête, par-dessus le crêpé. Je fis observer à Son Altesse sérénissime que la paille n'était pas d'hiver.

— Aussi, me répondit-elle, nous ne les porterons qu'à Longchamps.

Cette grande affaire réglée, j'allai prendre madame de Bernhold pour faire une visite au baron de Wurmser, alors fort souffrant. Nous le trouvâmes fort agréablement occupé à donner une quittance du quartier de la pension affectée depuis l'année précédente à la dignité de grand-croix du mérite militaire, qui est de quatre mille livres. Celle de commandeur est de trois mille.

Je ne l'avais pas vu depuis une chute qu'il a faite l'année dernière à Fontainebleau, sur le théâtre de la cour, en papillonnant parmi les actrices. La reine avait été y passer l'automne, et avait fait ce voyage par eau, sur un bateau d'une élégance rare et appelé yacht. C'était au mois d'octobre, on jouait *Pénélope*, de M. de Marmontel et de Piccini. M. de Wurmser n'est plus jeune ; les planches de théâtre sont glissantes et peu solides, il se prit le pied dans le trou d'une décoration. Mademoiselle Aurore, qui était près de lui, le retint et l'empêcha de tomber tout à fait. Cette jeune chanteuse a beaucoup d'esprit, et fait des vers, dit-on, presque aussi bien que M. de Marmontel. On ne m'accusera pas de la flatter ! Voici ceux qu'elle envoya au général, sur sa chute :

  Ce monde est un sentier glissant
  Où chacun tant soit peu chancelle ;
Le sage au sens rassis, l'étourdi sans cervelle,
De faux pas en faux pas tous vont diversement.
  Souvent même à plus d'un amant
  Le pied glissa près de sa belle.
  De toutes ces chutes pourtant
Cette dernière est la moins dangereuse ;
  Qui la répare promptement
  Peut même la trouver heureuse.
  De celle dont je fus témoin,
  Vous m'accusez d'être la cause.
Voyez à quel reproche un tel soupçon m'expose !
Tant d'autres volontiers prendraient un autre soin.
  Mes camarades sont si bonnes,
Que nulle assurément ne me démentira ;
  Et nos auteurs sont les seules personnes
Que nous ne parons pas de ces accidents-là.

Les aider à tomber est tout ce qu'on peut faire ;
    Les relèvera qui pourra,
    Le public en fait son affaire.
Pour vous, depuis longtemps instruit dans l'art de plaire,
Sans craindre de faux pas, marchez dans la carrière ;
Croyez, si par hasard vous bronchiez en chemin,
Que vous rencontrerez quelque âme généreuse
Qui pour vous relever vous offrira la main ;
Jamais chute pour vous ne sera dangereuse.

Voici l'impromptu en réponse à ces vers, fait par le comte d'Albaret, au nom du baron de Wurmser :

Vous avez bien raison, ma chute était heureuse
    Lorsque de vous j'ai reçu des secours,
Et que l'empressement, les grâces, les amours
    M'offraient par vous une main généreuse ;
En vous voyant j'éprouvais cette ardeur
    Que ne connaît plus la vieillesse,
Et je doutais encor d'une telle faveur,
    Même aux yeux de l'enchanteresse.
De l'aurore j'appris que vous êtes la sœur ;
Je ne fus plus alors surpris de mon bonheur,
    Vous m'aviez rendu ma jeunesse.

M. de Wurmser avait reçu des lettres de Stuttgard qui lui annonçaient le mariage du duc régnant, Charles de Wurtemberg, avec la comtesse Francisca de Hohenheim. Il s'était fait le 2 février, et j'en reçus en effet la notification le lendemain. Madame de Hohenheim méritait ce bonheur par les excellentes qualités de son âme et la hauteur de son esprit. Le duc n'avait eu de la princesse sa femme qu'une fille morte en bas âge. Il n'en a point de la comtesse de Hohenheim, sa seconde femme, mais en revanche il est pourvu de nombreux bâtards, enfants de ses maîtresses ou de ses liaisons passagères. Le duc Charles était si aimable (disait, il y a quelque temps, une de ces maîtresses, en se rappelant le passé) qu'on l'épousait même sans prêtre. Il fait baptiser tous ces enfants-là sous le nom de *Franquemont*[1]. Il avait le projet de former un régiment et d'en donner la propriété et les grades supérieurs à tous les jeunes gens issus de son sang.

Parmi ses filles, j'en ai vu une, nommée Laure, fort liée avec mademoiselle de Cramm, mon amie. Cette charmante jeune femme, élevée à merveille et ayant les meilleurs sentiments, était fille du duc Charles et d'une danseuse italienne d'une grande beauté, d'un grand talent, et du nom de Lanfranco. Je désire bien qu'elle fasse un bon mariage; elle le mérite sous tous les rapports. Il est impossible d'être plus intéressante.

Il y avait le soir un cercle chez madame de La Vallière; madame la duchesse de Bourbon vint me prendre après le spectacle pour m'y conduire. Nous y trouvâmes un monde énorme en hommes et en femmes. On n'y parlait que d'une aventure de la duchesse de..., qui faisait scandale à la cour. Cette dame avait chez elle, à Versailles, M. Archambault de Talleyrand-Périgord, lorsque l'arrivée inopinée de son mari la força à faire descendre son amant par la fenêtre. On le vit, on l'arrêta, mais on le reconnut et on le mit en liberté. L'histoire a fait du bruit, elle a couru le monde; le roi l'a apprise et a dit sévèrement à la jolie duchesse :

---

[1] Nom d'une seigneurie dépendante de la principauté de Montbéliard et située en Suisse, cédée en 1658 à l'évêque de Bâsle quant à la souveraineté. Cette terre à toutes les époques a successivement formé l'apanage de plusieurs familles de bâtards des comtes de Montbéliard. Il est assez bizarre que le duc Charles ait eu l'idée de suivre cette tradition qui remontait à cinq siècles au moins.

— Madame, vous serez donc comme madame votre mère?

Le duc en a été instruit après les autres, bien entendu, et s'est plaint à sa belle-mère. Celle-ci lui a répondu avec le plus grand sang-froid :

— Eh! monsieur, vous faites bien du bruit pour peu de chose; votre père était de bien meilleure compagnie.

Ces sortes de choses me paraissent toujours difficiles à croire, et je ne les répète qu'en tremblant ; il me semble que ce sont des calomnies, bien que racontées par des personnes dignes de foi. Ce qu'il y a de sûr, c'est que la cour et la ville en ont retenti, qu'on l'a lu dans les nouvelles à la main, et que ce serait s'avouer ignorante que de les passer sous silence.

M. de Talleyrand était ce soir-là chez madame de La Vallière. Il s'est apparemment blessé en tombant, car il boitait malgré des efforts très-visibles pour s'en empêcher.

11 février. — Le matin, les somnambules vinrent chez ma princesse, et je n'eus garde d'y manquer. C'est pour moi un intérêt véritable. M. de Puységur nous montra toutes sortes d'expériences, surtout une de ces jeunes filles qu'il empêche de remuer le bras pendant plus d'une heure en le rendant complétement insensible; on y enfonçait des épingles comme dans une pelote; le sang n'y venait point et elle ne sentait absolument rien : cela confondait le raisonnement. Je me sentis un peu souffrante et incommodée de tout ce fluide, et rentrai chez moi jusqu'à l'heure du souper, où je fis quelques visites, et me rendis après chez madame de La Galaisière. Nous y soupâmes avec la comtesse Julie de Sérent et la marquise de Fleury.

Cette dernière était une des plus gaies, des plus charmantes, des plus spirituelles femmes de la cour. Il était impossible d'éprouver auprès d'elle un moment d'ennui, tant elle savait varier la conversation, la disposer, et tirer tout le parti possible de l'esprit des autres. Elle était mademoiselle de Coigny. Son mari hérita de la duché-pairie de son aïeul, lequel était neveu du fameux cardinal. C'étaient, avant ce ministre, tout au plus des gens de condition. La marquise de La Rivière dont j'ai parlé, née de Rosset de Rocozel, était tante du duc de Fleury et prisait beaucoup son aimable femme. Elle nous amusa excessivement ce soir-là avec les mille histoires qu'elle nous dit et celles qu'elle inventa peut-être.

La comtesse Julie de Sérent était fort digne de lui donner le mot. C'est une personne du plus haut mérite et des plus amusantes. Madame la duchesse de Bourbon l'aime infiniment; elle est auprès d'elle depuis 1781, et a été présentée à cette époque à la cour, où elle a fait grande sensation. Sa belle-sœur, la baronne de Sérent, a été aussi dame de madame la duchesse de Bourbon, et n'a pas moins d'esprit.

On avait beaucoup joué la comédie à Petit-Bourg; ces dames la jouaient admirablement, et M. de Vaudreuil était l'un des meilleurs acteurs. Madame la duchesse de Bourbon aimait beaucoup ce divertissement, dont elle s'acquittait très-bien. Je ne l'ai jamais vue sur la scène.

12 février. — Journée nulle pour les souvenirs, sauf une représentation d'*Annette et Lubin* à la Comédie italienne. C'est un charmant opéra-comique dont Noverre a fait un charmant ballet. Le sujet en est historique : le conte de Marmontel, dont il est tiré, n'est qu'une anecdote relative à M. de Saint-Florentin, mi-

nistre du roi, seigneur de Bezons, dont la bonté et la bienfaisance étaient grandes.

13 février. — Nous allâmes à l'Académie avec ma princesse pour la réception de M. de Guibert. Il y avait foule. Les maréchaux de Castries et de Ségur, tous les deux ministres, étaient dans une tribune avec madame de Staël (mademoiselle Necker), ambassadrice de Suède et nouvellement mariée, mesdames de Crillon, de Beauvau, et M. le comte de Beauvau, officier des gardes-du-corps. M. de Guibert a glissé dans son discours l'éloge de madame et de mademoiselle Necker. On fit à la suite de cette réception l'impromptu suivant auquel je n'ai jamais compris grand'chose, mais que je cite parce qu'il était partout :

> Je suis un brave soldat
> Qui chante toujours victoire
> Sans avoir vu de combat.
> Mon nom de guerre est la gloire,
> Vive la gloire !

Cette critique est d'autant plus niaise qu'elle est injuste : M. de Guibert a servi avec distinction dans la guerre de Sept ans[1]. Son père est gouverneur des Invalides. Fait prisonnier à Rosbach, il resta dix-huit mois en Prusse, d'où il rapporta des notions sur la tactique de Frédéric le Grand, qui depuis ont été développées avec talent par M. de Guibert son fils. M. de Guibert, le récipiendaire, avait environ quarante-deux ans. C'était un fort bel homme, très à la mode et très-gâté dans la société ; auteur de la tragédie du *Connéta-*

---

[1] Le comte de Guibert fut fort jeune employé en Corse lors de l'invasion de la France dans cette île ; il s'y distingua, ce qui lui valut le grade de colonel en second de la légion corse et la croix de Saint-Louis.

blé de Bourbon, il a eu des succès en tout genre, surtout en amour. C'est un des vainqueurs les plus vantés. Madame Necker disait de lui :

— C'est Turenne, Bossuet et Corneille réunis [1].

Madame Necker est plus poëte que je ne pensais.

Tout le monde, même les femmes, discutait sur *l'ordre mince* et *l'ordre profond*, lors de ses prises avec M. de Mesnil-Durand ; on était Guibertiste ou Mesnil-Durandiste, comme auparavant Gluckiste ou Picciniste.

Le discours de réception de M. de Guibert fut superbe. M. de Saint-Lambert y répondit. M. de Saint-Lambert est assez connu par ses amours avec madame du Châtelet, qui lui sacrifia M. de Voltaire et qui trouva moyen de donner ainsi deux scandales pour un. Il s'attacha après sa mort à une autre personne, ce qui continua les propos, car ils ne se cachèrent pas plus que la première fois. On parle extrêmement de toute cette société savante et galante, même à l'âge où la galanterie devient ridicule. Ce sont de singulières mœurs et de singulières façons de vivre pour des gens d'esprit et pour des chrétiens !

M. Ducis lut un poëme sur l'amitié qui me fit grand plaisir. Il avait à peu près cinquante ans. Sa réputation s'est faite par des traductions et des imitations en vers des pièces de Shakespeare. Il a peu inventé de lui-même ; ses longues périodes et ses épithètes accumulées me semblent fatigantes.

Cette journée fut toute de littérature. Nous vîmes jouer *Médée* par mademoiselle Raucourt ; elle y fut sublime et applaudie à tout rompre. Il y eut tant d'enthousiasme qu'on la redemanda à la fin. Son jeu était

---

[1] Sa fille est madame de Villeneuve de Chenonceaux.

plein d'énergie, de vérité et de noblesse. Elle était admirablement costumée. Ses progrès sont immenses, et elle devient une grande actrice. Elle a débuté à seize ans; elle en a maintenant (en 1789) un peu plus de trente. Le genre de sa beauté prête à son talent. Dans les rôles de reine elle est magnifique de toute manière. Madame la duchesse de Bourbon la protége, et la reine encore davantage. Sa Majesté assiste à presque toutes ses représentations et l'encourage par les éloges les plus flatteurs. Mademoiselle Raucourt est fort grande et s'habille beaucoup en homme, ce qui fait parler d'elle fort sévèrement.

14 février. — Il fit un temps horrible, je restai chez moi matin et soir, excepté pour une visite à madame la marquise de Lacroix. C'est une personne honorée et estimée par tout le monde : elle est pieuse et bienfaisante; elle a des idées religieuses exaltées, bien que loin de toute intolérance. Remplie de l'esprit de Dieu, elle ne songe qu'à convertir et à soulager. Elle obtient même des riches et sans importunité, en faisant le bien plus qu'eux. Elle n'existe vraiment que pour les pauvres. Ce n'est pas ce qu'on appelle une dévote de profession. Quoiqu'elle ne soit plus très-jeune, elle est cependant gaie; elle aime le monde et parle de tout avec grâce et enjouement. Elle a été fort belle, d'une beauté noble et imposante. Son regard exprime une franchise et une loyauté à toute épreuve. Ses opinions religieuses ont une forme toute particulière; elle n'est cependant ni Martiniste, ni Lavatériste, ni Mesmériste.

15 février. — Nous eûmes chez nous un dîner des plus agréables, M. le margrave d'Anspach, MM. de Diodati, de Boden, de Florian, Marmontel et de La Harpe.

CHAPITRE XXXI.

On sait que le margrave d'Anspach et de Bareuth était cousin germain de madame la duchesse de Wurtemberg ; il était donc tout naturel que j'eusse l'honneur de le voir. Je lui étais fort recommandée, et aussi par lady Craven, avec laquelle j'avais passé de si bons moments à Montbéliard. Le margrave avait alors environ cinquante ans ; il était bizarre en toutes choses, et la fréquentation des gens de théâtre lui avait donné de singulières façons. Il parlait avec un amour un peu affecté peut-être, de son oncle le grand Frédéric. Celui-ci lui portait beaucoup d'intérêt et d'affection, tout en se rendant très-bien compte de ses travers, et même en en riant dans l'intimité.

Il était à la fois margrave d'Anspach et de Bareuth. Le dernier margrave de ce nom a eu pour femmes, d'abord une autre sœur du roi de Prusse, et ensuite une princesse de Brunswick, mère de la première femme du duc actuellement régnant de Wurtemberg.

Le margrave actuel est neveu de la reine Caroline, femme de George II, sa mère étant sœur de Sa Majesté. La reine Caroline a donné chaque année sept mille livres sterling pour l'éducation de ce neveu, qu'elle aimait beaucoup.

La margrave d'Anspach, princesse de Saxe-Cobourg, était d'une santé déplorable. Elle naquit mourante et vécut toujours mourante depuis ce temps jusqu'à ce jour; on croyait à chaque instant qu'elle allait passer. Elle avait évidemment un vice de conformation et ne put jamais prendre part à rien. Ce n'est pas vivre, mais végéter. Le margrave est, par là, plus excusable d'avoir cherché ailleurs des distractions, et les politiques qui l'ont si mal marié sont bien plus à blâmer que lui. Il avait du reste de l'esprit, de la bonté, et le désir le plus vrai d'être aimable pour tous.

Le baron de Boden, ministre plénipotentiaire du landgrave de Hesse-Cassel, s'était logé grande rue Poissonnière, sur le boulevard. Ces boulevards deviennent de plus en plus charmants, de plus en plus peuplés ; ce sera le plus beau quartier de Paris, je n'en doute pas.

M. de Boden a de l'esprit, gâté par un peu de vanité ; il a été longtemps en correspondance avec le grand Frédéric, et aussi avec le prince héréditaire. Quelque temps avant la mort du premier, Frédéric-Guillaume, son héritier, écrivit au baron de Boden pour lui demander quelle opinion on avait de lui à Paris. Celui-ci ne lui cacha pas qu'on craignait qu'il ne fût faible et ne se laissât conduire et gouverner. Cette lettre piqua le prince, qui écrivit à M. de Boden une nouvelle lettre fort vive, où il disait : « J'ai souffert seul, mais je régnerai seul. » Cependant Frédéric-Guillaume l'a fait chambellan cette même année 1786, pour le dédommager de la fonction de 8,000 écus d'Allemagne que la mort du landgrave de Hesse-Cassel lui a fait perdre.

M. le chevalier de Florian est bien connu ; j'en ai parlé déjà, mais je ne résiste pas au désir d'en parler encore ; tous ceux qui le voient me comprendront. Il est capitaine de dragons au régiment du duc de Penthièvre, dont il fut page à quinze ans ; il est devenu son gentilhomme ordinaire et son favori. Il a envoyé dans le temps à ce bon prince une églogue biblique intitulée *Ruth et Booz* ; l'épilogue se termine par un vers charmant en l'honneur de madame la duchesse de Chartres :

Vous n'épousez pas Ruth, mais vous l'avez pour fille.

J'ai suffisamment peint M. de La Harpe lors du

voyage de madame la comtesse du Nord. Il ne me plaisait pas plus alors que précédemment ; mais il fallait ne point se brouiller avec ce méchant esprit. M. de Marmontel en avait quelque chose, avec moins de méchanceté et d'envie peut-être ; il était même assez bonhomme dans tout ce qui n'était pas ses relations littéraires. On l'attaquait beaucoup, ce qui le mettait hors des gonds ; il mordait où il pouvait, toujours pour se défendre, non point pour commencer. Son talent était généralement ennuyeux ; il manquait de grâce, sa conversation était lourde et un peu prétentieuse [1]. M. de La Harpe avait certainement plus d'esprit que lui.

Ce jour-là notre dîner fut charmant néanmoins ; le margrave nous conta beaucoup de choses, et trouva moyen de nous parler sans cesse de lady Craven. Il en était uniquement occupé.

— Ce bon margrave, disait tout bas M. de La Harpe, il lui faut toujours une comédienne dans la tête.

La nouvelle du jour était une perte faite au jeu par un jeune de Castellane, qui venait de laisser plus d'un million au brelan ou au lansquenet.

— Savez-vous, disait M. de Boden, qu'il est marié et père de famille ?

— Alors cela n'a plus d'excuse, dit M. de Florian ; il ne lui reste que l'expiation, car ce sera bien terrible

---

[1] Voici une épigramme sur Marmontel composée vers cette époque

    Ce Marmontel, si lent si lourd,
    Qui ne parle pas, mais qui beugle ;
    Juge la peinture en aveugle,
    Et la musique comme un sourd ;
    Ce pédant à si sotte mine
    Et de ridicules bardé
Dit qu'il a le secret des beaux vers de Racine :
    Jamais secret ne fut si bien gardé.

pour lui d'avoir ruiné sa femme et ses enfants ! Il va payer sa faute !

— Bah ! il les jouera, s'il ne lui reste rien à hasarder, reprit M. de La Harpe, les joueurs n'ont dans la poitrine qu'un as de cœur à la place de ce viscère, qui nous gêne tant nous autres.

— Vrai, monsieur de La Harpe, il vous gêne ? demanda en souriant le margrave.

— Monseigneur, je trouve sa place beaucoup trop large, il y remue.

— Je le comprends, il est si petit !

— Monseigneur, c'est qu'il n'a pas pu être plus grand ; voilà ce qui le rapetisse !

Cette définition nous toucha presque ; M. de La Harpe est un enfant trouvé, sans famille, qui n'a guère à aimer que lui-même et le peu de protecteurs que son mérite lui a faits.

— Pour en revenir à M. de Castellane, poursuivit M. Diodati, on assure qu'il a le cerveau faible ; son adversaire en a profité, ce qui n'est ni d'un beau joueur ni d'un honnête homme.

— Ah ! pour cela je le crois bien, ajouta M. de Marmontel ; il devrait y avoir pour cela des lois fort sévères.

— Il y a celles de l'honneur, monsieur, répliqua M. de Florian ; entre gentilshommes surtout, il me semble que cela suffit de reste.

— Monsieur de Florian, interrompit brusquement M. de La Harpe, est-il vrai que vous vous occupiez toujours de vos arlequins ?

Cette manière subite de changer la conversation me parut cacher quelque malice, et M. de La Harpe mit dans le mot arlequin une expression qui semblait répondre au mot de gentilhomme, sur lequel M. de

Florian avait appuyé. Soit que celui-ci n'eût pas la même idée, soit qu'il ne la montrât point, il répondit avec sa douceur ordinaire :

— Sans doute, monsieur, je m'occupe de mes arlequins, et j'espère avoir l'honneur de vous en faire part.

Le critique se tut après ; il ne put rien trouver à reprendre dans ce ton et dans ces paroles.

Nous eûmes une quantité de visites dans l'après-dînée, et nos convives s'éclipsèrent, sauf M. de Florian qui vint avec nous à la Comédie française rire à *Pourceaugnac* et souper chez madame la duchesse de Bourbon. L'histoire de M. de Castellane fut remise sur le tapis ; la princesse assura qu'elle n'était pas vraie.

— Cependant, madame, on la répète partout, les nouvelles à la main en retentissent, ce ne peut être une invention.

— N'invente-t-on pas tout aujourd'hui ?

Ce qu'il y a de *certain*, c'est que la chose me demeura *incertaine*, pour moi et pour bien d'autres. Je désire qu'il n'en soit pas de même pour le héros de l'aventure et que ses écus soient restés dans sa poche.

CHAPITRE XXXII

Mademoiselle de Condé. — Dîner chez la duchesse de Bourbon avec la comtesse de Gondrecourt. — La marquise d'Ecquevilly. — La mode du thé. — Les fluxions *invisibles* de madame de Genlis. — Ma cour à Versailles. — La comtesse de Marconnay. — Le duc de Villequier. — Le duc de Piennes. — Madame de Matignon. — La maréchale de Mailly. — Liste des femmes présentées en 1786. — Les chats de madame Helvétius. — Clairval et mademoiselle Rosalie. — La comtesse de Buffevent. — Déjeuner chez la landgrave de Hesse-Rothembourg. — Les soldats français. — Bal d'enfants chez la duchesse de Bourbon. — Mademoiselle Guimard. — Madame de Saint-Priest.

16 février. — J'eus l'honneur de recevoir chez moi mademoiselle de Condé. Cette princesse est d'une bonté dont rien ne peut donner l'idée. Son esprit est orné et plein de saillies. Elle ne veut absolument pas se marier. Madame la duchesse de Bourbon assure qu'elle aime quelqu'un, que ce quelqu'un n'est pas de naissance royale, et qu'elle se mettra au couvent, pure et sainte comme elle est, plutôt que de donner sa main sans son cœur. Je ne sais ce qu'il y a de vrai, mais le visage de Son Altesse sérénissime montre une tristesse habituelle, ou plutôt une mélancolie invincible. Elle aime passionnément son neveu, M. le duc d'Enghien, s'en occupe sans cesse, et lui fait des présents continuels. Il a pour elle un respect et une affection sans bornes.

17 février. — J'eus l'honneur de dîner chez madame la duchesse de Bourbon. J'allai ensuite chez la comtesse de Gondrecourt d'Aurigny, chanoinesse et dame du chapitre de Poulangy.

La vicomtesse de Gondrecourt, qui était là, est une Lénoncourt et a épousé son cousin. J'ai été, il y a quelques années, très-bien reçue par elle à la campagne de son mari, qui s'appelle Saint-Jean-sur-Moselle. Le comte de Gondrecourt, son frère aîné, était colonel. Le vicomte servait dans les gardes polonaises.

J'allai voir aussi la marquise d'Ecquevilly [1]. Puis madame de Longuejoue m'emmena au Singe-Vert, où il y a toujours foule de beau monde.

18 février. — Une mode qui se répand à Paris est celle du thé dans l'après-midi. Quelques étrangères l'ont apportée, et chacun les imite. La princesse Galitzin nous en donna un ce jour-là, où se trouvaient toutes les dames russes. Je cherchais les occasions de les rencontrer pour parler de ma chère princesse. Elles avaient des nouvelles de leur pays, et m'en donnaient souvent. Nous en causâmes fort, comme à l'ordinaire.

J'eus l'honneur de rendre mes devoirs à mademoiselle de Condé et à madame la duchesse de Bourbon, après avoir été chez la duchesse de La Vallière, où je rencontrai madame de Genlis avec une fluxion invisible. Je ne connaissais pas ce genre de maladie, mais la *dame-gouverneur* l'a positivement découverte.

— Voyez-vous, madame la duchesse, ces maux-là sont comme ceux du cœur, on en souffre bien plus lorsqu'ils paraissent moins.

La comparaison du cœur à une fluxion nous amusa beaucoup quand elle fut partie ; on dit là-dessus une foule de choses plus ou moins folles, mais tout à fait divertissantes. Les personnes à prétentions sont au moins certaines d'amuser à leurs dépens ; c'est toujours un succès. Madame de Genlis a infiniment d'esprit, de talents, de beauté même, mais elle gâte ces qualités en voulant en avoir encore davantage et or-

---

[1] Le marquis d'Ecquevilly a été major de l'armée de Condé. Il a laissé un neveu marié à mademoiselle de Forestier.

donner l'admiration. Si elle l'attendait, elle serait plus sûre de l'obtenir.

19 février. — Je partis à huit heures du matin pour aller faire ma cour à Versailles. Je descendis chez madame de Mackau, où je fis une toilette. Elle me l'avait fait promettre et je m'y étais engagée. Son amitié et ses soins pour moi ne se sont jamais démentis. J'allai chez Leurs Majestés ; le roi, contre son habitude, me fit l'honneur de me parler. Il me demanda si madame la princesse de Montbéliard était un peu consolée de la mort de sa fille, et me témoigna un intérêt véritable pour toute cette auguste famille ; puis il ajouta :

— Je sais, madame, qu'on ne peut vous faire plus de plaisir qu'en vous fournissant l'occasion de dire du bien de vos amis.

La reine m'attaqua par un sourire et une menace de l'éventail.

— Ah ! madame d'Oberkirch, ce n'est pas bien ! vous êtes à Paris depuis longtemps et je ne vous vois point. Madame la duchesse de Bourbon vous absorbe ; je lui en ferai des reproches.

Les princes et princesses furent aussi fort aimables.

On présentait ce jour-là la comtesse de Marconnay, jolie comme un ange et semblable à une fée, tant elle semblait aérienne. La moitié des hommes de la cour tomba amoureux d'elle, et l'autre moitié se prépara à l'être à son tour. Elle avait d'ailleurs une de ces toilettes avec lesquelles on ne peut s'empêcher d'être charmante, à moins de le faire exprès. Je vis le duc de Villequier[1]. Il était d'année, comme premier gentilhomme de la chambre ; il avait perdu l'année précé-

---

[1] De la maison d'Aumont. Mesdemoiselles de Villequier-Aumont, ont épousé les comtes Alexandre et Charles de Sainte-Aldegónde.

dente sa seconde femme, mademoiselle de Saint-Brisson. La première était mademoiselle de Courtanvaux.

Le duc de Piennes, son fils, passe pour un des grands libertins de la cour. Il a vingt-quatre ans, et ne manque pas d'un certain air.

J'ai trouvé madame la princesse de Lamballe bien chângée ; elle avait été empoisonnée l'année précédente par un ragoût qu'on avait laissé refroidir dans une casserole de cuivre. Madame de Pardaillan, qui avait également manqué en mourir, paraissait au contraire ne plus s'en ressentir.

J'avais fait ma cour avec madame de Bombelles, chez laquelle je dînai. J'allai ensuite me faire écrire chez la duchesse de Polignac, puis, en personne, chez madame de Matignon et chez madame de Soucy. Madame de Matignon est toute gracieuse et toute charmante. Mariée à quatorze ans, elle fut mère à quinze [1]. Elle est d'une élégance achevée. Elle a fait un marché de vingt-quatre mille livres avec Baulard, moyennant quoi il lui fournit tous les jours une coiffure nouvelle.

Je trouvai chez elle madame la maréchale de Mailly, femme du vieux maréchal. Elle est vive, coquette, piquante, et attire tous les hommages. Son humeur folâtre lui a valu la faveur de la reine, et lui fait pardonner le plaisir qu'elle prend à agacer et désespérer nos seigneurs.

Voici la liste des femmes présentées à la cour en l'année 1786, avec la date de leur présentation :

2 janvier. Princesse de Tarente (dame du palais) ;
18 — Comtesse de Marmier,
— — Vicomtesse de Caraman,

---

[1] Sa fille, Anne-Louise de Goyon de Matignon, a épousé le baron depuis duc de Montmorency.

29 janvier. Comtesse Charles de Lameth,
31 — Baronne de Staël-Holstein, ambassadrice de Suède (mademoiselle Necker);
5 février. Comtesse Hippolyte de Chabrillant,
— — Comtesse de Tourdonnet,
— — Marquise de Chastenay,
19 février. Baronne de Béthune,
— — Comtesse de Marconnay,
13 mars. Comtesse de Villefort,
24 — Vicomtesse de Mory,
— — Comtesse d'Ourches,
2 avril. Comtesse de Pluviers,
— — Baronne de Saint-Marsault,
23 — Duchesse de Saulx-Tavannes,
— — Vicomtesse de Lort,
14 mai. Marquise de La Bourdonnaye,
— — Comtesse de Beuil,
21 — Vicomtesse de Gand,
28 — Vicomtesse de Lévis,
— — Marquise de Pimodan,
4 juin. Comtesse de Montléart,
21 — Marquise de Beaumont de la Bonninière,
— — Vicomtesse Louis de Ségur.

On ne m'en a pas donné davantage ; d'ailleurs les présentations n'ont guère lieu en automne pendant les chasses et les voyages de la cour.

Je revins à Paris le soir. J'avais pour chevalier le comte de Bose, qui fut parfaitement obligeant tout le temps du voyage.

20 février. — Nous allâmes chercher madame la duchesse de Bourbon pour visiter la manufacture de porcelaine de M. le duc d'Angoulême. Nous y vîmes des vases et des services magnifiques. La princesse était un peu incommodée, et me rendit la liberté

d'aller de bonne heure chez madame de Dietrich où je dînais, ainsi que madame de Bernhold, et où le baron d'Andlau nous fit rire aux larmes en nous contant sa visite à madame Helvétius. Il y fut conduit par son cousin, et son entrée a vraiment quelque chose d'extraordinaire. Madame Helvétius est mademoiselle de Ligneville, je l'ai dit. Elle est nièce de madame de Graffigny, l'auteur des *Lettres péruviennes.* Madame Helvétius habite une superbe maison à Auteuil, elle y vit entourée des plus beaux chats angoras du monde. M. d'Andlau arrive avec son introducteur ; il est d'abord ébloui d'une grande magnificence ; il salue, on le nomme ; la maîtresse de la maison le reçoit à merveille, le laquais cherche à lui avancer un siége. Voici la conversation textuelle :

— Monsieur, j'ai l'honneur de vous saluer... Que faites-vous donc, Comtois ? vous dérangez *Marquise.* Laissez ce fauteuil... Charmée, monsieur, de faire connaissance avec vous... C'est encore pis cette fois, *Aza* est malade ; il a pris ce matin un remède...

— Mais, madame, c'est que...

— Vous êtes un imbécile, cherchez mieux. Messieurs, vous voici par un temps superbe... Pas par ici, misérable ! c'est la niche de *Musette ;* elle y est avec ses petits, et va vous sauter aux yeux.

Pendant ce temps, le baron d'Andlau et son cousin sont debout, au milieu du salon, ne sachant où prendre un siége, et se trouvant entourés de *vingt* angoras énormes de toutes couleurs, habillés de longues robes fourrées, sans doute pour conserver la leur, et les garantir du froid, en les empêchant de courir. Ces étranges figures sautèrent à bas de leurs bergères, et alors les visiteurs virent traîner des queues de brocart, de dauphine, de satin, doublées des fourrures les plus précieuses. Les chats allèrent ainsi par la chambre, semblables à des conseillers au parlement, avec la même gravité, la même sûreté de leur mérite. Madame Helvétius les appela tous par leurs noms, en offrant ses excuses de son mieux. M. d'Andlau se mourait de rire, et n'osait le laisser voir, mais tout à coup la porte s'ouvrit, et on apporta le dîner de ces messieurs dans de la vaisselle plate, qui leur fut servie tout autour de la chambre. C'étaient des blancs de volaille ou de perdrix, avec quelques petits os à ronger. Il y eut alors mêlée, coups de griffes, grognements, cris, jusqu'à ce que chacun fût pourvu et s'établît en pompe sur les sièges de lampas qu'ils graissèrent à qui mieux mieux.

— Je ne savais plus où me mettre, ajouta M. d'Andlau, et je craignais de me lever avec un aileron à mon habit ; ces chats ne respectaient rien, la robe de leur maîtresse encore moins que le reste.

Cette histoire des chats nous amusa beaucoup, et M. d'Andlau la raconta dans tout Paris.

Le soir, j'allai avec madame la duchesse de Bourbon entendre de nouveau *Richard Cœur-de-lion*, qui m'avait enchantée. Le rôle d'Antonio était assez mal joué ; on en vint alors aux regrets sur mademoiselle Rosalie [1], qui s'est retirée il y a deux ans, et qui était si charmante dans ce conducteur de l'aveugle. Un jour, qu'elle voulut jouer pièce à Clairval, qui remplissait le personnage de Blondel, elle mit des épingles à sa manche. Celui-ci se piqua outrageusement en s'appuyant sur elle, ce qui valut à l'espiègle quelques jours de prison.

— Pourquoi s'appuyait-il si fort ? donnait-elle pour

---

[1] Rosalie de l'Opéra, retirée en 1784, est mademoiselle Levasseur.

raison au commissaire qui l'interrogea. Une autre fois il y fera attention, je n'aurai plus besoin de le porter.

21 février. — Madame de Longuejoue nous avait conviés à déjeuner avec quelques personnes de notre intimité ordinaire, et la comtesse de Buffevent, chanoinesse du chapitre de Neuville en Bresse, un des plus nobles de France, sinon des plus riches.

Elle avait trois frères : le comte de Buffevent, qui était lieutenant-colonel de Lorraine-Infanterie ; le vicomte qui a épousé mademoiselle de Chaumont de La Galaisière, fille de l'intendant d'Alsace, dont la sœur a épousé le vicomte de Beaumont d'Autichamp ; enfin le chevalier de Buffevent, de l'ordre de Malte, qui était maréchal de camp.

J'emmenai quelques personnes dîner chez moi, et le soir, à la Comédie française, voir *Zaïre* et *Dupuis et Desronais ;* assez sotte journée à raconter.

22 février. — Nous déjeunâmes chez la margrave de Hesse-Rothembourg. Elle était une princesse de Lichtenstein, belle-sœur de madame la duchesse de Bouillon et de ma chère princesse Antoinette de Hesse, qui sont les sœurs du landgrave son mari. Elle avait alors à peu près trente-deux ans.

Nous causâmes longtemps de son beau-frère, le prince de Hesse, tué à Tiflis, deux ans auparavant, en combattant les Perses, et elle nous donna sur lui les détails les plus intéressants. Il avait une passion dans le cœur, et écrivit à sa maîtresse du champ de bataille. Cette lettre était un chef-d'œuvre d'éloquence, de résignation et d'héroïsme. Il se jeta à travers les combattants avec un courage de demi-dieu. On le regretta beaucoup dans sa famille et à l'armée.

En sortant de dîner chez madame la duchesse de Bourbon, nous allâmes avec elle à la Comédie italienne, où nous eûmes la *Fausse Magie*, ce délicieux opéra de Grétry, et le *Sylvain*, de lui également. Le rôle de Pauline fut parfaitement joué ; il y avait aussi l'*Incendie du Havre*, opéra-comique mêlé de couplets, de M. Desfontaines. C'était la seconde représentation ; on avait donné la première la veille. L'incendie est fort bien représenté. C'est presque une pièce de circonstance, car le sujet est la conduite des soldats du régiment de Poitou et de Picardie qui ont éteint ce terrible incendie, et ont refusé la récompense que leur offraient les magistrats municipaux de la ville du Havre. De pareils traits n'étonnent jamais de la part de soldats français.

23 février. — Madame la duchesse de Bourbon voulut faire une galanterie à ma fille ; elle la comblait de bontés et ne cessait de chercher le moyen de lui faire plaisir.

Elle invita pour elle, ce matin-là, une quantité d'enfants pour un petit bal. Parmi eux se trouvaient Mademoiselle, ses jeunes frères et M. le duc d'Enghien, plus âgé que les autres, et qui néanmoins n'a pris aucun air d'importance ; il fut charmant. Les autres conviés étaient les fils et les filles des seigneurs les plus connus et les plus attachés à la cour particulière de Son Altesse sérénissime et de sa famille.

Ce mignon petit peuple était délicieux. On les avait vêtus avec la dernière élégance ; il fallait voir leurs coquetteries, leurs manières, leurs prétentions et leurs rivalités. Le monde était déjà là, dans leurs petites têtes et leurs petits cœurs. Ils se regardaient danser et s'observaient les uns les autres. Un petit enfant de six ans attira bien vite l'attention de tous, l'envie d'un côté, les moqueries de l'autre. Il portait en effet le costume le plus étrange et le plus grotesque. L'anglomanie commençait à poindre, on le sait : ses parents l'affublèrent d'un frac anglais de drap bleu, de bottes à retroussis et d'une perruque de cocher. Il se promenait ainsi raide et compassé d'un angle du salon à l'angle opposé, et n'avait point d'épée, ce qui était une innovation prodigieuse, et le fit critiquer par ses petits amis qui lui demandèrent s'il n'était pas gentilhomme.

Ils mangèrent, dansèrent, chantèrent de midi à neuf heures du soir. Marie revint la plus heureuse de la terre : la fête était pour elle ; elle avait dansé avec M. le duc d'Enghien et M. le duc de Valois ; elle en paraissait fort satisfaite. La princesse avait mis à tout cela une bonne grâce charmante, et parut s'en amuser elle-même beaucoup. Cette fête d'enfants était d'ailleurs une nouveauté que madame de Genlis avait seule *essayée*. Madame la duchesse de Bourbon, qui veut aussi essayer de tout, et qui malheureusement ne trouve jamais de satisfaction aussi complète que ses désirs, s'en lasserait bientôt pour courir à autre chose. Elle passe vite du plaisir aux idées sérieuses. Dieu seul pourra un jour calmer cette imagination et satisfaire ce cœur. Son caractère et l'insouciante gaieté de M. le duc de Bourbon ne pouvaient sympathiser longtemps, on le devine.

24 février. — J'eus le matin chez moi le comte de Montbéliard (je dirai plus tard qui c'est) et beaucoup de gens pour affaires ou pour visites. Nous vîmes ou plutôt revîmes le soir *Alceste*, de Gluck, qui est la plus belle chose du monde, bien que la musique ne soit, dit-on, ni assez variée, ni assez soutenue. L'attention se portait sur mademoiselle Guimard, qui dansait son fameux pas de bacchante intercalé dans cet opéra assez maladroitement.

Cette célèbre personne, malgré l'argent immense qu'elle a coûté à tant de gens de la cour et de la ville, se trouvait *gênée ;* elle avait des dettes et voulait mettre sa maison en loterie. Elle est estimée cinq cent mille livres, et c'est bien autre chose que celle de mademoiselle Dervieux. On parlait d'un cabinet chinois qui valait des sommes folles, mais elle l'emporta. C'était, assure-t-on, une chose unique en Europe ; en Hollande même, il n'en est pas un semblable ; on le visitait par curiosité comme une merveille.

Mademoiselle Guimard trouva ce jour-là, à la scène, des grâces nouvelles ; ces grâces-là sont la cause de bien des sottises.

25 février. — J'eus encore beaucoup de visites : le baron de Sponn, premier président du conseil souverain d'Alsace, qui a épousé mademoiselle Quatresous de La Mothe, MM. de Buffevent, de Gondrecourt, de Longuejoue, d'Aumont et de Saint-Prest déjeunèrent chez moi. Ce dernier est maître des requêtes et conseiller d'honneur à la cour des comptes. Ce pauvre homme est fort malheureux. Sa femme a eu une aventure telle, que le roi, à la demande de sa famille, l'a fait arrêter pour la conduire au couvent de Saint-Michel. M. de Saint-Prest (Brochet de Saint-Prest) a un autre frère qui s'appelle Brochet de Vérigny. Ils sont parents de la famille de Gondrecourt, qui sont, comme on le sait, de qualité, et dont une branche est établie en Poitou, l'autre à Versailles. Je vis enfin le comte de Hornbourg, dont je parlerai, ainsi que du comte de Montbéliard, dans le chapitre suivant.

CHAPITRE XXXIII

Comment la principauté de Montbéliard a passé à la branche ducale de Wurtemberg-Stuttgard. Le duc Léopold-Eberhard. — Anne de Coligny. Singulière éducation. — Sabine de Hedwiger. — Le comte de Sponeck. — Le baron de L'Espérance.— Ses quatre filles. — Jalousie. — Portraits. — Maîtresses. — Séparation. — Les comtes de Coligny. — Second mariage du duc. — Indignation publique. — Singuliers mariages. — Déclaration du magistrat de Montbéliard. — Mandement de l'empereur. — Bruits d'empoisonnement. — Lettre curieuse. — Négociations à Paris et à Vienne du baron de Waldner. — Mort du duc. — Lettres patentes du duc de Wurtemberg-Stuttgard.—Sommation du comte de Sponeck. — Le château de Montbéliard bloqué par le général de Montigny. — Lettre à l'empereur. — Capitulation. — Le prétendant se retire en France. — Les comtes de Sandersleben-Coligny. — Les barons de L'Espérance. — Le comte de Hornbourg. — Roman à faire.

Je parlais tout à l'heure de la visite des comtes de Montbéliard et de Hornbourg, et j'ai promis d'expliquer quels étaient ces seigneurs, et quelles étaient mes relations avec eux. C'est une histoire d'une grande exactitude : elle est essentielle à savoir pour ceux qui veulent connaître les origines et les raisons des événements historiques qui touchent les petits États, et elle offre assez d'intérêt pour amuser presque autant qu'un sujet d'imagination. Je la tiens de la bonne source. Mon aïeul, M. de Waldner, fut mêlé aux négociations diplomatiques qui en résultèrent; il a laissé des notes détaillées, et ses souvenirs oraux se sont transmis facilement jusqu'à moi, grâce aux nombreuses conversations que j'ai entendues chez mon père, et à Montbéliard, où les folies du duc Léopold-Eberhard sont encore vivantes.

Ainsi que je l'ai dit, la principauté de Montbéliard, gouvernée depuis 1699 par Léopold-Eberhard de Wurtemberg, duc de Montbéliard, issu d'une branche cadette de la maison ducale de Wurtemberg, retourna à la branche aînée de cette maison à sa mort, en 1723, ce prince n'ayant pas eu d'héritiers habiles à succéder. Cette riche succession donna lieu à de nombreuses difficultés et occupa beaucoup les cours de l'Europe. Ce n'est pas ma faute si cette histoire ressemble beaucoup plus à un roman, d'une invraisemblance et d'une extravagance achevée, qu'à une chose sérieuse. Je raconterai les faits et leurs conséquences, dont la principauté s'est longtemps ressentie.

Léopold-Eberhard était fils de Georges de Wurtemberg-Montbéliard et d'Anne de Coligny. Sa mère descendait de l'illustre maison de Coligny et (m'a-t-on assuré, mais de ceci je ne puis répondre, et je n'ai jamais eu la possibilité de vérifier le fait avec certitude) de la fille du comte de Bussy-Rabutin, devenue en secondes noces madame de La Rivière, qui hérita de l'esprit de son père et qui eut un procès si scandaleux. Je ne sais jusqu'à quel point cette assertion est fondée; il me semble avoir lu quelque part que son fils, ce jeune Coligny, était mort sans postérité. Quoi qu'il en soit, et certainement, la mère de Léopold-Eberhard était de la même maison que l'amiral et avait de ce brave sang huguenot dans les veines [1].

Elle adorait son fils; elle en fit son idole, et, comme il n'avait pas l'amour du travail, elle défendit qu'on l'obligeât à quelque occupation que ce fût. A douze ans, il ne savait encore ni lire ni écrire. C'était le plus bel enfant du monde : d'une santé et d'une vigueur

---

[1] Anne de Coligny, mère de Léopold-Éberhard, était arrière-petite-fille de l'amiral et sœur de la comtesse de La Suze connue par ses poésies et par ses galanteries.

extraordinaires, il avait les traits les plus admirables et une perfection de formes commune à toute la maison de Wurtemberg, dont la beauté est héréditaire et proverbiale.

Le duc Georges s'ingéra, on ne sait pourquoi, de faire apprendre l'arabe à son fils, au lieu du français et de l'allemand qu'il ne posséda jamais autrement que par l'usage. L'imagination de feu du jeune prince s'alluma à ces fictions orientales; il prit le Coran au sérieux. Sans en adopter toutes les doctrines, il en est une du moins sur laquelle il faussa tout à fait son jugement, c'est celle du mariage. Il trouva dans ce livre imposteur une justification et une excuse de son penchant à la débauche et de son besoin d'un changement perpétuel de femmes et de maîtresses, le scandale des gens de bien, la honte de son règne et son propre malheur, comme on va le voir. Le duc Georges son père avait vu ses États envahis par les Français. Obligé de fuir, il emmena son fils en Silésie où il resta jusqu'en 1681. Voulant à cette époque rentrer dans le Montbéliard, il traversait le Wurtemberg lorsqu'il fut arrêté par ordre du duc Frédéric-Charles, qui ne le mit en liberté que pour obéir à l'ordre de l'Empereur et après trois mandements impériaux successifs.

Lorsque Léopold-Eberhard eut atteint l'âge de dix-huit ans, il entra au service de l'Empire, y devint colonel et se distingua contre les Turcs en 1693 à la bataille de Tockay; il les força à la retraite et à repasser la Save, puis il voyagea quelques années. Il connut à Rejowitz, près de Posen, Anne-Sabine de Hedwiger, fille noble de Silésie, d'une rare beauté et d'un caractère aussi noble que désintéressé. Ces jeunes gens ne tardèrent pas à s'aimer; ils se l'avouèrent, ainsi que cela n'arrive que trop souvent à une jeunesse imprudente ; mais Sabine était vertueuse, et, malgré la différence de rangs, le prince se décida à l'épouser. Ce mariage morganatique se conclut sans l'autorisation de son père. (sa mère était morte dès 1680). Le jeune prince resta plusieurs années à l'étranger avec sa femme, dont il eut quatre enfants ; deux survécurent, une fille nommée Léopoldine-Eberhardine, et un fils appelé Georges-Léopold.

Anne-Sabine de Hedwiger avait trois frères : l'aîné, officier très-distingué et très-brave, était devenu par son mérite lieutenant général des armées du roi de Danemark ; le second était capitaine au service d'Autriche ; enfin le troisième présida la régence de Montbéliard. Le prince sollicita fortement l'Empereur de leur donner un rang proportionné à l'honneur qu'ils avaient de son alliance. Lorsqu'il eut succédé à son père, il en obtint pour eux et pour leur sœur le titre de comtes et de comtesse de Sponeck, nom d'un château dépendant de Montbéliard et situé sur les bords du Rhin, dans le Brisgau.

Le prince Georges avait fini par accepter le mariage de Léopold, surtout après la naissance d'un fils, et par lui permettre d'amener sa famille à Montbéliard, où il arriva en 1698. Cette arrivée fut marquée, pour Sabine de Hedwiger, par un malheur véritable, et fut le commencement de tous ceux qui la devaient accabler par la suite. Léopold-Eberhard avait retrouvé au service d'Autriche le fils d'un nommé Curie, dit l'Espérance, vieux soldat retiré à Montbéliard. Ce fils, soldat lui-même, alla tenter la fortune dans l'armée de l'Empereur, laissa de côté le *Curie*, se fit appeler de L'Espérance, devint officier, se maria, et mit au monde un fils, plus quatre filles belles comme le jour, et aussi spirituelles et adroites qu'elles étaient belles.

M. de L'Espérance retrouva à Posen l'héritier de son souverain, lui présenta ses devoirs, et le prince connut par là ces merveilleuses beautés, pour lesquelles son inconstance délaissa bientôt l'excellente Sabine.

Son cœur, encore incertain, hésitait d'abord entre les quatre ; mais, résolu à ne pas se séparer d'elles, il en chercha le moyen. Ce n'était point facile ; la bassesse de leur naissance, parfaitement connue à Montbéliard, les éloignait de tout, et ne permettait pas leur admission au palais. Le prince ne se rebuta pas ; il avait une grande séduction de parole et de manières; il excellait dans l'art de tourner les difficultés et de montrer les choses sous leur plus beau jour. Il avait succédé au duc Georges, son père, en 1699, dans la principauté de Montbéliard. Il demanda à l'Empereur le titre de baron pour L'Espérance, officier méritant, distingué, et jusque-là méconnu, disait-il, et qui n'ambitionnait pas d'autre récompense. L'Empereur ne lui refusa point cette faveur pour un militaire né sujet de Montbéliard, et auquel il était tout simple qu'il s'intéressât. Il ne fut, dans cette négociation, nullement question de ses quatre filles, qui se trouvèrent naturellement baronnes, et prirent un rang par la grâce de Sa Majesté.

Ce pas difficile franchi, le prince présenta ces dames à Sabine de Hedwiger, sa femme. Elles lui plurent d'abord beaucoup. Bien élevées, elles avaient des talents, de la grâce, de la douceur, de charmants caractères, et étaient remplies pour elle de respect et d'attentions délicates. La voyant dans de si bonnes dispositions, le prince en profita pour lui représenter que c'était pour elle une société toute trouvée, et qu'elle devrait les emmener avec elle à Montbéliard et les fixer près de sa personne. La jeune femme réfléchit, sans se douter encore de la vérité, c'est-à-dire de la passion de son mari : elle éprouva bientôt comme un pressentiment et refusa cette offre. Le prince insista : elle obéit avec sa douceur ordinaire, mais aussi avec une répugnance que l'avenir ne justifia que trop. Les baronnes de L'Espérance furent installées près d'elle, et se conduisirent pendant quelque temps de façon à laisser les soupçons incertains, sinon à les détruire. La pauvre Sabine, se voyant cependant négligée et devenant malheureuse, prit confiance en elles, se reprocha l'injustice de ses soupçons, et leur laissa voir une douleur dont elle ne pouvait pas deviner la véritable cause.

Ces quatre sœurs s'appelaient :
Sébastienne,
Henriette-Edwige,
Polixène,
Et Élisabeth-Charlotte.

La seconde, Henriette-Edwige, était mariée depuis 1697 à un gentilhomme de Silésie nommé Sandersleben ; sa sœur Sébastienne était veuve d'un homme de bas étage dont elle avait eu deux enfants : c'est à celle-ci que Léopold-Eberhard offrit d'abord ses vœux, et il prit pour elle une passion que rien ne peut rendre.

Sa femme, de plus en plus aveuglée, crut aux protestations de dévouement de Sébastienne de L'Espérance et à celles de ses sœurs, et les choisit souvent pour intermédiaires entre elle et son mari. Dieu sait ce qu'elles répétèrent, et comment elles arrangèrent les affaires de l'infortunée Sabine. Ce qu'il y a de sûr, c'est que le prince et sa femme firent leur entrée triomphante à Montbéliard escortés des quatre baronnes de L'Espérance, ces oiseaux de malheur, ces sirènes traîtresses qui ont si fort avili et dégradé cet indigne prince Léopold-Eberhard, triste héritier d'une grande et noble race.

A peine la comtesse de Sponeck fut-elle à Montbéliard que les intrigues, les indiscrétions calculées, les méchancetés aussi, lui révélèrent ce qu'elle avait ignoré jusque-là, ou du moins ce qu'elle s'était refusée à croire; elle sentit son cœur d'autant plus fortement blessé qu'elle avait eu plus de confiance.

Les quatre sœurs avaient des beautés différentes et toutes remarquables. L'aînée, Sébastienne, était grande, blonde, d'une taille imposante, mais gracieuse; elle semblait la plus douce et la meilleure des créatures ; ses yeux bleus s'allanguissaient et cherchaient une flamme qu'ils allumaient comme à leur insu. Henriette-Edwige, brune, ardente, passionnée, souvent sombre et jalouse, allant jusqu'à la menace, était d'autant plus dangereuse qu'elle était au fond maîtresse d'elle-même, très-soigneuse de ses intérêts, et très-prompte à deviner ce qui pouvait la servir.

Élisabeth-Charlotte, petite femme toute mignonne, toute charmante, gaie, folle, insouciante, ne vivait que pour le plaisir; elle chantait et dansait du matin au soir, et n'avait pas dans la tête un grain de bon sens.

Polixène était certainement le chef-d'œuvre physique de la création; elle réunissait en elle seule les beautés, les charmes, les séductions de ses trois sœurs. Elle avait la dignité de l'une, la fierté de l'autre, la gaieté, la grâce; elle avait tout : elle possédait de plus un esprit ravissant, une instruction variée et des talents enchanteurs. Elle plaisait toujours, à chaque moment, et à chaque personne à qui il fallait plaire. J'ai vu un portrait d'elle qu'on gardait à Montbéliard comme une merveille; la tradition disait qu'il n'approchait pas de sa magnifique et incomparable beauté.

Quant à la comtesse de Sponeck, à la vertueuse épouse, à celle qui méritait l'amour et le respect d'un prince ingrat, c'était un visage modeste, distingué, de beaux yeux, des cheveux superbes, un grand air, un caractère aimable, doux et résigné, un dévouement à toute épreuve, une bonté extrême, joints à un esprit plus juste que brillant. Elle devait succomber dans cette lutte contre des êtres pervers et dangereux.

Quelque mystère que le prince cherchât à apporter dans ses relations avec la belle Sébastienne de L'Espérance, la comtesse en fut instruite avec des détails si précis, qu'il ne lui fut plus possible de douter de l'infidélité de son mari et de l'insulte qu'il lui faisait en ayant une maîtresse sous son propre toit. Elle exprima cependant d'abord seulement de douces plaintes, cherchant, comme on doit le faire, à ramener son époux dans le sentier du devoir par son affection, sa douceur, et par le souvenir de leur ancien amour. Puis elle crut le toucher par sa résignation et la poussa jusqu'à la faiblesse, en n'exigeant pas le renvoi de celle qui lui enlevait son bonheur. Mais rien ne put arrêter cette passion coupable, qui se manifesta au grand jour par le don que Léopold-Eberhard fit à Sébastienne de L'Espérance du château de Seloncourt, et du titre qu'il lui donna de maîtresse d'hôtel de la cour, place occupée d'ordinaire par des dames de haute qualité.

Cependant, pour enlever à sa femme ses raisons de jalousie, il fit semblant de s'occuper de sa sœur Polixène, et si bien qu'en jouant cette comédie, il en tomba véritablement amoureux. Celle-ci le conduisit aux plus grandes folies, aux plus grands sacrifices, mais bientôt elle mourut (en 1708) à la fleur de son âge, presque au milieu d'une fête. Cette mort était un avertissement de Dieu peut-être; Léopold-Eberhard n'en profita pas, une fois entré dans une pareille voie, on ne s'arrête plus.

Déjà, le malheureux duc avait tourné les yeux vers madame de Sandersleben (la seconde des sœurs, Henriette-Edwige). Cette liaison excita la jalousie du mari de celle-ci. M. de Sandersleben, ayant eu quelques doutes sur la naissance d'un fils qui lui advint en 1700, fit un éclat, quitta le service du prince et se sépara de sa femme au commencement de l'année 1701.

La patience de la comtesse de Sponeck finit par l'abandonner. Après avoir supporté pendant de longues années ce supplice, après avoir essayé des reproches, qui ne firent qu'irriter et aigrir son mari, elle se retira dans son appartement et ne voulut plus avoir rien de commun avec ce prince dépourvu de tout principe, et dont les idées fausses, puisées dans le Coran, avaient sûrement troublé le cerveau. Elle ne vit plus que des âmes bonnes et charitables qui la plaignirent, la consolèrent, qui trouvèrent le moyen de lui rendre supportable cette existence infernale à laquelle bien peu de femmes eussent pu résister. A la fin cependant, bravée avec une insolence sans pareille, elle reprit toute sa dignité, chassa de sa présence, dans une occasion qui se présenta, ces femmes méprisables, artisans de ses malheurs, et dès le soir même demanda à quitter la cour, à emmener ses enfants, à vivre désormais loin de ceux qui l'avaient outragée. Léopold-Eberhard y consentit, et ils se séparèrent par consentement mutuel en 1709.

Il lui donna pour sa vie la jouissance du château d'Héricourt et des terres qui en dépendaient, ainsi que des droits et revenus. Elle s'y retira pour y finir sa vie, et mourut en 1735, après avoir vu son mariage cassé, comme je le dirai. Elle était fort aimée ; la cour tout entière la conduisit à cet asile, où elle fut escortée par quarante jeunes gens à cheval des plus honorables familles de Montbéliard. Le prince de Wurtemberg-Oels, le propre beau-frère de Léopold-Éberhard, voulut se joindre à ce cortége. Ce fut un grand sujet de fureur pour ses ennemis ; Henriette-Edwige faillit en étouffer de colère.

Cette séparation porta malheur au duc, car cette même année 1709 mourut madame de Sandersleben, dont il avait eu cinq enfants depuis qu'elle était séparée de son mari. Cette seconde mort parut le frapper, et il songea à assurer non-seulement le sort de ces enfants, dont deux survécurent, mais aussi le sort de ceux qu'elle avait eus de M. de Sandersleben. Il adopta ceux-ci comme les autres, leur donna le comté de Coligny, qui provenait de sa mère Anne de Coligny, et plusieurs fiefs et domaines allodiaux tant dans les seigneuries que dans le comté de Montbéliard, et leur fit prendre le nom et les armes de Coligny avec le titre de comtes [1]. Les uns s'appelèrent de Sandersleben-Coligny, les autres de L'Espérance-Coligny.

Cependant les charmes de la quatrième sœur parlèrent bientôt à leur tour à l'imagination de ce prince immoral. On voit que cette triste et curieuse histoire

---

[1] Comme une partie de ces biens était sous la domination de la France, le prince, pour mettre ces enfants à couvert du droit d'aubaine, obtint pour eux de Louis XV des lettres de naturalité, de confirmation de l'adoption des Sandersleben, de la légitimation des deux *Damoiselles* de L'Espérance-Coligny, ainsi que de la donation qu'il leur avait faite. L'aîné eut le comté de Coligny sis en Bourgogne, le second eut Baldenheim et les autres fiefs alsaciens qui sont devenus vacants en 1719 par l'extinction des Chamlay.

ressemble, à quelques nuances près, à celle de Louis XV et de mesdemoiselles de Nesle qui furent également, on le sait à la honte de leur nom, vieux comme la monarchie, l'une après l'autre, peut-être ensemble, les maîtresses d'un roi faible et corrompu par les mœurs de la Régence. Mais Élisabeth-Charlotte de L'Espérance finit, après plusieurs années de liaison, par décider le duc à l'épouser. Le mariage de celui-ci avec la comtesse de Sponeck, dont il était séparé de fait depuis cinq ans, fut cassé le 6 octobre 1714, et le 15 août 1718 il épousa morganatiquement, en secondes noces, Élisabeth-Charlotte de L'Espérance dont il avait eu cinq enfants, et dont il en eut deux autres après ce mariage.

L'indignation publique allait toujours en augmentant. On agita même à la diète la question de sa déchéance, on préférait le regarder comme fou que d'accepter de semblables scandales ; d'autres motifs prévalurent, et on laissa aller les choses.

Cependant on ne savait où s'arrêterait sa démence. Il maria l'année suivante Léopoldine-Éberhardine, la fille qu'il avait eue de son mariage avec la comtesse de Sponeck, avec Charles de Sandersleben-Coligny ; puis il maria Georges-Léopold, comte de Sponeck, son fils, désigné prince héréditaire, à Éléonore-Charlotte de Sandersleben-Coligny, c'est-à-dire ses enfants du premier lit avec ses enfants adoptifs. On comprend que la comtesse de Sponeck s'y opposa de tout son pouvoir, qu'elle refusa son consentement, mais on passa outre.

Le lecteur comprend qu'il avait ainsi marié ses enfants avec ceux de M. de Sandersleben, mais cela n'en fit pas moins un scandale et un bruit dont rien ne peut donner l'idée. On dit mille choses plus affreuses les unes que les autres, on prononça même le mot d'inceste, les relations que le prince avait eues avec madame de Sandersleben, même pendant qu'elle vivait avec son mari, firent supposer, ce qui n'était certainement pas vrai, qu'il avait marié le frère avec la sœur. Quelque affreuse et immorale que soit la conduite de Léopold-Éberhard, le contraire paraît certain, et la date de ses relations avec madame de Sandersleben devait le prouver suffisamment. Comment croire d'ailleurs, sans frémir, à un pareil crime?

Mais tout le reste était déjà si affligeant, que le mécontentement devint général. La honteuse conduite de Léopold-Éberhard révolta toute la population; et, cédant aux sollicitations réitérées de bon nombre de bourgeois et d'habitants de la campagne, le magistrat de Montbéliard déclara qu'après la mort du prince, on ne reconnaîtrait pour successeurs que ses enfants nés en légitime mariage.

Cette déclaration excluait éventuellement, non-seulement tous les Coligny, enfants adoptifs ou naturels, mais encore les enfants de la seconde femme nés avant le mariage, messieurs de L'Espérance. On juge du mécontentement, des cris que poussèrent les personnes intéressées, et des démarches qu'elles firent, ainsi que Léopold-Éberhard, pour triompher de cette résistance.

Un second coup de foudre vint encore frapper le coupable prince; un coup plus violent que ceux auxquels il s'attendait, et contre lequel il n'y avait ni rémission ni recours. La déclaration du magistrat de Montbéliard était juste, de toute justice; celle qui survint et qui émana de l'Empereur peut être taxée de rigueur et d'inflexibilité. Un mandement de Charles VI, du 8 novembre 1721, fit défense aux bourgeois de

Montbéliard et aux habitants du comté, de reconnaître pour prince aucun des enfants de Léopold-Éberhard, et déclara la branche de Wurtemberg-Stuttgard habile à succéder après sa mort. Il est vrai que les pactes domestiques de la maison de Wurtemberg, aussi bien que les lois de l'Empire, rendaient Georges-Léopold de Sponeck inhabile à succéder aux fiefs de Montbéliard qui se trouvaient dans la directe ou immédiateté de l'Empire. Le duc de Montbéliard avait lui-même fait à Wildbade, en 1715, un traité relativement à la succession éventuelle de Montbéliard, par lequel il reconnaissait qu'elle devait passer après lui au rameau de Wurtemberg-Stuttgard. Il l'avait fait en haine de la pauvre comtesse de Sponeck, que ses nouvelles maîtresses lui rendaient odieuse et qu'il voulait frapper dans ce qu'elle avait de plus cher, dans ses enfants [1].

Plus tard, la soumission du jeune comte de Sponeck aux volontés de son père et son mariage, lui rendirent d'autres sentiments; d'ailleurs cette cause était devenue aussi celle des L'Espérance; ils se réunirent tous pour tâcher de faire déchirer le traité; leur père ne s'y refusa point. Un bruit courut à cette époque, bruit qui se confirma plus tard et que je retrouve avec toutes les explications dans une lettre que je vais transcrire. Cette lettre, qui n'a point de signature, est adressée à mon grand-père. Elle est écrite dans certaines parties avec un langage de convention, soit allemand, soit français; cependant j'ai lieu de penser qu'elle émane d'un des Sponeck, frère de la malheu-

---

[1] On a voulu jeter du doute sur la validité ou même sur la réalité du mariage morganatique de la comtesse de Sponeck; ce qui est certain, c'est que le duc Léopold fit dresser un acte de divorce le 6 octobre 1714. (Note de l'auteur.)

reuse Sabine, celui qui a présidé la régence de Montbéliard et avec lequel M. de Waldner eut de fréquents rapports dans la négociation de cette difficile affaire. Voici cette lettre :

« Monsieur le baron,

D'après votre désir, je viens vous rendre compte, le plus succinctement possible, de ce qui s'est passé dans nos deux visites et des résultats que j'en ai obtenus. Il ne m'est plus permis de conserver de doutes sur ce que nous avons dit ensemble la dernière fois que j'ai eu l'honneur de vous voir; et, lorsque vous aurez lu ces lignes, vous le penserez comme moi. J'ai commencé par le château d'Héricourt. Je trouvai la chère personne qui l'habite triste et dolente comme de coutume, mais exempte de toute inquiétude. Elle se reposait au contraire avec une sorte de douceur, sur l'idée de voir son fils en possession des droits de sa naissance, non qu'elle eût pour elle-même aucune pensée d'ambition, mais dans l'espoir qu'il serait plus heureux qu'elle dans l'avenir, en faisant aussi le bonheur de ses sujets. Elle me communiqua des projets, des certitudes, croyait-elle; elle ne doutait pas que son cher fils ne parvînt à occuper une place brillante dans l'histoire, et à se faire un nom illustre qui puisse racheter les fautes de son père.

Je lui demandai des nouvelles de ce cher Georges.

— Il est allé voir son père, me répondit-elle tranquillement; il devait le remercier de ce qu'il vient de faire, et tâcher de s'en rendre plus digne encore par l'attachement qu'il lui témoigne.

Je ne pus m'empêcher de trembler, en songeant à l'avis que j'ai reçu, mais je ne voulus point montrer des craintes qui pouvaient être chimériques, et je continuai mon interrogatoire.

— Où est le duc en ce moment? il n'est point à Montbéliard.

Je le savais parfaitement, mais je voulais avoir l'air de l'ignorer pour donner plus de poids à mes conseils.

— Il est à Seloncourt, chez la baronne Sébastienne de L'Espérance, dit en pâlissant un peu la victime de ces abominables femmes.

— Georges de Sponeck y est aussi?

— Certainement, et je dois ajouter qu'il y est entouré de soins et comblé de caresses.

— Ne le rappelez-vous point?

— Pourquoi faire?

Et aussitôt l'inquiétude brilla dans le regard maternel.

— A votre place, continuai-je sans avoir l'air de l'entendre, je le rappellerais ici.

— Vous savez quelque chose? interrompit-elle, parlez de suite. Qu'y a-t-il? quel malheur me menace encore?

— Aucun autre que celui de revoir votre fils si vous me chargez de l'aller chercher à Seloncourt.

— Vous ne me parleriez point ainsi sans une raison majeure, expliquez-vous tout à fait, je le veux, je l'exige.

— Ma chère amie, je n'ai aucune explication à vous donner. Vous savez quelle vie on mène à Seloncourt, vous savez quels exemples il y peut prendre, ce qu'il y peut entendre, il me semble que près de vous...

Elle me regarda un instant comme pour chercher jusqu'au fond de mon âme, puis elle me dit en me regardant toujours :

— Vous avez raison, il faut que Georges revienne.

Elle se mit à écrire et se montra plus impatiente que moi de revoir son fils. Pour la satisfaire, il fallut partir le lendemain avec le jour ; je ne me fis pas prier.

Je tombai à Seloncourt comme une bombe, et mon arrivée atterra les deux femmes à ce point qu'elles trouvaient à peine une parole à m'adresser. Le prince était absent, mais le comte Georges était là, avec ses jeunes frères. Je n'oublierai jamais mon entrée dans cette salle où une grande table était dressée, couverte de mets de toutes sortes, de vins divers, de fruits merveilleux ; ces deux femmes étaient parées, et quelques-unes de leurs compagnes de plaisir les entouraient. Les enfants couraient par la chambre. L'embarras fut extrême, je dirai plus, l'anxiété était visible. La baronne Sébastienne s'avança vers moi, et me demanda d'une voix émue qu'elle s'efforçait de rendre arrogante :

— Qui vous amène ici, monsieur le comte ?

— Son Altesse est-elle à Seloncourt, madame la baronne ?

— Non, monsieur, mais, vous le voyez, on l'attend à chaque minute.

— Son Altesse vient souper ce soir ici ?

— Elle va venir ; j'ai l'honneur de vous le répéter.

— Je l'attendrai alors.

Cette décision parut achever la contrariété des L'Espérance ; elles causèrent quelques instants tout bas, puis la baronne Charlotte revint à la charge.

— Peut-être le duc tardera-t-il, monsieur.

— Je ne vous gêne point, j'espère, madame la baronne, lui demandai-je avec un demi-sourire.

— Non certes... monsieur... mais si l'on pouvait savoir...

— Ce que je désire de Son Altesse? Oh! rien n'est plus facile : je viens chercher le comte Georges de la part de la comtesse sa mère.

Les deux serpents se regardèrent interdites en pâlissant, à faire pitié si on ne les avait pas connues. Je suivais tous leurs mouvements; elles s'en aperçurent, et leur gêne en redoubla.

— Cependant... monsieur... le comte Georges... on nous l'avait promis... il devait rester... Son Altesse... ne voudra pas... ne pourra pas...

— Son Altesse ne le refusera point à sa mère, je suppose, madame.

Le ton sévère avec lequel je prononçai ces paroles leur imposa sans doute; elles ne me répliquèrent rien. Il y eut alors des allées, des venues, des changements de couverts, de bouteilles, je ne sais quelle gêne générale apportée par ma présence, enfin un abattement chez les deux sœurs très-remarquable à observer; rien ne m'échappait, je vous le jure. Les chuchotements ne cessaient point. Je voyais, avec une sorte de malin plaisir, le désappointement qu'elles éprouvaient, l'ennui que leur donnait la nécessité de m'engager à ce repas, et qu'elles n'osaient avoir l'impertinence de ne pas le faire. Elles risquèrent une demi-invitation :

— Si monsieur le comte voulait....

Et du geste elle me montra un domestique me présentant un plateau. Je remerciai également du geste, sans ajouter une parole; l'embarras resta donc le même. Je ne prononçais pas un mot, ou je causais avec le comte Georges à voix basse. On eût dit qu'un manteau de glace s'étendait sur cette société auparavant si rieuse. Les deux sœurs s'étaient retirées dans la vaste embrasure d'une croisée. Elles causaient vivement et à demi-voix en polonais, ne croyant être comprises de personne. Heureusement je m'en rappelais quelques mots et je pus saisir à peu près le sens de leur discours dont la conclusion fut ceci :

— Il faut y renoncer, disait Sébastienne, on a des soupçons.

— Cela vous est facile à dire; quant à moi, je l'ai résolu et ce sera.

Je ne saurais vous rendre l'expression pour ainsi dire féroce de ce visage d'ordinaire si riant; j'en fus épouvanté. La baronne s'avança vers moi :

— Puisque vous refusez notre hospitalité, monsieur le comte, il est, je crois, malséant de vous faire attendre Son Altesse, qui peut-être tardera beaucoup; vous pouvez emmener dès à présent le comte Georges, je prends sur moi de prévenir le duc; il le trouvera bon. Je suis d'ailleurs fort empressée d'être agréable à madame de Sponeck en lui renvoyant son fils. On m'a faite à ses yeux méchante et noire, je tiens à lui prouver que je vaux mieux que ce portrait. Veuillez le lui dire de ma part.

— Personne ne vous a calomniée près de la comtesse, madame, répondis-je; ce qu'elle sait de vous, c'est par vous-même qu'elle l'a appris.

J'appelai le jeune comte, je fis une révérence tronquée et je m'en allai coucher, avec cet héritier du prince, dans une auberge de village, sur la route, avec plus de confiance que sous le toit de Seloncourt, où, j'en suis convaincu, un danger certain l'attendait. Ces femmes perverses sont capables de tout pour frayer un chemin aux enfants de Charlotte, et le comte Georges est le seul obstacle entre l'héritage paternel et eux.

Voilà, monsieur le baron, les détails que je vous ai promis. Ils confirment le bruit public, nos avertissements particuliers. Plaise au ciel que nous parvenions à écarter ce danger ! »

Ce bruit d'empoisonnement se répandit partout ; il devint assez fort pour préoccuper l'opinion, et qui sait si le mandement de l'Empereur n'a pas sauvé la vie au comte de Sponeck en le deshéritant ? M. de Waldner, on le voit, prenait grand intérêt à la comtesse de Sponeck, et par conséquent à son fils. Ses talents diplomatiques et ses qualités d'homme d'État lui donnaient un grand crédit sur l'esprit de Léopold-Eberhard. Il en profita souvent dans l'intérêt de la pauvre délaissée et de ses enfants.

Ainsi que je l'ai dit, Charles VI, en faisant son mandement, ratifiait le traité de Léopold-Éberhard lui-même. Il défendit aux enfants du duc de Montbéliard de prendre le nom et les armes de Wurtemberg. Mais outre la principauté de Montbéliard, proprement dite, le prince possédait des fiefs et des terres allodiales qui relevaient de la France. C'étaient les seigneuries de Blamont, Passavant, Clerval, Granges, Héricourt, Châtelot et Clémont, en Franche-Comté; puis, en Alsace, la seigneurie de Riquewihr et le comté de Horbourg [1]. Comme les lois françaises ne font pas de distinction entre les mariages égaux et inégaux, le comte de Sponeck se trouvait en droit de réclamer l'héritage de ces fiefs, qui ne dépendent pas de la mouvance wurtembergeoise, et sont soumis à la jurisprudence française.

---

[1] Auprès de Passavant se trouve une grotte célèbre par ses congélations. Les princes de Montbéliard ne reconnaissaient pas les prétentions de souveraineté de la France sur les terres de Blamont, Héricourt, Châtelot et Clémont; prétentions dans lesquelles elle succédait aux comtes de Bourgogne depuis la conquête de la Franche-Comté. On verra plus loin que l'indépendance de ces seigneuries fut maintenue jusqu'en 1748.

Le duc Léopold-Eberhard partit pour Paris (le 28 avril 1720) avec MM. de Coligny et le baron de Waldner, alors grand chambellan du prince de Birckenfeld, pour assurer l'état et la fortune de ces jeunes gens, en assurant d'abord ceux du comte de Sponeck auquel mon aïeul s'intéressait avant tout. Dans ce but, M. de Waldner fit encore après un voyage à Vienne en 1722, afin de solliciter la révocation du mandement impérial; ses efforts furent infructueux [1]. Le futur prétendant était avec lui. Ils restèrent huit mois en démarches, en prières, sans rien obtenir, et revinrent fort tristes à Montbéliard.

Très-peu de temps après, au commencement de l'année suivante, Léopold-Eberhard était au château, entouré de sa cour ordinaire, de ses enfants légitimes, naturels et adoptifs, lorsqu'il fut frappé, au milieu d'un festin, d'une attaque d'apoplexie foudroyante. Il ne reprit point entièrement connaissance, ne put faire aucune nouvelle disposition, et mourut trois semaines après, d'une seconde attaque, le 25 mars 1723, avant que cette affaire de succession fût terminée. Il avait cinquante-trois ans. La comtesse de Sponeck était accourue près de lui au premier danger; elle le soigna avec une affection et une miséricorde qui donnèrent la mesure de sa vertu et apportèrent un lustre nouveau à son caractère déjà si estimable et si estimé! Les autres lui cédèrent la place et commencèrent à s'occuper d'intrigues pour leur position à venir.

Le prince fut inhumé sans aucune pompe, presque mystérieusement : on craignait les insultes du peuple dont il était abhorré; on le porta de nuit à l'église, assure-t-on; ce furent ensuite de grands embarras pour les bourgeois et les paysans.

[1] Il était alors ministre du duc de Montbéliard.

CHAPITRE XXXIII.

Déjà, sur la nouvelle de sa maladie, le duc de Wurtemberg-Stuttgard avait adressé des lettres patentes à tous ses vassaux et sujets de la principauté de Montbéliard, leur enjoignant de le reconnaître pour leur légitime souverain à la mort de Léopold-Éberhard. A la réception de ces lettres patentes, les trois corps représentant la bourgeoisie de Montbéliard s'étaient réunis, et, malgré l'insistance de quelques conseillers qui voulaient faire admettre les droits du comte de Sponeck, né en légitime mariage, quoique morganatique ou inégal, la majorité refusa de le reconnaître en qualité de prince héréditaire.

Le lendemain de la mort du duc, le comte de Sponeck se rendit à l'hôtel de ville, et somma le magistrat, c'est-à-dire le corps dont j'ai parlé, de lui prêter serment. Cette démarche lui avait été conseillée par le baron de Waldner, bien qu'il n'en espérât pas grand'chose ; mais il fallait faire acte de ses droits. La comtesse Sabine, plus morte que vive, attendait son retour avec une anxiété que l'on conçoit sans peine. Elle lui répétait dans son désespoir :

— Hélas! mon cher enfant, c'est moi qui vous ruine ; si vous aviez une autre mère, vous seriez aujourd'hui puissant et honoré.

L'excellente femme se trompait, c'était plutôt le duc Éberhard que l'on poursuivait dans son fils, que l'insuffisance de sa naissance. Il s'était rendu tellement odieux que les trois conseils, tout en témoignant honnêtement leurs regrets au comte de Sponeck, maintinrent leur décision. Le comte de Sponeck n'en publia pas moins un mandement à l'effet d'exhorter ses sujets de Montbéliard à lui rester fidèles.

Le lendemain même de ce jour le comte de Grœvenitz, envoyé par le duc de Wurtemberg-Stuttgard, fit prêter serment de fidélité à son maître.

Le comte de Sponeck résista par un nouveau mandement défendant à ses sujets d'obtempérer aux ordres du duc et de ses agents. Le comte de Grœvenitz et MM. de Negendanck et Georgii, les deux autres plénipotentiaires du duc de Wurtemberg-Stuttgard, s'entendirent avec le général de Montigny. Celui-ci se mit à la tête des paysans du comté de Montbéliard, entra dans la ville, s'empara de tous les postes, et bloqua le château de Montbéliard, où se trouvait la famille du feu duc. Les plénipotentiaires se rendirent en même temps à l'hôtel de ville et sommèrent le magistrat de reconnaître leur maître, le duc de Wurtemberg, comme souverain de Montbéliard.

La comtesse de Sponeck n'avait point perdu son temps ; elle avait vu, un à un, tous les conseillers, leur avait promis monts et merveilles, les avait si bien séduits, enfin, je dirai même touchés par son dévouement à son fils et par ses malheurs, qu'elle avait obtenu d'eux de refuser les plénipotentiaires et de s'en rapporter à la décision de l'Empereur. Ils répondirent au comte de Grœvenitz qu'ils restaient neutres et attendraient pour régler leur conduite.

C'était beaucoup sans doute, ce n'était pas tout encore ; la tendre mère se trouva partagée entre les dangers que courait son fils, assiégé dans le château, et le désir d'aller elle-même à Vienne faire valoir ses droits. La crainte l'emporta, elle resta, mais elle écrivit, et envoya un messager fidèle avec une lettre des plus pressantes.

« Je me jette aux pieds de Votre Majesté impériale, je la supplie de considérer le peu que je suis et d'avoir pitié du fils de Léopold-Éberhard. Il est bien du sang de Wurtemberg, il a droit à l'héritage de son père ; et

CHAPITRE XXXIII.

César est trop juste pour le déshériter. Si c'est moi qui suis un obstacle, je disparaîtrai, je ne reverrai jamais mon fils, j'en prends l'engagement sacré et solennel. Mais qu'il ne soit pas traité comme les fruits de l'adultère, qu'il obtienne de l'Empereur la justice due à un innocent ; en dussé-je mourir de chagrin loin de lui, je ne m'en plaindrai pas. »

La demande arriva trop tard, ou elle ne fut pas écoutée. L'Empereur déclara les enfants de Léopold-Éberhard « inhabiles à toute succession allodiale, ainsi qu'à celle des fiefs dépendants de l'Empire. »

Pendant ce temps le général de Montigny avait sommé le comte de Sponeck de quitter le château de Montbéliard qu'il avait fait entourer de corps de troupes. Le jeune homme résolut de se défendre, de tenir ferme, dans ce qu'il regardait comme son héritage, et de ne céder qu'à la dernière extrémité. Sa mère, tremblante, lui fit parvenir plusieurs avis, pour l'engager à temporiser et surtout à ne point exposer sa vie. Les Coligny faisaient bonne contenance, leur cause dépendait de la sienne, quoique plus qu'éventuelle. Aussi, lorsqu'ils le virent résolu à ne rendre le château qu'avec la vie, ils trouvèrent la chose grave, et parlèrent de capituler. Ils furent écoutés par ce qui les entourait ; le comte Georges se trouva subitement abandonné, bientôt trahi ; il fut obligé de se rendre, de livrer le château et de l'évacuer. Il le quitta honorablement, et partit avec le plus jeune des deux comtes de Coligny (Ferdinand-Éberhard) pour l'Alsace, escorté jusqu'à la frontière du comté par un détachement de cavalerie.

La seconde femme légitime de Léopold-Éberhard, Élisabeth-Charlotte de L'Espérance, se rendit à Clerval avec ses enfants. Défense fut faite aux fermiers des domaines provenant de la succession du duc de payer leurs baux. Pour dernier coup, un mandement de l'Empereur enjoignit à tous les bourgeois et autres sujets du comté de Montbéliard de prêter serment de fidélité à Éberhardt-Louis, duc de Wurtemberg-Stuttgard, comme à leur seul et légitime souverain.

Ainsi passa cette souveraineté du rameau de Wurtemberg-Montbéliard dans la branche aînée de Wurtemberg-Stuttgard. Le prétendant de Montbéliard, appelé en Allemagne le comte de Sponeck, se retira en France, où il porta le titre de comte de Montbéliard, ainsi que les armes de Wurtemberg écartelées de celles de Montbéliard qui sont de gueules à deux bars adossés d'or [1]. Sur ses nouvelles réclamations, le roi Louis XV se détermina, la même année 1723, à mettre sous séquestre les seigneuries en litige, et ne les rendit qu'en 1748, en vertu d'un traité par lequel la maison de Wurtemberg reconnut sa suzeraineté sur les seigneuries disputées.

La comtesse de Montbéliard devint dame d'honneur de la reine de Pologne, femme du roi Stanislas. Tous les deux se firent catholiques en 1731 [2]. Le comte de Montbéliard, né en 1697, mourut en 1749 à la suite d'une chute de voiture, en allant de Paris à Versailles. Sa femme ne lui survécut que trois ans. Il en avait eu deux filles et un fils, George, comte de Montbéliard : c'est celui qui était venu me voir et qui a amené cette longue digression.

---

[1] Le titre de prince héréditaire de Montbéliard est donné au comte de Sponeck dans les lettres patentes de naturalité obtenues du roi au mois d'août 1719. Il y est qualifié de prince et de *cousin* de Sa Majesté.

[2] Le comte de Sponeck, qui continuait toujours à porter le titre de prince de Montbéliard, eut à cette cérémonie pour parrain et marraine le duc de Luynes et la princesse de Carignan.

CHAPITRE XXXIII.

Le comte de Coligny (Sandersleben), fils adoptif du prince Léopold-Éberhardt, et son gendre, mari de la sœur du prétendant, fut obligé de faire enfermer cette jeune femme qui perdit la raison peu d'années après son mariage. Il avait eu d'elle cinq enfants, dont trois fils, savoir : Léopold-Ulric, — Charles-Ferdinand, — et Frédéric-Eugène, qui perpétueront probablement le nom de Coligny.

Élisabeth-Charlotte de L'Espérance, la dernière des quatre sœurs et seconde femme du duc, mourut à l'âge de cinquante et un ans, à Ostheim, longtemps avant ma naissance. MM. de L'Espérance, ses fils, moyennant une pension annuelle de quatorze mille florins qui leur fut payée par le duc de Wurtemberg, et en conservant les domaines situés en France, octroyés par Léopold-Éberhard, renoncèrent formellement à toutes prétentions aux armes et titre de Montbéliard, ce qui fut l'objet d'un traité conclu sous la médiation de l'empereur François Ier, en 1758, et ratifié par lui en 1761.

Après cette convention, l'aîné, Léopold, prit le nom de comte de Hornbourg. C'était encore un de mes visiteurs cités ; il avait soixante-quatorze ans. Son neveu, le comte de Montbéliard, a onze ans de moins.

Son frère, Charles de L'Espérance, est devenu fou et est mort, en 1760, à Gratz, en Styrie [1].

---

[1] Connu sous le nom de chevalier de Balde et près avoir, en 1751, donné quelques signes de folie, il voulut le 6 août 1753 pénétrer avec violence à Schœnbrunn dans le cabinet de l'impératrice Marie-Thérèse, malgré les observations du duc d'Ursel, chambellan de service, et, ayant tiré son épée, il en blessa le valet de chambre qui voulait lui barrer la porte ; puis il gagna le cabinet où l'impératrice travaillait avec son secrétaire privé. Celle-ci n'eut que le temps de se réfugier dans le cabinet de l'Empereur. Un gentilhomme de l'ar-

Le troisième, Georges, baron de L'Espérance, est brigadier des armées du roi depuis plusieurs années.

Ainsi qu'on l'a vu, j'étais restée en bonnes relations avec toute cette famille en souvenir de mon grand-père, ce qui ne nuisit jamais aux bontés dont la branche actuellement régnante me combla constamment, moi et tous les miens. C'est une étrange histoire que celle de ce duc Léopold-Éberhard ; il me semble que j'en ferais bien un roman si je savais les faire. J'ai eu souvent envie d'en parler à madame de Genlis. Madame la duchesse de Bourbon disait que cette femme était trop vertueuse pour traiter ce sujet-là.

CHAPITRE XXXIV

Panurge. — *Lanterneries*. — La duchesse de Bourbon au bal de l'Opéra. — M. de Florian lit son *Bon Fils*. — Bal chez la reine. — Dîner en Chine. — Madame de Blot et les côtelettes. — Mademoiselle de Domsdorf. — Le rouge de mademoiselle Martin. — Le bailli de Suffren. — Le duc de Crillon-Mahon. — Milord Hampden. — Une reconnaissance aux Indes. — Gozon. — Une chute. — Les Sérent et les Sorans. — Présentation de madame de Staël. — *Le Premier Navigateur*. — M. de Saint-Priest. — Madame Dugazon. — Un voleur qui a de la présence d'esprit. — Molé et mademoiselle Contat. — La comtesse de La Massais. — La marquise de Livry et madame de Genlis.

Madame la duchesse de Bourbon nous fit l'honneur de nous donner à dîner et de nous conduire ensuite à

chiduc Joseph put s'emparer de lui jusqu'à l'arrivée des trabans qui le désarmèrent. Il fut enfermé d'abord à l'hôpital Espagnol, puis au couvent de Rain à Steinmarck. Cet événement fit à cette époque beaucoup de bruit.

CHAPITRE XXXIV.

l'Opéra, dans la loge de madame la comtesse de La Massais. On donnait *Panurge dans l'île des Lanternes*, opéra du sieur Morel, musique de Grétry, joué depuis un an avec succès. Spectacle singulier par les costumes chinois et les décorations riches et multipliées. Gardel et Vestris se surpassèrent dans le divertissement du troisième acte. Les danses étaient charmantes; en un mot le succès était plutôt dû aux accessoires qu'à la pièce elle-même. On dit, bien entendu, toute espèce de *lanterneries* sur ce spectacle. A propos des lanternes de papier, on assurait qu'elles étaient ainsi, parce que le sieur Morel ne savait pas faire de verres (de vers). On fit aussi une caricature où Panurge était jeté par la fenêtre et soutenu par des balais (ballets), par Vestris et Gardel. Enfin arriva l'inévitable quatrain :

> Voyez à quoi tient un succès!
> Un rien peut élever comme un rien peut abattre.
> Blanchard était perdu sans le pas de Calais,
> Et Morel sans le pas de quatre.

Ceci avait été fait l'année d'auparavant après l'arrivée de l'aéronaute Blanchard, poussé par bonheur vers les côtes de France.

Nous allâmes, après souper, encore au bal de l'Opéra avec la princesse. Elle s'y amusa fort, mais je m'y ennuyai beaucoup. Elle avait entrepris d'intriguer son frère, et y réussit à un tel point qu'il ne la voulait plus quitter. Elle se réfugia près de moi ; je ne savais que dire, n'étant pas au courant des premiers discours. Elle ne le ménagea point, et lui parla longtemps en ma présence, de telle façon que je ne comprends pas qu'il l'ait souffert. Nous eûmes une peine infinie à nous en débarrasser au moment du départ.

— Vous aurez beau fuir, je vous retrouverai, répétait-il.

— Oh ! pour cela, je vous en réponds, répliqua la princesse de sa voix naturelle.

Il se frappa le front, comme un homme dont les yeux s'ouvraient à une vérité facile, et se retira.

Je m'aperçois d'un oubli en relisant mes notes. J'ai négligé de parler, à la date du 25, du reste de ma journée. Cependant je dînai chez moi avec M. de Florian, et c'est un charmant souvenir; il nous lut son *Bon Fils*, pièce pleine d'intérêt et de charme. Nous pleurâmes tous. M. de Florian a un esprit qui pénètre, car il est rempli de cœur. Chacun de ses mots porte ; il sent vivement ; il est bon, il est dévoué comme une femme. Je contai le soir cette bonne fortune à la princesse, qui m'en voulut de ne pas la lui avoir ménagée et qui réclama une seconde lecture. Madame la duchesse d'Orléans en voulut être aussi ; cette lecture n'eut lieu que plus tard.

27 février. — Il y avait bal chez la reine. Ma présentation, on le sait, m'y invitait de droit. Je partis à cinq heures pour Versailles, avec le baron d'Andlau et la Schneider, emportant ma toilette. Je m'étais faite aussi belle que possible, cette fête devant être magnifique. Madame de Bombelles m'attendait pour m'y conduire. Le coup d'œil était en effet admirable. La reine avait un éclat merveilleux ; on ne tarissait pas sur sa beauté. Elle portait une aigrette de pierreries d'un prix inestimable. Je vis à la cour quantité de jeunes et jolies femmes ; il y en avait beaucoup cette année-là, entre autres une princesse allemande, parente de Sa Majesté, qui lui ressemblait avec un grain de jeunesse de plus, ce qui ne gâte rien. Nous restâmes jusqu'à onze heures et demie à voir dan-

ser, à nous promener dans la salle à manger et dans la salle de jeu. Ce qui s'y perdit d'argent me serra le cœur. Quelle horrible et funeste passion ! Nous revînmes à Paris à trois heures et demie du matin. C'était, sur la route, une file de carrosses comme à la promenade de Longchamps ; il y avait tant de torches devant et derrière, qu'on ne savait de loin ce que ce pouvait être, quelque procession de fantômes pour le moins..

28 février. — Après avoir dîné chez nous, *en Chine*, selon l'expression de la princesse, qui souvent nous appelait plaisamment les Chinois, du nom de notre hôtel, nous allâmes avec elle à la *Caravane*, opéra en trois actes, encore du sieur Morel et de Grétry. On en peut dire autant que de *Panurge :* paroles et musique sont faibles, mais le spectacle, la danse, les habits suffisaient pour attirer toute la France. — C'est ennuyeux, mais cela m'amuse ! disait madame la duchesse de Bourbon. On ne peut mieux définir cette sorte de procession dont on ne manqua pas la parodie sous le titre du *Marchand d'esclaves*.

Nous allâmes ensuite chez mesdames les duchesses d'Orléans et de La Vallière. Nous trouvâmes au Palais-Royal madame de Fleury qui me sembla plus jolie, plus gaie, plus spirituelle que jamais. Elle lutinait madame de Blot, dont la prétention était de ne vivre que d'ambroisie, et qu'on avait surprise dans son arrière-cabinet dévorant des côtelettes. Celle-ci s'en pâmait de colère et niait avec aigreur.

— C'étaient des côtelettes de porc, répétait madame de Fleury, on en a vu les os, madame.

— Ah ! madame, ne prononcez pas ce mot, c'est à s'évanouir !

— Le mot vous blesse, madame, mais ces bonnes côtelettes. Oh ! comme vous les mangiez !

Et chacun de rire ! madame de Blot ne s'en consolait pas. Elle voulait absolument n'être qu'une essence éthérée, quelque chose d'aérien, de transparent, une ombre. C'est un des ridicules les plus corsés que j'aie vus ; mais c'était bien un des plus charmants visages qui eût existé.

1er mars. — J'allai voir madame de Hornbourg avant d'aller dîner chez madame la duchesse de Bourbon. Une personne que j'aimais beaucoup m'attendait chez moi au retour, mademoiselle de Domsdorf. Avec quel plaisir je la revis, et comme nous parlâmes ensemble de notre cher Montbéliard ! Je la trouvai plus jolie que jamais, avec un air plein de grâce. Elle avait une parure très-coquette, un chapeau charmant très-bien posé, et le plus beau crêpé du monde. Elle ne me parla que très-peu de M. de Wargemont ; je savais par mes correspondances l'amour romanesque qui existait entre eux. Rien ne s'opposait à leur union, à laquelle aucune convenance ne manquait ; ils sophistiquaient à qui mieux mieux, ils se créaient des difficultés pour avoir le plaisir de les vaincre : c'étaient des amants délicats, mais non passionnés. Il y avait dans l'extérieur noble, élégant de mademoiselle de Domsdorf, toute l'étoffe nécessaire à une héroïne en six volumes. Nous fîmes des courses ensemble avec ma fille ; nous allâmes chez Sikes qui continue à être le rendez-vous du bel air, et chez mademoiselle Martin, au Temple, pour acheter du rouge. Madame la princesse de Montbéliard en faisait prendre de quoi farder toute sa cour. Mademoiselle Martin avait le haut du pavé pour le rouge ; brevetée de la reine et de toutes les royautés féminines de l'Europe, c'était une vraie puissance. Son rouge a du reste une supériorité incontestable sur tous les autres, on le paye en conséquence. Le moindre pot coûte un louis, et pour en avoir un qui sorte de l'ordinaire, il faut y mettre soixante à quatre-vingts livres. Elle a la permission d'en faire faire à Sèvres exprès pour elle. Ceux-là, elle les envoie aux reines ; à peine une duchesse en obtient-elle un par hasard. Nous nous amusâmes fort de son importance.

2 mars. — Je fis un charmant dîner avec ma fille chez le général de Wurmser, les convives en étaient bien intéressants. Il suffit de les nommer pour donner le désir de les connaître davantage : c'étaient le bailli de Suffren, le duc de Crillon, milord Hampden, puis mesdames de Dietrich et de Bernhold.

Le bailli de Suffren, cet illustre guerrier que la victoire a toujours couronné, est une des gloires de la France. Il était alors âgé de soixante ans. Né à Saint-Tropez, il avait l'accent provençal d'une façon outrageante. Il se reposait depuis la paix de Versailles en 1783, et certes ses succès avaient eu assez d'éclat, avaient apporté assez de fruit, pour qu'il eût le droit de le faire. Chef d'escadre (bien qu'un des dignitaires de l'ordre de Malte, il était au service de France), il se distingua dans les mers des Indes, battit les Anglais sur terre et sur mer, prit Negapatam et Trinquemale, et plus tard, sauva sa flotte et la ville de Gondelour: Ses exploits lui ont valu une grande fortune, car il a non-seulement plus de trois cent mille livres de ses prises et des cadeaux des sultans des Indes, mais plus de quatre-vingt-dix mille livres de rente, par sa place de vice-amiral, ses pensions et ses commanderies.

Ils lui ont valu un bien plus grand avantage, c'est la gloire, puis la réception que lui fit la cour à son retour des Indes. La reine le conduisit elle-même à M. le dauphin, en lui recommandant de graver dans sa jeune mémoire le nom de ce héros, la gloire de la France. Monsieur le serra dans ses bras ; la comtesse d'Artois voulut le recevoir, quoique malade, et M. le duc d'Angoulême se leva à son aspect, tenant à la main un livre qu'il lui présenta.

— Je lisais Plutarque, monsieur, lui dit-il, et ses hommes illustres, vous ne pouviez pas arriver plus à propos [1].

Il avait un neveu appelé le comte de Saint-Tropez qui a épousé mademoiselle de Choiseul-Meuse.

Le duc de Crillon-Mahon est né en 1717 ; il est capitaine général et grand d'Espagne depuis 1782. Il a eu trois femmes ; la dernière, épousée en 1770, est une Spinola, dont il a un fils de onze ans.

Son fils du premier lit est le marquis de Crillon, maréchal de camp, chevalier de la Toison d'or en 1784, par démission de son père ; il est veuf depuis 1774.

Son fils du second lit porta d'abord le titre de comte de Crillon, puis celui de duc ; il est aussi maréchal de camp. Marié à mademoiselle Carbon de Trudaine, créole de Saint-Domingue, il s'est distingué au siége de Mahon et de Gibraltar ; on a érigé pour lui en duché de Crillon la terre de Boufflers.

Milord Hampden est arrière-petit-fils du célèbre John Hampden, le cousin, l'ami, le soutien de Cromwell. Sa femme était mademoiselle Graeme, fille du général de ce nom.

La conversation fut infiniment variée. Je parlai beaucoup avec M. de Crillon du comte de Falkenhayn, mon parent, qui commandait les troupes françaises en 1782, à la glorieuse expédition de Minorque,

[1] Monseigneur le duc d'Angoulême avait alors onze ans.

et auquel la prise du fort Saint-Philippe valut, par promotion particulière, le grade de lieutenant général. En même temps, le duc de Crillon-Mahon, commandant les forces espagnoles, obtenait de Sa Majesté Catholique le grade de capitaine général.

J'ai dit déjà, je crois, que le prince de Broglie de Revel, aide de camp de M. de Falkenhayn, avait rapporté les drapeaux pris sur les Anglais.

Le bailli de Suffren nous raconta une foule de choses des plus intéressantes. J'en ai noté deux ou trois qui m'ont frappée davantage ; entre autres une reconnaissance qu'il fit dans les Indes, il me semble, et où il courut un danger des plus affreux. Il voulait savoir au juste où se trouvait l'armée ennemie, car il soupçonnait une embuscade, et, bien que ce ne fût l'affaire ni d'un général en chef ni d'un marin, il se mit en tête de s'informer positivement de ce qui se tramait contre ses soldats. Il se déguisa d'une façon méconnaissable, s'arma jusqu'aux dents et se fit accompagner d'un seul officier en qui il avait la même confiance qu'en lui-même. Tous les deux débarquèrent à la nuit sur une plage déserte, accompagnés d'un chien auquel le bailli de Suffren tenait excessivement. Cette espèce se conserve à Malte dans le palais des grands-maîtres. La tradition prétend qu'ils descendent des deux illustres dogues avec lesquels Dieudonné de Gozon tua à Rhodes le fameux serpent. Ce qui est certain, c'est qu'ils ont des qualités extraordinaires et une intelligence des plus inouïes. Il marchait devant son maître éclairant la route, sentant, flairant, prévenant du danger, tout en restant muet, par certaines façons connues de lui et du général. Ces sauvages Indiens sont les plus rusés et les plus méchants du monde; ils épiaient de leur côté, et il n'était pas facile de les mettre en défaut ni de les surprendre. M. de Suffren tourna cependant tout autour de leur armée, et comme il revenait au point du jour se dirigeant vers le canot qu'il avait laissé, il vit tout à coup le chien accourir vers lui, donnant quelques signes de frayeur, mais d'une frayeur contrainte, étonnée, en cherchant à le conduire vers une sorte de rocher entouré d'un petit bois. Il s'y rendit en effet et aperçoit, à l'entrée d'une grotte, un formidable tigre debout, lançant des éclairs par les yeux. Le premier mouvement du bailli fut de se reculer et d'apprêter son arme ; mais l'attitude de son chien lui semblait si extraordinaire qu'il hésita pourtant, réglant tous ses pas sur ceux de l'intelligent animal. Il le vit s'arrêter, rester immobile, puis tout à coup s'élancer sur le tigre et lutter corps à corps avec lui. C'était si étrange, si en dehors des habitudes des chiens, que M. de Suffren le laissa faire, en attendant l'issue. Le plus singulier était l'attitude du tigre faisant des mouvements désordonnés, mais ne se servant ni de ses griffes, ni de sa gueule ; enfin une morsure plus vive que les autres emporta un morceau de sa peau tigrée et mit à découvert un sauvage, caché, blotti, cousu dans cette peau, afin d'y observer à son aise en inspirant la terreur. Une fois découvert, il se débarrassa complétement et recommença avec plus d'avantage son combat un poignard à la main en faisant au dogue de dangereuses blessures. Le général tremblait pour son fidèle gardien, il tenait son fusil tout prêt, afin de tirer dès qu'il trouverait la possibilité de le faire ; mais le chien et l'homme ne faisaient qu'un, leur sang à tous les deux rougissait la terre ; enfin le dogue tomba épuisé ; au moment même où son adversaire s'apprêtait à l'achever, une balle l'atteignit en pleine poitrine. M. de Suffren venait de venger *Gozon*, ainsi s'appelait le chien en mémoire de son origine. Non content de cette réussite, il courut au champ de bataille, releva le chien, le prit dans ses bras, tout sanglant qu'il était, et le transporta à son canot, d'où l'on rejoignit bientôt le bâtiment. Les soins les plus empressés furent prodigués à ce blessé courageux ; il guérit et vécut de longues années encore, courant les mêmes hasards que son maître, ne le quittant jamais, et portant fièrement la cicatrice reçue pour la défense de sa cause.

Cette histoire du chien m'a intéressée et j'en ai pris note.

En sortant de table, nous fûmes prendre madame la duchesse de Bourbon pour aller à la Comédie italienne. On y donnait le *Préjugé vaincu* et la première représentation de la *Piété filiale*. Nous y avons ri aux larmes ; jamais on ne vit un pareil vacarme, ce furent des cris, des lazzis, des sifflets à rendre sourd. Les bons mots se croisèrent d'un bout du parterre à l'autre. Les paroles sont de M. Durozoi et la musique de M. Ragué : ils ont eu le courage de se faire nommer au milieu de cette tempête. M. Ragué est un officier suisse.

— Mon Dieu ! disait la princesse, ces messieurs n'ont-ils point de confesseur pour lui avouer ce péché-là, au lieu de le faire crier ainsi à tout le monde ?

— Ah ! madame, il eût bien mieux valu ne le pas commettre ; il n'y a rien de si facile pour un officier suisse que de ne pas faire un opéra.

3 mars. — Nous dînâmes chez madame la duchesse de Bourbon, pour nous rendre ensuite au Théâtre-Français où on donnait *Don Juan* avec *Jodelet*. De là nous fîmes une visite à la marquise de Sérent, dame d'atours de Madame Élisabeth, qui était une Mont-

morency-Luxembourg et à qui madame de Bombelles m'avait présentée.

Madame Élisabeth avait pour dame d'honneur la comtesse Diane de Polignac, et, parmi ses dames pour accompagner, je connaissais encore, outre madame de Clermont-Tonnerre, dont j'ai déjà parlé, la comtesse des Deux-Ponts, née de Polastron, et la marquise de Rosières de Sorans, née de Maillé.

Il ne faut pas confondre Sérent et Sorans, non plus que Soran en Normandie, noms qui se ressemblent beaucoup. Tout cela était fort différent néanmoins. La marquise de Sorans, dame pour accompagner Madame Élisabeth, était femme du marquis de Sorans, maréchal de camp, autrefois colonel de *Bresse* et d'*Artois* et des *grenadiers royaux*: il prenait soin de raconter tout cela. La comtesse de Sérent était une jeune femme présentée à la cour l'année précédente ; j'ai parlé de la comtesse Delphine de Sorans, dame de Remiremont, devenue madame de Clermont-Tonnerre. Tout cela faisait un *embrouillement* fort détestable souvent, pour les visites, les invitations et les lettres surtout ; il arrivait sans cesse des quiproquo.

4, 5 et 6 mars. — Journées fort insignifiantes.

7 mars. — Naissait à Saint-Pétersbourg la grande-duchesse Marie Paulowna, à laquelle on donna le nom de sa mère [1].

8 mars. — Madame la duchesse de Bourbon était fort souffrante, et m'envoya chercher, je passai la journée chez elle ; il vint une quantité de visites, on causa de tout ce qui se passait dans le monde et à la cour ; comme on le pense, le prochain ne fut pas

[1] La grande-duchesse Marie Paulowna fut mariée en 1804 au duc Charles-Frédéric de Saxe-Weimar, né le 2 février 1783, qui succéda à son père en 1828.

épargné. Une des choses dont on s'occupa le plus, ce fut la présentation de la baronne de Staël, l'ambassadrice de Suède, mademoiselle Necker, dont j'ai déjà parlé. Elle avait eu peu de succès, chacun la trouvait laide, gauche, empruntée surtout. Elle ne savait que faire d'elle-même, et se trouvait très-déplacée, on le voyait, au milieu de l'élégance de Versailles. M. de Staël est, au contraire, parfaitement beau et de la meilleure compagnie; il a de fort bonnes manières, et semblait peu flatté de madame sa femme. Depuis son mariage, madame de Staël s'est rendue ridicule par sa pruderie; elle prend les airs pincés et prétentieux de Genève, et les airs impertinents des parvenus pour des façons de grande dame. Madame Necker est, je l'ai dit, la plus détestable pédante du monde, elle a été d'une affreuse ingratitude pour madame Thélusson. C'est cependant chez M. Thélusson que le mari de madame Necker a débuté comme caissier ; il lui doit tout ce qu'il a été depuis, mais ils l'ont parfaitement oublié. M. Necker est détesté ; il a fait tant de mal avec ses systèmes ! Ce souvenir rend peut-être injuste envers madame de Staël, femme d'un incontestable talent, mais dont les idées et le génie se portent dans une direction fausse et erronée. La Genevoise se voit à travers la femme supérieure, à travers l'ambassadrice surtout.

9 mars. — Je ne suis sortie que sur le soir pour aller avec le syndic Hofer au Marais, chez M. le premier président [1], pour lui parler d'un procès que j'avais contre madame Munck. M. Hofer, syndic de la république de Mulhouse et plusieurs fois son ambassadeur auprès de la diète helvétique, est le chef et

---

[1] Étienne-François d'Aligre, élevé à cette dignité en 1768, s'en démit volontairement en 1788. Il émigra et mourut à Brunswick en 1798.

l'âme de ce gouvernement; c'est un homme fort remarquable à beaucoup d'égards. Excellent administrateur, habile politique, il a par ses efforts fait rentrer Mulhouse dans l'alliance des cantons catholiques, et effacé les divisions qui ont existé si longtemps. Il est en outre aimable et obligeant, et m'en donnait la preuve en cette occurrence [1].

11 mars. — Je vis le *Premier Navigateur*, ballet pantomime de Gardel, en trois actes, tiré de Gessner, ou plutôt imité, dit l'affiche; c'est de la modestie. Le ballet est bien conduit et intéressant, les décorations sont charmantes; c'était une nouveauté de l'année. Vestris, depuis son retour de Londres, avait repris son rôle, il y était charmant et faisait le principal succès de la pièce.

12 mars. — J'allai déjeuner, ainsi que ma fille, chez madame de Longuejoue, avec M. de Saint-Priest. M. de Saint-Priest a été il y a quelques années ambassadeur à Constantinople. Son frère aîné est premier tranchant de Sa Majesté. Le plus jeune a pour nom de baptême *Languedoc* ayant été tenu sur les fonts par les états de cette province, dont M. Guignard de Saint-Priest, leur père, a été intendant. Le soir, aux Italiens, nous vîmes *Alexis et Justine*, paroles du sieur Monvel, musique de Desède. Madame Dugazon jouait Babet avec un talent, une grâce, une naïveté, une gentillesse dont rien ne peut donner l'idée. Elle est en même temps pathétique et spirituelle. Quelle charmante actrice!

Cette nuit, il arriva chez moi un événement fort dé-

[1] Josué Höfer, né en 1721, syndic depuis 1748, vit avec désespoir la république de Mulhouse déjà enclavée dans le territoire français en 1795, lui être décidément incorporée en 1798. Il en mourut de chagrin l'année suivante.

sagréable, mais fort drôle, que je' ne puis m'empêcher de raconter, en dépit de ma contrariété et en dépit de mademoiselle Schneider, qui m'en voudrait beaucoup si elle le savait. Nous avions quelques personnes; on apporta du thé à la russe, et je ne sais encore quelles autres friandises ; ma femme de chambre présida à l'arrangement de tout cela, et n'entra pas de la soirée dans sa chambre, située au bout d'un petit corridor, derrière la mienne. Un instant avant qu'on nous eût quittés, elle alla y chercher quelque chose, et s'aperçut, à son grand effroi, qu'elle avait laissé la porte ouverte. Elle la referma avec grand soin et revint me déshabiller. Nous nous couchâmes, elle rentra chez elle, commença les préparatifs de sa toilette de nuit, et laissa tomber un petit bouton en vermeil que je lui avais donné, auquel elle tenait beaucoup. Il roula sous son lit, elle se baissa pour le ramasser; quelle fut sa frayeur en apercevant deux pieds d'homme et deux yeux bien ouverts qui la regardaient ! Elle se releva, ne pouvant crier, tant elle était épouvantée, en étendant les bras, par un geste naturel, comme pour éloigner cette vision. Elle prononçait des mots sans suite, des prières, des exclamations, des malédictions, sans doute, tout cela en allemand, bien entendu, car elle n'a jamais pu apprendre un mot de français, on l'a déjà vu. L'homme, se voyant découvert, se doutant que, revenue de son premier effroi, elle allait crier, se trouva debout en une seconde, et, prenant son parti, il s'élança vers la Schneider, la fit rasseoir presque de force sur un escabeau, et commença la déclaration la plus brûlante et la plus passionnée, en se jetant à ses genoux, de façon à l'empêcher de se lever, et à la forcer à l'entendre. La pauvre Schneider ne savait plus où elle était, elle ne comprenait qu'à moitié les paroles de son adorateur, dont les gestes brûlants, les essais impertinents lui firent craindre une autre espèce de danger auquel elle n'était point accoutumée, la pauvre Schneider étant la plus honnête personne du monde et la moins faite pour séduire, un Parisien surtout.

La tête lui tournait de peur ; elle essayait de se lever ; à chaque fois la main hardie de l'aventurier se posait sur elle et la clouait à sa place. La conversation devait être une cacophonie de la tour de Babel, et j'aurais voulu pour tout au monde y assister.

— Mademoiselle Schneider, oui, je vous aime à l'adoration. (Mettez ici une phrase allemande en exclamation de Schneider.)

— Voilà pourquoi j'ai été assez audacieux pour m'enfermer dans votre chambre.

— (*Item.*)

— Si vous me repoussez, je suis bien décidé à me donner la mort.

— (*Item.*)

— Un mot, je vous en conjure !

— (*Item.*)

— Croyez que mon respect...

— (*Item.*)

— Vous m'écoutez, vous m'exaucez, chère mademoiselle Schneider, je suis le plus heureux des hommes ; je ne veux pas abuser de votre bonté, ce soir, mais je reviendrai demain, comptez sur moi. Adorable Schneider ! à demain.

Et, se levant pour tout de bon, cette fois, il se jeta sur elle comme pour l'embrasser, renversa adroitement la lumière, se précipita vers la porte, l'ouvrit, et disparut pendant que la Schneider murmurait en allemand :

— Que le diable t'emporte !

Elle se coucha à tâtons, brisée de la lutte qu'elle avait subie, émue et priant le bon Dieu, après avoir mis son verrou et fermé sa porte à triple tour. Elle n'en dormit pas la nuit, et prit la fièvre. Le lendemain elle se leva néanmoins pour son service, vint à ma chambre, se garda de parler de son aventure, et commença ma toilette. Lorsque je fus au moment de sortir, je lui demandai ma montre. Elle la chercha dans sa boîte, puis se rappela qu'elle l'avait portée la veille dans sa chambre. Elle alla la chercher, et revint un instant après, le visage bouleversé, pouvant à peine parler, levant les bras au ciel et jetant des cris étouffés.

— Le monstre ! le misérable ! Madame la baronne, est-il possible ?

Elle cria de la sorte un quart d'heure, avan que je pusse comprendre ce qu'elle voulait dire. Nous découvrîmes enfin que ma montre, la chaîne de diamants, un couvert et une petite marmite d'argent avaient disparu. L'amoureux de Schneider était un voleur. L'amour-propre de ma femme de chambre et ma bourse se trouvaient également froissés. Je regrettai fort la montre, qui venait de ma mère. C'était sans doute le premier adorateur de ma femme de chambre, et à coup sûr le dernier, j'en réponds. Ce garçon était, à ce qu'il paraît, fort adroit, et sa présence d'esprit ne lui fit point défaut. Enfermé, par mégarde, dans la chambre de la Schneider, il n'avait pas trouvé de meilleur moyen pour en sortir que de jouer cette comédie de passion qui réussit presque toujours. On n'est pas pendu pour être amoureux, et il est peu d'honnêtes femmes qui se soucient d'ébruiter semblable chose. Ce coquin court encore, et on ne le revit jamais.

13 mars. — J'ai été aux Français. Je n'ai rien à dire de *Cinna* que chacun connaît, mais je ne veux pas oublier le *Mariage secret*, tout nouveau alors. Rien de charmant et d'agréable comme cette pièce jouée par Molé et mademoiselle Contat. Ces deux excellents acteurs feraient le succès d'une comédie bien plus médiocre. Mademoiselle Contat relevait de maladie, elle ne jouait que depuis quelques jours. Le parterre la fêtait et la couvrait de bravos et d'éloges. Molé et elle sont les meilleurs modèles de façons de bonne compagnie qu'on puisse donner à des jeunes gens. C'est une véritable école de goût que la Comédie française, sous ce rapport ; le foyer même est, dit-on, comme le meilleur salon de Paris.

14 mars. — Je dînai chez madame la duchesse de Bourbon avec la famille de Puységur. Notre fureur de magnétisme était un peu passée jusqu'à nouvel ordre.

15 mars. — Nous passâmes une délicieuse soirée chez la comtesse de La Massais, où l'on fit de la musique. C'est une femme pleine d'esprit, d'une amabilité remarquable, dont la maison était citée parmi les plus agréables de Paris. Elle recevait énormément de monde ; on la pressait à chaque instant pour élargir son cercle, et elle y consentait de bonne grâce. Ce soir-là je vis chez elle madame de La Reynière, madame de Melfort, la marquise de Livry, si gaie et si originale, qui se prit très-drôlement de bec avec madame de Genlis au sujet de sa harpe. Il est inutile d'ajouter que madame de Genlis l'avait fait apporter, et sans qu'on le lui demandât encore. Madame de La Massais n'y comptait point, elle avait même des musiciens arrêtés, qu'elle payait fort cher. Madame de Genlis s'établit au milieu de tout cela, régenta, parla,

chanta, pérora, administra à chacun sa remontrance et, finalement, eût fait marcher le concert tout à rebours, si madame de Livry ne l'eût point tant lutinée, et ne l'eût rappelée à son rôle positif. Décidément ces jeunes princes d'Orléans ont un *gouverneur* un peu singulier. Il tient trop de la *gouvernante*, et il n'oublie ses jupons que lorsqu'il devrait s'en souvenir.

CHAPITRE XXXV

M. de Beaumarchais. — *Mirza*. — La cabale des petits chiens. — Le stathouder à vie de Montbéliard. — Les éventails. — Le Beaujolais. — Audinot, Taconnet et Volange. — La duchesse de Kingston à Petit-Bourg. — Son histoire écrite par elle-même. — Élisabeth Chudleigh. — Son caractère. — Le duc de Hamilton. — Le capitaine Hervey. — Elle le prend en aversion. — Réception que lui fait le roi de Prusse. — Amitié de la reine d'Angleterre. — Le duc de Kingston. — Son mariage rompu avec le comte de Bristol. — Son mépris du danger. — Réception que lui fait le pape. — On l'attaque en bigamie. — Elle se rend en Angleterre. — Ses ennemis. — Sa contenance devant le tribunal. — Sa fuite. — Aubergiste de Calais. — La bonté de l'insouciance. — Elle est créée comtesse de Warth. — Son voyage en Russie. — Le prince Ratziwil. — Fêtes, chasse à l'ours. — Warta, prince d'Albanie. — Les états généraux de Hollande mystifiés. — Mort de l'aventurier. — Sa lettre. — Le prince d'Aremberg. — Le comte d'Estaing. — Souper chez la duchesse de Kingston. — Elle pardonne avec générosité. — Son amitié pour Gluck. — Magnifiques bijoux. — Sa mort en 1788. — Anecdote sur Madame Royale. — Ridicules de madame Tronchin. — L'enfant baptisé Crispin médecin. — Le maréchal de Contades. — Madame de Talaru. — La comtesse de Beaujeu. — Anecdote sur les Doublet de Persan.

17 mars. — Nous passâmes la journée chez madame de Bourbon, et nous fûmes le soir à la Comédie Française, où l'on donnait le *Mariage de Figaro*. Ce n'était

point une nouveauté pour moi, on le sait, mais j'y vis M. de Beaumarchais, qui fit demander à Son Altesse sérénissime la permission de venir me parler dans sa loge. La princesse aime beaucoup les gens de talent; elle fut particulièrement aise de le connaître et le reçut à merveille. Sa conversation est une des plus agréables choses de ce monde; il y met autant d'esprit que dans ses pièces et dans ses mémoires. Il nous raconta une foule d'événements de ses voyages et de sa vie, que madame la duchesse de Bourbon lui demanda. C'est un véritable roman; l'activité de cet homme, son intelligence, sont miraculeuses.

— Quand je veux une chose, madame, disait-il, j'y arrive toujours. C'est mon unique pensée; je ne fais pas un pas qui ne s'y rapporte. C'est pour moi une question de temps; je finis par réussir, et alors je suis deux fois satisfait, et par la réussite de mon désir et par la difficulté vaincue.

Madame la duchesse de Bourbon l'engagea à venir la voir; il n'eut garde d'y manquer, et elle me remercia de le lui avoir fait connaître. Il va beaucoup chez Mesdames, et a même eu l'honneur de faire de la musique avec la reine.

18 mars. — Je vis *Mirza*, ballet du sieur Gardel: c'était un grand succès. Mademoiselle Guimard était délicieuse en créole. Cette charmante danseuse est la coqueluche de tous les petits-maîtres, et M. le prince de Soubise a fait pour elle des folies sans nom. Il y avait, dans ce ballet de *Mirza*, un combat entre deux guerriers; l'illusion était si complète que quelques personnes criaient: Séparez-les! séparez-les! Gardel le jeune mettait, dans le rôle de Lindor, une expression et une noblesse qui le faisaient justement applaudir. Ce pauvre homme s'était cassé la jambe et en

resta quelques années sans danser. Il venait de reparaître. Nivellon était aussi un artiste de talent. Ce ballet de *Mirza* datait de l'année précédente ; il avait d'abord peu réussi, et tout à coup le public s'y rattacha. On disait que c'était une cabale de petits chiens, car la mode vint de les appeler tous Mirza. On n'entendait que ce nom aux Tuileries et dans les promenades. On ne s'y reconnaissait point, ils tournaient tous la tête en même temps.

19 mars. — J'apprends une nouvelle qui me fait grand plaisir : le duc Frédéric-Eugène, prince de Montbéliard, vient d'être nommé par son frère, le duc régnant, stathouder *à vie* du comté de Montbéliard. Il a dû présider le 16 mars, pour la première fois, m'écrit-on, le conseil de régence. L'ordre des avocats est venu le complimenter. J'ai écrit sur-le-champ à madame la princesse et à tout le monde, même à madame la grande-duchesse, qui sera sûrement charmée de ce qui arrive au prince son père. Elle aime tant sa famille ! Sa brillante destinée ne lui fait oublier personne ; c'est une des âmes les plus tendres et les plus reconnaissantes que j'aie rencontrées : elle se souvient des plus petites circonstances.

20 mars. — Son Altesse sérénissime vint me chercher pour courir les marchands. Nous allâmes jusqu'au faubourg Saint-Jacques, chez un nommé Méré, éventailliste merveilleux. Il loge dans un taudis ; il peint des sujets à la gouache de telle façon que certainement ni Boucher ni Watteau n'ont rien fait de semblable. Sa manie est de n'y jamais mettre son nom. La princesse en commanda deux pour elle et voulut bien m'en faire accepter un troisième, dont le sujet me plut fort. C'est une fête allégorique au château de Petit-Bourg, au temps de Louis XIV. Presque toutes

les figures sont des portraits, et vêtues suivant la mode du temps, en dieux de la Fable ; le roi, comme de raison, en Apollon, avec ses rayons autour de la tête : c'est magnifique. La monture est en nacre de perle et écaille incrustée d'or. Son Altesse sérénissime y a fait placer son chiffre et le mien. Ce cadeau m'a rendue très-heureuse.

Nous vîmes aussi mademoiselle Bertin, qui *daigna* nous recevoir elle-même. Elle *consentit* à faire pour madame la duchesse de Bourbon un bonnet d'une façon nouvelle, à condition qu'elle ne le prêterait à personne. Après le dîner, nous allâmes au *Beaujolais*. C'est une petite troupe qui joue des pantomimes mêlées de chant. Ce théâtre est placé au coin nord du Palais-Royal, sur la rue de Beaujolais.

Pour faire une tournée complète, comme à la foire, nous allâmes jusqu'au boulevard. Audinot y a succédé à Nicolet et aux frères Maltères[1]. Le premier s'est enrichi par le talent de Taconnet et a gagné avec lui, sur ces tréteaux, cinquante mille livres de rentes. Volange avait fait la fortune des seconds. Ce théâtre, qui a pour devise : *De plus fort en plus fort*, est ouvert toute la nuit, ce qui produit bien des scandales. La princesse se divertissait beaucoup de ces parties ; elle me tourmentait pour aller aux Porcherons, mais elle y renonça, dans la crainte d'être reconnue et de mécontenter la maison de Condé.

21 mars. — Nous passâmes la journée à Petit-Bourg. Madame la duchesse de Bourbon avait emmené avec elle la duchesse de Kingston, dont tout le monde parlait, sur laquelle chacun faisait son histoire, et la princesse désirait vivement savoir la vérité de tout cela.

[1] C'était le théâtre de l'Ambigu-Comique.

CHAPITRE XXXV.

Elle la demanda un jour à cette célèbre Anglaise, et celle-ci lui répondit :

— Si Son Altesse sérénissime le désire, je lui lirai quelques pages qui contiennent tous ces événements. C'est fort succinct, mais cela dit tout.

— Voulez-vous me donner une journée à Petit-Bourg dans cette intention ?

— De tout mon cœur, madame ; à une condition c'est que vous n'y mènerez pas toute la terre.

— Seulement mes dames et madame d'Oberkirch ; pas un homme, je vous le promets.

Le jour fut pris, la partie convenue ; j'étais toute fière d'y être admise, mais j'avais une autre ambition, celle d'obtenir une copie de cette histoire. La duchesse de Kingston fut si charmée de l'intérêt que j'y portais qu'elle me laissa le manuscrit et me permit de le copier. L'auteur y parle d'elle comme d'une étrangère, avec impartialité et à la troisième personne. Son existence est assurément une des plus romanesques que je sache. Je n'ai connu madame la duchesse de Kingston que vieille (elle avait soixante-six ans), mais les traces de sa beauté étaient visibles. Je n'ai jamais vu un plus grand air ; elle avait le port de tête presque aussi majestueux que la reine ; elle marchait comme une déesse, et je ne connais pas de salut plus noble et plus gracieux que le sien. Il y avait probablement beaucoup à reprendre sur la sévérité de ses principes et la force de sa raison, je ne dis pas le contraire ; peut-être que les personnes douées de facultés supérieures doivent malheureusement payer ces avantages par un autre côté. Quoi qu'il en soit, voici le récit de cette histoire que je copiai sur le moment :

HISTOIRE DE LA DUCHESSE DE KINGSTON.

La duchesse de Kingston, dont le nom a retenti partout en Europe depuis nombre d'années, a été victime de faux jugements et de calomnies. Sans avoir ni la prétention ni l'envie de se justifier, elle a résolu pourtant de dire la vérité le plus succinctement possible, afin de laisser un témoignage de cette vérité pour ceux qui l'ont aimée et qui tiennent à ce que justice lui soit rendue. La Providence l'a fort éprouvée, mais elle lui a fait de grandes grâces ; elle lui a donné, surtout pendant ses derniers jours, le bonheur de ne pas regretter sa jeunesse, de tout apprécier d'un œil philosophique, de ne pas accorder aux hommes et aux choses plus d'importance qu'ils n'en ont réellement. C'est une fortune de gagnée.

Élisabeth Chudleigh naquit, dans le Devonshire, en 1720, d'une très-ancienne famille. Un de ses ancêtres avait un commandement dans la marine sous la reine Élisabeth, et il se distingua dans la mémorable affaire de l'Armada.

Élevée à la campagne, dans le château de son père, son enfance y fut heureuse et aimée ; c'est le temps le plus doux, le plus cher de sa vie. Elle était entourée de bonnes et précieuses créatures, qui ne la trompaient point, qui lui disaient naïvement leur pensée, et sur lesquelles elle exerçait un empire dont sa fierté enfantine s'applaudissait déjà. La personne qui écrit cette notice a mieux connu que qui que ce soit Élisabeth Chudleigh ; elle la peindra donc sans prévention, impartialement, dira le bon comme le mauvais, quoi qu'en puissent penser ceux qui liront ceci. Un fait bien certain, c'est que dès ses premières années Élisabeth fut remarquée par son esprit de repartie, son élégance et la fascination de ses manières. Les paysans prétendaient qu'elle était une *charmeuse*, que les bêtes la suivaient sans qu'elle les appelât, et que personne ne pouvait s'empêcher de l'aimer.

On ne lui donna point une grande instruction, ou plutôt elle ne la prit point, car on fit ce qu'on put pour qu'elle devînt une savante, mais la vivacité de son caractère s'opposa à ce que sa mémoire sût rien retenir ; elle n'en fut pas moins citée toute sa vie pour une personne d'esprit. Sa maxime en toute chose était qu'il faut être court, clair et saisissant ; toute longueur lui déplaisait. — Je me prendrais moi-même en aversion, disait-elle, si je restais plus d'une heure dans la même disposition d'esprit.

Avec une telle mobilité d'impressions, on comprend de reste qu'elle fût inconstante dans ses goûts, peut-être même dans ses sentiments. Sa famille la fit nommer fille d'honneur de la princesse de Galles, et lorsqu'elle parut à la cour, elle y fit sensation. Elle eut sur-le-champ une grande quantité de prétendants et d'admirateurs, parmi lesquels était le duc de Hamilton, pour lequel elle prit un amour véritable, aussi passionné, ou plutôt aussi profond que le lui permettait sa nature, et peu de mois après leur nouvelle connaissance le mariage fut décidé entre eux. Le duc de Hamilton était un grand parti. On soupçonna qu'ils étaient d'accord : aussitôt les jaloux et les envieux s'en mêlèrent ; on essaya tout pour les désunir. Les calomnies ne manquèrent ni d'un côté ni de l'autre. Le duc, soit qu'il fût plus amoureux, soit qu'il fût plus difficile à convaincre, resta incrédule. Élisabeth n'eut pas la même force ; elle se laissa persuader par sa tante, mistriss Hanmer, et crut à une infidélité de cet homme qui ne respirait que pour elle ; même dans ce cas elle eût mieux fait de pardonner. Dans un accès de dépit, elle écrivit au duc que tout était fini entre eux, et qu'elle ne le reverrait plus. Pour mettre une barrière éternelle entre elle et lui, elle donna sa main au capitaine Hervey, frère du comte de Bristol, et, pour ne pas perdre sa place de fille d'honneur, elle voulut tenir son mariage secret.

Le jour de ce mariage fut le commencement de son malheur. Dès la première nuit de ses noces, lorsque pour la première fois elle se vit seule avec un être qui ne la méritait point, indigne de l'apprécier et de comprendre sa valeur, elle le prit en aversion. L'amour qu'elle portait au duc revint avec plus de force que jamais, et elle s'estima la plus à plaindre de toutes les créatures. Aussi, après six mois de douleurs, de querelles, de reproches, les époux se séparèrent volontairement. Élisabeth sentit trop tard la faute qu'elle avait commise, combien son avenir était compromis, et combien aussi le duc de Hamilton était digne de ses regrets.

Le séjour de l'Angleterre lui devint odieux. Elle avait besoin d'une distraction puissante ; elle se décida à voyager ; seulement elle conserva son nom de fille (Élisabeth Chudleigh) pour effacer toute trace de son funeste mariage, et tâcher de se persuader qu'il n'existait pas. Elle partit pour l'Allemagne. Elle visita successivement Berlin et Dresde. A Berlin, elle eut l'honneur d'être présentée au grand Frédéric et le bonheur de lui plaire. Il la reçut très-souvent dans l'intimité, ils se virent beaucoup, ils causèrent ensemble de toutes les grandes questions dont l'Europe était agitée, des discussions littéraires, enfin de tout ce qui pouvait occuper des esprits sérieux. Le roi de Prusse la traita véritablement en amie, et, lorsqu'elle quitta

Berlin, il s'établit entre eux une correspondance qui dura de longues années.

A Dresde, l'électrice de Saxe, princesse d'une piété exemplaire et d'un grand sens, se lia avec elle d'une amitié intime, qu'elle lui a toujours conservée. Miss Chudleigh était heureuse alors; elle jouissait de tout ce que sa position lui apportait d'agréments sans avoir les craintes, les ennuis, les persécutions auxquels elle fut en butte par la suite; mais il lui fallut retourner à son poste, madame la princesse de Galles, devenue reine, l'appelant auprès d'elle.

Elle arriva à Londres plus belle, plus digne d'hommages que jamais. La reine la prit en amitié et lui accorda une faveur brillante; elle ne pouvait s'en passer et la gardait sans cesse à ses côtés, ne se trouvant amusée que par elle. Sans la déclarer absolument favorite, elle la plaça de manière à éveiller l'envie de tous, à lui accorder le plus de pouvoir possible et à lui donner le premier rôle à la cour. La duchesse dictait la mode; ses caprices les plus extravagants faisaient loi, et Dieu sait que ni les caprices ni l'extravagance ne lui manquaient. Arbitre des choses de goût, tantôt elle jouait au whist avec lord Chesterfield, tantôt elle courait au galop avec lady Harrington et miss Ash, deux femmes dont la beauté et l'élégance eussent été au-dessus de tout si Élisabeth n'eût point été là. J'ai prévenu que je parlerais sans modestie ni indulgence, selon la vérité. On a pu voir et on verra davantage que je ne ménage point la duchesse; il m'est donc permis aussi de lui rendre justice quand il y a lieu. Les avantages *futiles* en apparence de la beauté, de la séduction, n'en ont pas moins fait presque toujours la fortune *sérieuse* des femmes qui les possèdent, lorsqu'elles savent les utiliser.

Ce fut au comble de cette gloire de cour qu'elle fit la conquête du duc de Kingston, un des hommes les plus aimables de son temps. Il devint passionnément amoureux d'elle, en même temps qu'il devint son ami. Ce fut un de ces attachements profonds et complets qui résistent à tout, une de ces chaînes que l'on porte quelquefois en en maudissant le poids, mais que l'on ne peut rompre, même par l'effort de sa volonté. Leurs caractères étaient entièrement opposés : le duc, simple, doux, modeste ; elle, vaniteuse et violente, violente même jusqu'à la fureur. Malgré cela, ou peut-être à cause de cela, elle prit sur son esprit un immense ascendant, qu'elle conserva en dépit de lui-même.

Le capitaine Hervey, devenu comte de Bristol par la mort de son frère, la détestait avec autant d'ardeur qu'il l'avait aimée. Il se serait volontiers séparé d'elle juridiquement comme elle le désirait, mais il craignait de la rendre libre, et refusa d'y consentir afin d'empêcher le duc de Kingston de placer sur la tête d'Élisabeth la couronne de duchesse. Il eût volontiers repris sa liberté sans rendre la sienne à sa femme. Cependant à force de prières on le décida. Un auxiliaire puissant vint d'ailleurs en aide à Élisabeth Chudleigh : lord Bristol se prit d'une grande passion pour une autre femme. L'amour fit taire la haine et la vengeance ; il laissa rompre son mariage par une cour ecclésiastique qui le déclara nul. Élisabeth épousa alors, en présence du roi, de la reine, de toute la cour, le 8 mars 1769, Évelin Pierrepont, duc de Kingston. Sa fortune n'était pas substituée, et elle était immense ; la position de la duchesse fut donc la plus brillante et la plus élevée. Son caractère ne se modifia point ; il conserva ses irrégularités et ses bizarreries.

Tour à tour dépensière ou avare suivant ses caprices ou son amour de briller, elle jetait l'argent par poignées ou refusait les choses les plus minimes. Elle adorait son écrin de diamants, ses pierreries, ses perles, elle les aurait défendus au péril de sa vie, et portait toujours en voyage des pistolets dans sa poche en cas d'attaque. Courageuse, téméraire même, elle ne redoutait aucun danger ; elle trouvait du charme dans le péril. Une fois, en Russie, entourée par des voleurs, elle lutta contre eux avec ses domestiques, et les mit en fuite. On en parla beaucoup, et on la cita comme une héroïne.

Elle ne bravait pas seulement le danger, elle méprisait tout autant l'opinion publique, ne se souciant pas de ce que l'on pourrait penser d'elle, et ne ménageant rien pour satisfaire sa fantaisie, à plus forte raison ses passions. Le duc de Kingston, lorsque son premier feu fut éteint, s'aperçut de tous ces défauts et commença à beaucoup en souffrir. Il fit des observations qui ne furent point écoutées ; il se plaignit, on ne l'écouta pas davantage. Élisabeth était impérieuse, on le sait, elle se roidit contre une autorité qu'elle dénia, et continua de vivre à sa guise. Le duc sentit quel maître il s'était donné ; il regretta sa liberté sans doute, et pourtant ne trouva point la force de secouer un joug qui lui était cher ; il se soumit.

Elle ne le contrariait d'ailleurs en rien ; mais d'une constitution délicate, il devint irascible, sa santé en souffrit encore, il tomba dans la consomption, dans le marasme, et finit par mourir en 1773, laissant sa femme héritière de toute sa fortune, à condition qu'elle ne se remarierait point. Elle le promit de grand cœur, car elle n'en avait aucune envie. La duchesse resta veuve à cinquante-quatre ans. Elle ne fut pas insensible à cette mort : son cœur vaut mieux que son caractère.

Devenue libre, elle partit pour Rome, où le pape Clément XIV, Ganganelli, portait la tiare. Elle fit ce long voyage dans un yacht à elle qu'elle fit entrer jusque dans le Tibre, à l'admiration des Romains qui la comparèrent à Cléopâtre. Le pape la reçut à merveille ; elle devint la reine de la cité antique, y acheta un palais qu'elle fit meubler d'une façon si luxueuse, que jamais de mémoire d'homme ni par tradition on n'avait rien vu de semblable. Elle dépensa des trésors en fêtes, en équipages, en domestiques ; elle illumina une nuit le Colisée. Elle fit venir à grands frais des danseurs et des chanteurs pour son théâtre, enfin elle dépensa en extravagances ce qui eût fait la fortune d'un petit État.

Pendant qu'elle était ainsi à tenir cour plénière, les parents de son mari, furieux d'avoir perdu son héritage, se regardant comme frustrés, ce qui par le fait était véritable, lui intentèrent un procès pour attaquer le testament de leur oncle. Ils soutinrent que le premier mariage de la duchesse avait été bien légal, bien réel et valable, que par conséquent elle était bigame, et que son second mariage devait être regardé comme nul, la cour ecclésiastique qui avait cassé le premier n'ayant pas eu le droit de le faire.

La duchesse, en apprenant ces nouvelles, resta frappée de stupeur. Elle se hâta de revenir en Angleterre, et partit précipitamment en laissant à Rome son palais en désarroi, abandonnant ses richesses, ses collections, ses tableaux, sans même songer à les préserver. Pendant son voyage la fièvre la prit ; il lui vint un abcès au côté ; elle continua nonobstant, ne s'arrêtant même pas pour les soins les plus urgents, tant elle avait hâte d'arriver. Son médecin la fit porter dans une litière, où elle était étendue, vaincue par la souffrance, mais forte encore par l'âme et la volonté. Cependant, en arrivant à Calais, la nature vainquit son âme ; le délire la prit, elle se croyait en prison, déchue, abandonnée, et fut contrainte de rester quelques semaines à l'hôtel Dessein. Elle y rencontra le comte de Mansfield, qui prit part de tout son cœur à ses chagrins et à ses inquiétudes. Elle fut reçue et soignée par Dessein comme la maîtresse d'une immense fortune, ne regardant à aucune dépense. Les soins empressés qu'on lui prodigua la mirent en état de traverser la Manche. Elle partit dès qu'il lui fut possible de se tenir debout, et se rendit à Kingstonhouse, où ses amis les plus particuliers l'attendaient : le vicomte Barington, les ducs de Newcastle, d'Ancaster et de Portland. Tous essayèrent de lui donner du courage en l'assurant de la sympathie générale. Ils lui représentèrent qu'elle devait à elle-même, au feu duc de Kingston, à tout ce qu'elle aimait, de se montrer supérieure à ces épreuves, de prouver combien elle était loin de les mériter, et combien elle savait dominer toutes les positions possibles.

Il y avait du vrai et du faux dans ces rapports ; la sympathie était loin de lui être acquise. Ses originalités, ses bizarreries lui avaient nui dans l'opinion publique, et cette opinion devait nécessairement influer sur l'issue d'un procès où tout était plus en équité qu'en droit. Elle choquait les préjugés anglais, ces préjugés orgueilleux et stupides, et il n'en fallait pas davantage pour qu'on fût mal disposé à son égard. Par exemple, elle ne croyait point faire mal en n'observant point toujours le dimanche avec le scrupule exagéré de ses compatriotes. Elle avait encore les épaules, la poitrine et les bras fort beaux, elle aimait tout naturellement à les montrer ; on lui en fit un crime irrémissible.

Elle en fut instruite ; il lui eût été facile de fermer la bouche à ses ennemis par des concessions de peu d'importance pour elle et très-graves pour ces petits esprits, mais jamais elle ne s'était laissé faire la loi par qui que ce fût, et, pour sauver sa vie, elle n'eût point renoncé à une seule de ses habitudes ou de ses idées. Accoutumée à dominer toujours et partout, à faire accepter ses désirs comme des lois, elle ne voulut point céder sur des mièvreries, ce qui l'eût rabaissée devant cette foule ordinairement courbée sous son regard.

Elle rassembla son courage et parut à l'audience en grande toilette, la tête haute, l'air assuré. Forte de son droit et de sa conscience, elle eut, tout le temps de la discussion, une contenance noble et ferme qui étonna ses ennemis : on eût dit, avouèrent-ils, une reine répondant à ses sujets. Mais que ne souffrit-elle pas ! c'est au-dessus de tout ce qu'on peut exprimer. Chaque fois qu'elle quittait ses juges, elle se faisait tirer une palette de sang ; elle reprenait ou conservait ainsi la lucidité de son esprit. Elle n'avait pris un défenseur que pour la forme, et parla elle-même avec autant de clarté et d'aplomb qu'un avocat eût pu le faire, tout en conservant sa dignité de femme et de duchesse. On l'écouta sans l'interrompre ; elle ne reçut ni blâme ni louange : c'était être condamnée d'avance, car elle devait être portée en triomphe ou succomber devant d'innombrables préventions.

Elle perdit son procès et le droit de porter le titre de duchesse. Déclarée bigame, elle eût été marquée d'un fer rouge sur la main gauche, si sa qualité de pairesse ne l'eût fait échapper à cette flétrissure. C'en était trop ; lorsqu'elle entendit cet arrêt terrible qui lui faisait perdre l'honneur, sa fermeté l'abandonna, elle s'évanouit. Mais Dieu et sa conscience lui rendirent bientôt le courage, elle releva la tête sans faiblesse comme sans ostentation, et cette foule mobile, dont la basse envie avait trouvé une satisfaction et qui en avait déjà honte, changea tout d'un coup et lui devint favorable. De la pitié on passa à l'admiration ; on ne parla plus que de son courage, de son attitude digne et ferme, on s'intéressa à ses infortunes. Tombée, on la plaignait, on ne la jalousait plus. Mais la pitié humilie, Élisabeth ne l'accepta pas. Pour ne pas rester plus longtemps en butte à cette blessante consolation, et pour éviter les conséquences de sa condamnation, elle s'échappa de Douvres dans un bateau couvert, seule avec quelques matelots et un fidèle valet de chambre. Il faisait une nuit horrible, la pluie et le vent ne cessèrent pas ; elle resta tout le temps dans cette coquille de noix, abritée seulement par un manteau et un chapeau grossier dont son serviteur l'avait couverte pour qu'elle ne fût pas reconnue.

Les matelots bien payés ne se doutèrent pas qu'ils eussent conduit une femme. L'homme le plus intrépide, il faut le dire parce que c'est vrai, n'eût pas montré plus de tranquillité et de sang-froid dans cette terrible nuit. Qu'était la vie après un tel affront ! Lorsqu'en arrivant à Calais ils apprirent qu'ils avaient sauvé la duchesse de Kingston, ils firent retentir l'air de cris et de hourras dont la ville entière fut émue. Ce moment fut doux pour elle. Tout le monde au moins ne la condamnait pas.

Cependant la fugitive ne fut pas reçue à l'hôtel Dessein comme l'avait été la grande dame. Dessein ne se souciait pas d'une pensionnaire embarrassante, accoutumée à ne rien ménager et à laquelle il fallait faire crédit. Il haussa légèrement les épaules.

— Je suis très-honoré, milady, certainement, mais combien je suis malheureux, ma maison est pleine. Si j'avais été prévenu des intentions de milady, je lui aurais conservé son appartement ordinaire ; mais, en ce moment, j'ose à peine l'avouer à sa seigneurie, une seule chambre, à un sixième, est tout ce que je puis lui offrir.

La duchesse harassée de fatigue accepta pour ne pas avoir la peine de chercher ailleurs. Elle fut récompensée de sa patience, car le lendemain, Dessein ayant appris qu'elle avait seulement perdu son titre, mais que sa fortune lui restait, monta en toute hâte *à sa tour*, lui dit, le bonnet à la main et la contenance humble, qu'il ne pouvait laisser Sa Grâce dans un logement aussi indigne d'elle, qu'il avait renvoyé le locataire de son appartement ordinaire, et qu'il la suppliait d'y descendre, si elle ne voulait pas le réduire au désespoir.

— Ah ! ah ! maître Dessein, aujourd'hui c'est *Ma Grâce*, hier c'était *Sa Seigneurie ;* je m'attendais à recevoir aujourd'hui de l'*honneur* et demain rien du tout. Il paraît que le vent change. Je ne vous réduirai point au désespoir, je descendrai dans cette belle chambre, et vous serez tout aussi fier, tout aussi heureux que par le passé de recevoir la duchesse de Kingston.

— Madame la duchesse, tout le logis est à la disposition de Votre Grâce.

Voilà le monde représenté dans le sieur Dessein, aubergiste de Calais, et voilà Élisabeth Chudleigh peinte dans un seul trait : malgré cette impertinence qu'elle avait parfaitement sentie, elle prêta à ce Dessein pendant son séjour à Calais vingt-cinq mille francs qu'il ne lui a jamais rendus. C'est là une bonté stupide ; pourtant il faut être juste, c'est surtout la bonté de l'insouciance.

En quittant Calais, elle se rendit à Munich, pour retourner à Vienne et de là à Rome. Elle trouva à Munich l'électrice douairière de Saxe, son amie, en visite chez son frère l'électeur de Bavière. Cette princesse et le prince Ratziwil la comblèrent de soins et d'affection, pour lui faire oublier ses chagrins. L'arrêt qui la frappait était si étrangement rendu que, tout en cassant le mariage, il maintint le testament fondé sur ce seul mariage, et laissa à la duchesse l'immense fortune de son mari. Les neveux en furent donc pour leur peine, ils ne touchèrent pas un liard.

L'électeur de Bavière la nomma comtesse de Warth. Elle n'en conserva pas moins le titre de duchesse, excepté en Angleterre, où on la traitait de comtesse de Bristol ; excepté aussi à Vienne, cependant. Elle arriva dans cette ville en octobre 1776, mais elle ne put jamais obtenir de l'impératrice Marie-Thérèse, ni de son fils Joseph II, d'être reçue comme telle à la cour.

Avant le procès qui lui fut intenté, elle avait fait un voyage en Russie, et la czarine l'avait reçue avec distinction. Elle y était arrivée dans un superbe vaisseau qu'elle avait fait construire exprès, et où se trouvaient toutes les commodités possibles. Elle y était aussi bien que dans son hôtel. Elle avait apporté avec elle des tableaux magnifiques provenant de la galerie du duc, et dont elle fit présent à Catherine II. Elle avait acheté une terre en Russie, près de Narwa, dans l'espoir d'être dame à portrait, mais on n'accorde cet ordre qu'aux Russes exclusivement. Ce fut une déception, car elle enviait beaucoup cette distinction.

Le changement qui se fit alors dans la manière de Catherine à son égard, et la froideur qu'elle lui témoigna, la décidèrent à partir pour l'Italie, confiant ses intérêts et sa terre à un seigneur russe nommé Garnoffsky, avec lequel elle s'était intimement liée.

Le prince Ratziwil, qu'elle avait connu à Munich, s'y était réfugié pour s'être révolté contre le roi de Pologne, qui avait mis sa tête à prix. Plus tard il fit sa soumission et obtint de rentrer dans ses terres. La duchesse avait promis de l'y aller voir, ce qu'elle fit en effet. Ce fut encore un beau temps pour elle ; bien qu'elle eût depuis longtemps passé l'âge de la jeunesse, le prince en devint éperdument amoureux. Il l'aima comme à vingt ans, passant sa vie à ses genoux, attendant la vie ou la mort de son sourire. Il lui offrit sa main et son immense fortune, la suppliant de les accepter. Elle refusa. Le prince était certainement un très-grand seigneur, mais elle ne se souciait point de ce pays sauvage ; on lui eût offert le trône de Pologne qu'elle l'eût refusé de même.

Le prince donna des fêtes à son idole ; elles durèrent quatorze jours et coûtèrent deux cent cinquante mille livres. Il fit construire exprès des maisons de bois que l'on meubla magnifiquement à la mode champêtre et que l'on couvrit de feuillages. Il y eut autour de cette ville factice un combat simulé, on en fit le siége, on le défendit, les bombes et les boulets étaient des pièces d'artifice. Le soir, la ville fut prise et brûlée en entier selon les règles, ce qui produisit un magnifique spectacle et coûta seul cent vingt mille livres. On dansa au milieu de tout cela ; le bal fut splendide. Les raretés du souper venaient de plusieurs centaines de lieues par des estafettes.

Une autre fois il y eut chasse aux flambeaux et à

l'ours. Les chasseurs étaient entourés d'un régiment de hussards portant des torches. Ils formaient un grand cercle dans la forêt ; on n'a jamais vu un spectacle plus magique et plus saisissant. L'ours effrayé fut forcé en très-peu de temps sans danger pour personne.

Le pauvre prince Ratziwil en fut pour ses frais et pour ses soupirs ; elle ne consentit point à l'accepter pour mari. Les grandeurs ne plaisaient à son imagination blasée que quelques instants ; elle ne pouvait se résoudre à passer sa vie loin des arts, loin de la conversation, dans ces forêts, parmi les Sarmates vêtus de peaux de bêtes. Il eût fallu aimer passionnément un homme pour lui faire ce sacrifice, et, disait la duchesse, cet homme fût-il roi, fût-il jeune, fût-il beau et spirituel à miracle, devrait remercier à genoux la femme la plus ordinaire qui quitterait Paris et Londres pour le suivre dans un semblable pays.

D'ailleurs la duchesse avait passé la saison de la tendresse, son cœur était mort, avait souffert deux fois, et cette souffrance l'en avait guérie. Elle aima sincèrement et fortement le duc de Hamilton ; elle eût donné tout au monde, excepté ses succès peut-être, pour lui appartenir à jamais. On sait comment elle en fut séparée. Cette blessure ne fut pas la plus forte cependant ; il en est une autre qu'il lui faut avouer, et qui devint le chagrin le plus réel de sa vie. Je la raconterai avec quelque détail, parce que ce fait, mal connu dans le monde, lui a attiré le seul blâme dont elle se soucie, celui de s'être abaissée et d'être descendue de son rang par un amour indigne d'elle, ce dont elle est parfaitement incapable, bien que ce ne soit malheureusement que trop vrai.

Dans son premier voyage d'Italie, lorsqu'elle était à Rome la véritable souveraine du pape et des Romains, on lui annonça, un jour, un seigneur nommé Warta, prince d'Albanie, dont la ville entière raffolait, et qui était certainement la plus belle créature que Dieu eût jamais faite. Il portait un costume resplendissant d'or et de pierreries, il était toujours armé jusqu'aux dents et des plus belles armes du monde, dont il se servait très-adroitement. La duchesse, à quinze ans, avait été sans aucun doute la plus belle femme de l'Angleterre, où il y en a tant de belles, mais il lui restait, malgré son âge, assez de charmes pour qu'elle pût se croire aimée sans s'abuser. Le prince Warta avait un esprit aussi fin que brillant, une conversation piquante et variée. Il montrait des sentiments généreux et nobles, un amour de sa patrie, une haine de l'oppression, enfin tout ce qui pouvait plaire à une femme. Élisabeth l'aima, elle l'aima plus qu'elle n'avait aimé le duc de Hamilton, dans son bel âge. Elle l'aima de toute la tendresse d'un cœur sur son déclin, elle l'aima follement, au point de se décider à faire pour lui ce qu'elle avait refusé au prince Ratziwil. Leur mariage fut convenu, elle consentit à s'expatrier, à courir les chances d'une guerre, à laquelle elle consacrait sa fortune comme une extravagante. Le prince d'Albanie voulait conquérir de la gloire, secouer le joug de l'étranger et devenir un héros.

Il quitta la duchesse pour aller en Hollande trouver messieurs des États généraux et leur offrir vingt mille Monténégrins, les hommes les plus braves du monde entier, pour les aider dans leur guerre contre l'Empire. Il devait les commander; il devait devenir l'homme le plus célèbre du siècle et ajouter l'auréole du triomphe à celle de sa jeunesse. La duchesse avait la tête trop folle pour ne pas accepter ces chimères et les adopter toutes. Cet homme possédait un tel don de persuasion, il était si séduisant, ses paroles étaient si dorées et si entraînantes qu'il convainquit jusqu'aux États généraux de Hollande, ces personnes sages, positives, parcimonieuses, ces esprits étroits et justes. Ils prirent des renseignements, et ces renseignements confirmèrent les assurances, il fut accepté. Comment la duchesse de Kingston aurait-elle mis en doute ce que les États de Hollande reconnaissaient? Elle reçut des lettres brûlantes de celui qu'elle aimait, lui jurant qu'il deviendrait digne d'elle, ou qu'elle ne le reverrait jamais.

Cependant l'ambassadeur de Turquie en France avait aussi pris des renseignements sur le prince Warta, et s'étant adressé apparemment à des sources plus certaines, il apprit que cet homme, si remarquable sous tous les rapports, pour lequel la nature avait été si prodigue, n'était qu'un misérable aventurier grec, échappé de Constantinople où il avait subi une condamnation pour vol. Il était de plus renégat, et à deux reprises différentes. L'ambassadeur prévint de suite messieurs des États; le soi-disant prince fut arrêté, au moment où il s'y attendait le moins, et conduit en prison. Son désespoir fut horrible, mais concentré. Il ne répondit pas un mot à ceux qui l'interrogeaient, ne nia rien, n'avoua rien, et se laissa enfermer dans son cachot, sans opposer la moindre résistance. Le lendemain matin on le trouva mort, empoisonné par une bague, qu'il portait toujourrs sur lui, pour cet usage. Dès longtemps il s'y attendait. Près de lui il y avait une lettre adressée à la duchesse de Kingston. Cette lettre fut envoyée sans avoir été ouverte; on respecta le secret d'une femme. Je vais la transcrire ici, elle fera mieux connaître cet homme singulier par lequel la duchesse fut tormpée et qui trompa avec elle tous ceux qui l'approchèrent. Il est donc faux qu'elle ait jamais eu la bassesse de se donner à un homme au-dessous d'elle, ou du moins cet homme était un tel fourbe, qu'il fit autant de dupes qu'il eut de relations, quelles qu'elles fussent. Voici la lettre :

« On va vous ouvrir les yeux, Élisabeth, on va vous dire ce qu'est l'homme auquel vous aviez promis votre main, et ce que l'on vous dira est la vérité. Je ne viens donc point me justifier près de vous ; je ne me présente point à vos yeux comme une victime du sort, ou de l'injustice des hommes, mais au contraire comme un coupable, mais non pas un coupable ordinaire. J'ai joué une partie avec le sort ; j'ai gagné les premiers points, il a pris sa revanche, je suis vaincu, il faut me soumettre ; je me soumets. Cependant, vis-à-vis de vous, je veux paraître sous mon véritable jour ; l'opinion des autres ne m'importe pas ; qu'ils pensent de Warta ce qu'ils voudront, je n'en donnerais pas un fétu de paille. Vous, c'est autre chose, je vous aime, j'ai été aimé de vous, il se peut que vous me méprisiez ; mais au fond de votre cœur vous direz que vous n'aimiez point un homme vulgaire, et que celui qui a conçu, arrangé, réussi le plan d'une vie telle que la mienne, n'était pas tout à fait indigne de votre attention.

« Oui, je suis un aventurier, oui, je suis né dans la plus basse classe, oui, j'ai mérité la punition que j'ai subie à Constantinople, et je suis indigne de l'amour que vous m'aviez accordé, si vous me regardez au point de vue du monde, au point de vue des esprits étroits dont la société se compose. Eh bien, avec les seules ressources de mon génie, par la force de ma volonté, je suis parvenu à en imposer à l'Europe entière; je me suis donné l'éducation qui me manquait, je me suis donné les sentiments que je n'avais pas ; je me suis formé aux manières que j'ignorais, je suis devenu un véritable prince ; et pourtant mon père était un ânier de Trébizonde. J'ai trouvé du goût, j'ai trouvé la connaissance de tout ce que je n'avais jamais ni vu, ni entendu, ni soupçonné. Beaucoup de vos poupées poudrées, chargées d'oripeaux et de titres, auraient-elles pu en faire autant ?

« Je suis tombé, je suis vaincu, mais je ne suis point humilié : au contraire. Ma tête se relève plus haut que jamais, j'ai la conscience de ce que je vaux, de ce que je suis, et je regarde toute l'espèce humaine avec un dédain profond ; elle ne vaut pas un regret ; hors vous, madame, vous la seule et vraie affection de ma vie, vous que j'ai aimée de toute la passion de mon cœur. Je ne vous supplie pas à mes derniers moments; pourtant il me serait bien doux d'emporter avec moi l'espérance de ne point être haï, l'espérance d'une pensée. Vous me la refuserez peut-être, au moins je ne le saurai pas.

« Adieu, Élisabeth, dans une demi-heure, j'aurai terminé mon rôle. Je ne daigne pas donner une explication à ces États qui m'avaient accueilli lorsque j'étais un faux prince, et qui me repoussent maintenant qu'ils me savent un homme de génie. A vous seule je parle en cet instant suprême, et c'est pour vous dire non adieu, mais au revoir ! Nous nous retrouverons dans le séjour où les grandes âmes se retrouvent sous l'œil du Créateur. Nous y serons dépouillés des illusions, des préjugés de ce monde, et l'on nous y jugera pour nous-mêmes et pour ce que nous valons. Au revoir donc encore, Élisabeth ! »

Lorsque la duchesse apprit cette déconvenue, son-

cœur faillit se briser, et sa fierté fut tellement blessée qu'elle en crut mourir. Cette même fierté lui donna le courage de cacher cette impression ; elle ne cessa pas un instant de recevoir et de voir du monde ; elle ne permit pas à son visage d'exprimer la moindre souffrance, et sortit victorieuse encore de cette épreuve. Mais combien elle fut malheureuse ! combien elle eut à refouler de larmes !

A dater de ce moment, elle ne voulut pas rester à Rome ; c'est alors qu'elle se rendit en Russie. Depuis lors elle n'a plus aimé. »

J'espère qu'on ne trouvera pas ce récit trop long ; quant à moi, il m'a vivement intéressée. J'ai voulu le transcrire en entier dans ces Mémoires, où je le laisserai, à moins qu'il ne soit publié ailleurs, car on a dû le retrouver dans les papiers de la duchesse de Kingston.

22 mars. — Je dînai chez Son Altesse sérénissime avec madame la duchesse d'Aremberg, femme d'un fort grand seigneur flamand, de la branche cadette des princes de Ligne ; ils sont souverains de leur principauté et colonels-propriétaires du régiment de La Marck. La duchesse était une Brancas-Lauraguais, fille du comte de ce nom. Le duc d'Aremberg avait pour frères : le comte de La Marck, marié à la marquise de Cernay, et le prince Louis d'Aremberg, colonel en second au régiment de La Marck, marié depuis à mademoiselle de Mailly de Nesle. Les trois sœurs du duc d'Aremberg étaient mariées au comte de Windischgraetz, au duc d'Ursel et au prince de Stahremberg. J'ai vu cette dernière en Flandre.

Le soir, après la Comédie italienne, où l'on donnait la *Mélomanie* et le *Déserteur*, nous soupâmes chez le général de Wurmser. Il y avait le duc de Crillon, le duc de Brancas-Céreste et le comte d'Estaing.

C'est encore un grand homme de guerre que le comte d'Estaing ; il est lieutenant général des armées navales et a battu les Anglais près de l'île de la Grenade, détruit l'escadre de l'amiral Byron et fait la conquête de cette île. C'est un homme du plus grand mérite, d'un mérite indulgent et modeste, ce qui, pour moi, double la valeur. Il parle sans cesse du bailli de Suffren, de sa gloire, et ne veut point qu'on le vante lui-même à côté de celui qu'il proclame un héros. On a fait sur le comte d'Estaing les vers que voici :

> Albion redouta son bras et son génie.
> Vengeur du nom français, général et soldat,
>   Il sut combattre avec éclat
>   Les Anglais et la calomnie.

Il est brouillé avec M. de Vergennes, et celui-ci a rayé de sa main un article qui rendait compte d'un succès de cet amiral. Cela prouve, dit M. de Maurepas, que « la trompette vaut mieux que la plume. »

23 mars. — Déjeuner chez madame la landgrave de Hesse. Madame la duchesse de Bourbon a soupé chez nous. Rien d'extraordinaire d'ailleurs. — Le 24 nous allâmes à Versailles pour quelques heures ; je voulais parler à madame de Mackau. En revenant, je fis des visites à madame la duchesse de Bourbon, à madame la duchesse d'Orléans, à la duchesse d'Aremberg et à la duchesse de Kingston, chez qui nous avons soupé. Sa table est des plus renommées ; elle était fort gourmande, et on faisait chez elle une chère exquise. C'était réellement une femme extraordinaire ; elle savait peu, mais un peu de tout. Ayant vécu avec tous les beaux esprits, tous les savants, tous les illustres de l'Europe, elle avait glané sur tout, et elle s'é-

tait fait une conversation qui trompait la première fois. Son grand usage du monde, son esprit infini, lui donnaient un éclat et un brillant indicible. Elle racontait de la façon la plus pittoresque, la plus vive, la plus inattendue. Son imagination était un prisme où tout se reflétait, et qui étincelait par toutes les facettes.

N'écoutant que sa seule volonté, elle se moquait des idées reçues. Altière et opiniâtre, sa mobilité passait toute idée ; on ne la retrouvait pas la même à une heure de distance. Ses passions se mobilisaient comme ses idées.

Et cependant elle avait l'âme noble. En 1785 elle apprit que le neveu du duc de Kingston (celui-là même qui voulait lui enlever son immense fortune en lui intentant ce procès), elle apprit donc qu'il se trouvait à Metz dans la misère, et couvert de dettes qu'il ne pouvait payer. Celui qui lui apprit cette nouvelle crut lui être agréable ; mais son visage changea sur-le-champ ; elle s'inquiéta de son adresse positive, et lui fit dire qu'elle avait oublié le mal qu'il lui avait fait, les injures qu'elle avait reçues, qu'il pouvait la regarder comme une amie, et qu'elle le sortirait de son horrible situation.

En effet, elle partit pour Versailles, elle vit le roi, elle obtint de lui la cessation des poursuites, arrangea pour cet ennemi une maison dans les environs de Paris, et lui fit une pension pour qu'il pût vivre dans l'aisance. Ce trait fut beaucoup loué ; il devait l'être.

Elle était bienfaisante. Tant qu'elle vécut, il n'y eut point de pauvres à Calais ; elle les comblait de toutes les manières.

Nous la fîmes causer à ce souper chez elle. Elle regrettait par moments l'Angleterre, et parlait d'y retourner. Le souvenir des injustices dont elle avait été victime l'en empêchait. Puis ses amis étaient morts.

— Ce n'est pas la peine, ajouta-t-elle, de chercher des tombeaux, on en porte assez dans son cœur.

Elle aimait Paris, parce que c'est le lieu du monde où les absents reviennent le plus. Elle se plaisait dans ce bel hôtel de la rue Coq-Héron, qui s'appelait autrefois l'hôtel du Parlement d'Angleterre, qu'elle a loué pour sa vie, où elle recevait la société la plus brillante et la plus curieuse, en grands seigneurs, en artistes et gens d'esprit de toutes nations.

— Je ne retournerai pas en Angleterre décidément, disait-elle quelquefois ; les Anglais cherchent le plaisir sans le trouver, les Français le trouvent toujours sans lui courir après.

Elle faisait grand cas de Gluck, qui est mort à Vienne, en 1787, et qui était son ami. Elle lui dit adieu d'une manière touchante, et avec le pressentiment de ne plus le revoir. Le départ et la mort de Gluck laissèrent un moment le champ libre à Piccini, mais celui-ci trouva bientôt un nouveau rival dans Sacchini ; toutefois, Gluck les effaçait tous les deux, de l'avis presque général.

A la tête des gluckistes étaient la reine, l'abbé Arnaud et Suard.

A la tête des piccinistes, Marmontel, La Harpe, Ginguené.

Piccini était la mélodie et la suavité ;

Gluck, l'harmonie et la puissance.

Pour en revenir à la duchesse de Kingston, elle nous montra après souper tous ses bijoux, ce qui était une véritable curiosité ; le trésor de Sainte-Marie, à Venise, n'est pas plus riche. Nous vîmes un gros diamant, d'une eau superbe, qu'elle compte laisser au pape.

Un collier de chatons magnifiques destiné au duc de Newcastle.

Une garniture de pierreries variées, d'un prix inestimable, léguée à la czarine.

Enfin, la chose la plus curieuse et la plus rare : de superbes boucles d'oreilles et un collier de perles, ayant appartenu à la célèbre comtesse de Salisbury. Elle les voulait rendre à la comtesse de ce nom.

Les yeux étaient éblouis de ces trésors, rangés avec un soin tout particulier dans des écrins étiquetés et numérotés, tant ils étaient nombreux; tout le chagrin et le galuchat de la terre étaient dans ses armoires.

Pour finir ce qui la concerne, j'ajouterai qu'elle acheta Sainte-Assise, ou Saint-Port, après la mort de M. le duc d'Orléans, et qu'elle y fixa sa résidence d'été. Ce fut un état de maison princier. Elle paya cette terre un million quatre cent mille livres ; mais dès la première semaine de son arrivée, elle fit tuer et vendre des lapins pour sept mille francs.

Elle y mourut le 28 août 1785, l'année dernière, à soixante-huit ans révolus, d'un vaisseau rompu dans la poitrine. Son testament fut aussi bizarre que sa vie, ses héritiers cherchèrent à le faire casser ; je ne sais s'ils y ont réussi.

26 mars. — Je partis pour Versailles, avec madame la duchesse de Bourbon, qui voulait faire une visite à la reine. Je quittai la princesse en arrivant au château, et je me rendis chez madame de Mackau, où je passai la journée. J'ai parlé ailleurs de madame de Mackau, avec laquelle je suis liée d'amitié, c'est une femme de cœur et d'un esprit supérieur.

J'ai eu l'honneur de voir les enfants de France, chez lesquels elle m'a conduite. Madame Royale avait sept ans et demi. Elle était fort grande pour son âge ; elle a l'air noble et distingué. Madame de Mackau, qui était sous-gouvernante, l'élevait à merveille, elle s'en occupait bien plus que la gouvernante en titre. J'en eus la preuve dans cette visite, et cette circonstance ne manque pas d'intérêt.

En voyant cette princesse si grandie et si embellie, je l'ai trouvée charmante, et, accoutumée que je suis à la liberté des cours d'Allemagne, je n'ai pas pu m'empêcher de le dire. Cette liberté déplut à Madame Royale, et je le vis à l'instant sur son visage. Son regard si fier s'anima, ses traits se contractèrent, et elle me répliqua sans hésitation :

— Je suis charmée, madame la baronne, que vous me trouviez ainsi ; mais je suis étonnée de vous l'entendre dire.

Je restai tout interdite, et j'allais me confondre en excuses, lorsque madame de Mackau m'arrêta, et reprit avec un grand sang-froid :

— Ne vous excusez pas, madame, Madame Royale est fille de France, et elle ne fera jamais passer le bonheur d'être aimée après les exigences de l'étiquette.

Aussitôt, Madame Royale se tourna vers moi, et de l'air le plus digne, en même temps que le meilleur, elle me tendit sa petite main, que je baisai. Ensuite, elle me fit une révérence profonde et sérieuse, et se retira de la manière la plus gracieuse et la plus polie. C'était bien la petite-fille de Marie-Thérèse ; ce sera un beau et noble caractère. Comment pourrait-il en être autrement avec une mère comme la reine ?

Marie-Antoinette s'occupe elle-même de l'éducation de sa fille ; elle assiste tous les matins aux leçons de ses maîtres, et est très-sévère pour ses petits défauts.

Elle fit, vers cette époque-là, une réforme dans la maison de sa fille, dans la crainte de lui donner le goût du faste par le trop grand appareil qui l'entourait. Peut-on voir une meilleure mère et une affection plus éclairée ?

En rentrant à Paris, nous soupâmes chez la duchesse de La Vallière.

27 mars. — Nous allâmes aux Italiens avec madame Tronchin. A son sujet, je dirai ces deux mots :

Ce n'était point la veuve du célèbre médecin, petite-fille du fameux pensionnaire Jean de Witt.

Ce n'était pas la femme de M. Tronchin, riche fermier général, qui a, rue d'Antin, un hôtel superbe.

C'était la femme d'un envoyé de Genève, à Paris, pleine d'esprit, fort bonne, mais cousue de ridicules. Elle avait peur de tout, surtout du tonnerre, des araignées et des lapins. Pourquoi les lapins? je l'ignore ; ce que je sais, c'est qu'elle ne les supportait pas, même en peinture ; à peine en écoutait-elle le nom sans pâlir. Elle nous amusait beaucoup, et ne s'en tourmentait guère [1].

Nous eûmes *la Belle Arsène*, et *Fanfan et Colas*. Une vraie pièce de jeunes filles par sa moralité. Le sujet en est simple et naïf, il arrache des larmes. Les rôles de Fanfan et de Colas étaient joués : le premier, avec beaucoup de finesse, par madame Raymond ; le second, par mademoiselle Caroline, qui y mettait infiniment de grâce et d'esprit.

Le lendemain 28, nous allâmes encore, avec madame Tronchin, à la Comédie-Française ; on jouait *Crispin médecin*. A propos de cette pièce on répétait un mot

---

[1] C'est madame Tronchin qui, lors de la révolution, disait : Sans mon café à la crème, je ne tiendrais pas à la vie.

de Préville assez drôle, au sujet d'un événement peu édifiant et qu'explique le lieu où il se passa.

Une actrice de la Comédie avait mis au monde un enfant, attribué, suivant les uns, au sieur *Dazincourt* (le fameux Crispin), et, selon d'autres, au *médecin* de cette actrice. Un soir, que l'on se disputait beaucoup au foyer pour savoir à qui cet enfant appartenait, en réalité, et quel nom lui donner par conséquent :

— Vous voilà bien embarrassés, dit Préville, appelez-le Crispin-Médecin.

Le Théâtre-Français fit sa clôture le 1er avril, au moment de mon départ. Ce fut donc la dernière fois que j'y vins de ce voyage, et je ne reverrai plus ni Brizard, ni madame Fanier, ni M. et Mme Préville qui se retiraient. Ce furent des pertes irréparables pour le théâtre.

Les jours suivants je fis des visites ; je vis beaucoup de monde, soit chez moi, soit chez madame la duchesse de Bourbon. J'allai rue d'Anjou, chez le bon maréchal de Contades, gouverneur d'Alsace, qui, malgré ses quatre-vingts ans, est encore aimable. Je vis les avocats des procès, je vis madame de Talaru, née de Bec-de-Lièvre, dame pour accompagner madame Adélaïde. Le marquis de Talaru est lieutenant général, grand-croix de Saint-Louis, premier maître d'hôtel de la reine, en survivance, gouverneur de Phalsbourg.

Le vicomte de Talaru est maître d'hôtel de la reine *en pied ;* c'est le fils du vicomte de Talaru, cordon bleu, mort en 1782.

Je vis encore la comtesse de Beaujeu, chanoinesse du chapitre royal de Saint-Louis de Metz. Elles portent une croix d'or à huit pointes, attachée à un ruban blanc, liséré de bleu. Il faut, pour être admis dans ce chapitre, prouver sa noblesse d'extraction, et une filiation non interrompue jusqu'à 1400.

Madame de Beaujeu est parente du chevalier de Beaujeu, qui a été sous-gouverneur. C'est une femme d'esprit, maligne et mordante à l'excès. Nous sortions ensemble de chez madame de Persan, chez laquelle il se trouvait quantité de noblesse.

— Ce que c'est pourtant que ces Doublet ! me dit-elle. Ils sont vains de père en fils. Je tiens d'un de mes grands-oncles, qui se trouvait chez M. le premier président un jour de réception, qu'on y annonça M. de Persan, le grand-père de ceux-ci, et un de ses frères s'appelant aussi M. de quelque chose[1]. Vous savez l'horreur du parlement pour les noms usurpés, par un de ses membres surtout. Le premier président, debout au milieu du cercle, leur fit la révérence, les regarda un instant sous le nez, et se sauva dans sa chambre en criant : *Masque, je vous connais !*

Je fis ensuite tous mes adieux, à madame la duchesse de Bourbon surtout, qui me combla de bontés, et je quittai Paris le 1ᵉʳ avril pour arriver à Strasbourg le 6 du même mois. J'y trouvai une lettre de madame la grande-duchesse ; après des couches pénibles elle venait de mettre au monde une fille, la grande duchesse Paulowna, et me rassurait en m'annonçant elle-même sa convalescence [2].

---

[1] Des lettres patentes de 1764, postérieures par conséquent à l'époque dont parle madame de Beaujeu, ont régularisé le titre de marquis de Persan porté par la famille Doublet. La terre de Persan, ancienne baronnie, appartient à cette famille depuis plus de deux cent ans.

[2] (Lettre du $\frac{5}{16}$ mars 1786). La grande-duchesse Marie Paulowna est née le 15 février 1686. Cette princesse si remarquable par la supériorité de son esprit a épousé le grand-duc de Saxe-Weimar mort en 1853; elle est morte elle-même en 1860.

CHAPITRE XXXVI

M. de Saulx-Tavannes créé duc héréditaire. — Ducs et pairs ecclésiastiques. — Ducs et pairs héréditaires. — Ducs non pairs, mais héréditaires. — Ducs à brevet. — Étrangers ducs français. — Ducs créés par Jacques II, admis aux honneurs du Louvre. — Ducs créés par le pape. — Princes étrangers qui ont les honneurs du Louvre. — Grands d'Espagne. — Arrivée de l'archiduc François, duc de Toscane. — Le cardinal de Rohan suspendu de ses fonctions sacerdotales. — Jeux de mots et chansons à ce sujet. — Ressemblance de la reine avec la d'Oliva. — Autre ressemblance et anecdote sur Joseph II. — Traité entre le roi et le duc de Wurtemberg. — Naissance de Madame Sophie. — Mademoiselle de Condé élue abbesse de Remiremont. — Palais abbatial. — Le conseil souverain d'Alsace pouvoir du premier ordre. — Mort du grand Frédéric. — Envoi de la grande-duchesse de Russie. — Mort du baron de Rathsamhausen.

A peine arrivés à Strasbourg, nous apprîmes que M. de Saulx-Tavannes venait de recevoir le titre de duc héréditaire. Madame la duchesse de Bourbon me l'écrivit. A ce sujet, je retrouve dans mes papiers une liste des ducs et pairs héréditaires ou à brevet. J'ai envie de les mettre ici. Ces choses-là seront curieuses pour nos descendants. D'après l'esprit de destruction qui court, elles deviennent des documents.

DUCS ET PAIRS ECCLÉSIASTIQUES :

Messeigneurs : de Talleyrand-Périgord, archevêque-duc de Reims ;
— de Sabran, évêque-duc de Laon ;
— de la Luzerne, évêque-duc de Langres ;
— de la Rochefoucauld, évêque-comte de Beauvais ;
— de Clermont-Tonnerre, évêque-comte de Châlons ;
— de Grimaldi, évêque-comte de Noyon ;

Monseigneur : de Juigné, archevêque de Paris, duc de Saint-Cloud.

DUCS ET PAIRS LAÏQUES HÉRÉDITAIRES :

Date de création.	Duché.	Famille.
1572	Uzès,	Crussol.
1594	Montbazon,	Rohan-Guéménée.
1595	Thouars,	La Trémouille.
1619	Luynes,	d'Albert.
1631	Richelieu,	Vignerot-Duplessis.
1637	Larchefoucauld,	Larochefoucauld.
1652	Rohan,	Chabot.
1662	Luxembourg,	Montmorency.
1663	Gramont,	Gramont.
1665	Mortemart,	Rochechouart.
1663	Noailles,	Noailles.
1665	D'Aumont,	d'Aumont.
1709	D'Harcourt,	d'Harcourt.
1710	Fitz-James,	Fitz-James.
1716	Brancas,	Brancas.
1716	Valentinois,	Grimaldi de Monaco.
1762	Praslin,	Choiseul.
1775	Clermont-Tonnerre,	Clermont.
1786	Saulx-Tavannes,	Saulx.

DUCS NON-PAIRS, MAIS HÉRÉDITAIRES [1] :

1742	Broglie,	Broglie.
1758	D'Estissac,	Larochefoucauld.
1758	Montmorency,	Montmorency.

Cette liste est incomplète, il faut y ajouter :

Aiguillon (Richelieu), Biron (Gontaut), Lavauguyon (Quélen),
Albret (La Tour d'Auvergne), Sully (Béthune), Gesvres (Potier),
Charost (Béthune), Duras (Durfort), Villeroy (Neufville).

CHAPITRE XXXVI.

Date de création.	Duché.	Famille.
1758	Ayen,	Noailles.
1759	Villequier,	d'Aumont.
1768	Beaumont,	Montmorency-Luxembourg.
1768	Croy,	Croy.
1775	Lorges,	Durfort.
1780	Polignac,	Chalençon.
1783	Laval,	Montmorency.
1784	Lévis,	Lévis.
1784	Maillé,	Maillé.

DUCS A BREVET NON HÉRÉDITAIRES :

1765	Liancourt,	Larochefoucauld.
1777	Mailly,	Mailly-d'Haucourt.
1782	Doudeauville,	Larochefoucauld.
1783	Caylus,	Robert de Lignerac.
1784	Castries,	Lacroix.
1784	Cossé,	Brissac.
1784	Céreste,	Brancas.
1787	d'Esclignac,	Fimarcon.

ÉTRANGERS DUCS FRANÇAIS :

1548	Châtellerault,	Hamilton.
1672	D'Aubigny,	Lennox.

DUCS CRÉÉS PAR JACQUES II ET ADMIS PAR LOUIS XIV AUX HONNEURS DU LOUVRE :

1687	Berwick,	Fitz-James.
1689	Mountcashel,	Mac-Carthy.
1692	Albemarle,	Fitz-James.
1692	Melfort,	Drummond.

DUCS PAR DIPLOME PAPAL :

1665 Caderousse, d'Ancézune (*bref d'Alexandre VIII*).

1725 Crillon (*bref de Benoît XIII*).

Les princes étrangers qui ont eu les honneurs du Louvre, ainsi que les ducs et duchesses, sont :

Les princes de la maison de *Lorraine-Elbœuf*;

Ceux de la maison de *La Tour-Bouillon*, héritiers de la maison de La Marck, rang de princes en France en 1651.

GRANDS D'ESPAGNE :

Rohan-Guéménée, érigé en principauté en 1570 ;

La Trémouille (à cause de leurs prétentions sur le royaume de Naples), rang accordé en France en 1651 ;

D'Egmont (Pignatelli), création,	1520
Salm-Kirbourg, 1520, renouvelé,	1773
Havré (Croï), 1528,	1761
Nassau-Seigen, 1520,	1783
Buzançois (Beauvilliers),	1765
Doudeauville,	1703
Tessé (Froulay),	1704
Croy-Solre, 1706, succession,	1784
Chimay (d'Alsace d'Hénin-Lietard),	1708
par succession,	1740
Nivernois (Mancini-Mazarini),	1738
Ghistelle (Melun),	1758
Mouchy (Noailles),	1750
Robecque (Montmorency),	1745
Périgord (Talleyrand),	1757
Valentinois (Grimaldi, pr. de Monaco),	1754
Rouault (Gamaches),	1777

. Hautefort, 1761
Saint-Simon (Rouvray), 1774
Beauvau, 1727
Brancas-Céreste, 1700
Lamarck (Ligne), 1740
Caylus (Robert de Lignerac), 1774
Ossun, 1765
Montbarrey (Saint-Maurice), 1774
Crillon-Mahon, 1782
D'Estaing (Saillans), 1782
Gand, 1785
D'Esclignac,

Je crois que cette liste et ces noms sont à leur place dans ces Mémoires; ils serviront de mémorandum pour ceux qui oublieront les anciens rangs. Je les trace avec un plaisir mélancolique. Sait-on ce qui arrivera dans l'avenir ?

A notre retour de Paris, nous passâmes l'été chez nous à Quatzenheim, et nous n'allâmes pas cette année à Montbéliard, à mon grand regret. La mort du grand Frédéric, arrivée en août, mit cette cour en deuil. Madame la princesse fut particulièrement désolée. Elle aimait beaucoup son illustre oncle, et c'était d'ailleurs un grand appui pour ses enfants. Il s'occupait d'eux avec une sollicitude très-vive, et s'était chargé de leur avenir.

J'avais sans cesse des nouvelles d'Étupes. La correspondance était très-active; mademoiselle de Domsdorf y était retournée, et M. Wargemont y passait sa vie. Il profitait du voisinage de Belfort, où il est en garnison, et ne quittait pour ainsi dire pas sa bien-aimée. Ce fut alors qu'il fit les vers dont j'ai parlé sur le loto, d'après la page de mon journal, dont il avait pris note. On me les envoya, et nous en rîmes beaucoup.

Cet amour intéressait tout le monde ; les sentiments bons sont si faciles à comprendre ! Pourtant on demandait le mariage, qu'ils retardaient toujours, pour avoir le plaisir de se faire malheureux et de soupirer au clair de la lune. C'était absolument le berger *Quinchottis* et la nymphe Dulcinée (au ridicule près, bien entendu), car ce couple était charmant.

Vers cette époque, on reçut à Montbéliard la visite de l'archiduc François d'Autriche, grand-duc de Toscane. Il ne resta que quelques heures chez son futur beau-père. Ce mariage-là n'est point retardé par les beaux sentiments filés, mais par la politique. L'archiduc est jusqu'ici héritier de l'Empire ; c'est un parti aussi brillant que celui de Paul Petrowitz l'était pour la princesse Dorothée. En vérité, Dieu protége les familles nombreuses, quand elles observent sa sainte loi ; c'est encore prouvé une fois de plus par la famille de Wurtemberg. Ils ont fait des pertes sensibles, c'est vrai, mais il faut payer le tribut à l'humanité, et ceux qui restent sont heureux ici-bas.

Nous trouvâmes Strasbourg fort occupé du cardinal de Rohan et de l'affaire du collier. Tout le monde s'élevait contre lui ; ce n'était qu'une voix ; l'indignation était générale. On assurait qu'à la suite d'un mémoire envoyé à Sa Sainteté par le chapitre de la cathédrale, le pape l'avait suspendu pour six mois de ses fonctions sacerdotales. Cette affaire était le sujet de toutes les conversations ; on vendait les portraits des acteurs de ce procès.

Les bons mots ne manquèrent pas non plus. On disait :

— C'est le dernier coup de *collier* que donne la maison de Rohan.

On disait encore :

CHAPITRE XXXVI.

Le cardinal n'est pas *franc du collier*.

Le chapitre profita de sa disgrâce pour soulever et faire valoir ses griefs contre lui. Il ne lui pardonnait pas surtout d'avoir employé à des choses d'agrément personnel les fonds destinés à la reconstruction du château de Saverne. Il fit reprendre les travaux de cette résidence et cesser ceux ordonnés par le cardinal, qui étaient seulement de luxe et pour les plaisirs de la chasse. Les enfants chantaient dans les rues les couplets d'une chanson qu'on n'avait pas manqué de faire sur le prélat et tout ce qui le concernait :

> Et l'innocente candeur
> Du prélat de Saverne
> Va briller comme un docteur
> Dans une lanterne, etc.

On frappa à la monnaie de Strasbourg, lors du procès du collier, des louis avec une infâme et insultante altération. Il va sans dire que cela ne se renouvela pas, et que les auteurs en furent sévèrement recherchés, quoiqu'ils protestassent que c'était un hasard de la gravure.

Lors de l'arrestation du cardinal, M. le prince de Condé, qui a épousé une Rohan, le maréchal de Soubise, la princesse de Marsan, s'indignèrent et réclamèrent. Le fait est que la maison de Rohan éprouva coup sur coup deux grands désastres, la banqueroute du prince de Guéménée et le déshonneur du cardinal grand-aumônier de France. Ce sont de ces choses qui tuent. A propos de cette ressemblance de la reine avec cette horrible fille d'Oliva, qui était tout le nœud de l'histoire, madame la duchesse d'Orléans m'a raconté une chose bien touchante et bien peu connue, une autre ressemblance de Sa Majesté, très-explicable cette fois et très-douce à son cœur. C'était presque un secret à la cour : ce qu'il y a de certain, c'est que personne n'en parle. Madame la duchesse d'Orléans l'a su par madame la princesse de Lamballe, qui lui recommanda de ne point l'ébruiter, et c'est un soir après souper, chez madame la duchesse de Bourbon, qu'elle se laissa entraîner par la conversation à nous le dire. Nous n'étions que quatre, et nous nous engageâmes au silence. Il a été gardé, j'en réponds. Les secrets de cour ne se divulguent guère, chacun en craint les conséquences, et la discrétion est une des premières vertus d'un courtisan adroit. Voici donc le fait :

L'empereur Joseph II avait dix-sept ans lorsqu'il connut à Vienne, par hasard, une jeune chanoinesse presque de son âge, dont le père était retiré au château de Schœnbrunn, où il avait des fonctions, et où sa fille demeurait avec lui. Le prince, on le sait, aimait la solitude ; dès cet âge si tendre, il se promenait de longues heures sous les grandes allées du parc, rêvant à son avenir, au fardeau si pesant de cet empire auquel la Providence le condamnait. Un soir, il était tard, tout le monde dormait au château, il entendit au fond d'un bosquet des gémissements et des plaintes ; il lui sembla reconnaître une voix de femme ; il y courut. L'obscurité était complète ; cependant il aperçut comme un paquet blanc jeté sur l'herbe ; il s'en approcha : c'était une jeune fille. Elle ne le reconnut point ; mais, en le voyant, elle l'appela avec des sanglots, en le suppliant d'avoir pitié d'elle et de venir à son secours. Le prince lui demanda qui elle était, ce qu'elle faisait si tard en ce lieu, et si elle n'était pas blessée.

Elle se nomma : c'était la comtesse Wilhelmine de B... En se promenant au milieu des bois, ainsi qu'elle en avait l'habitude, elle avait voulu dénicher un nid d'oiseau placé sur une branche un peu haute ; elle était tombée et s'était foulé le pied. Depuis lors il lui avait été impossible de se lever, et sa souffrance était telle que, sans le secours d'un bras, elle ne pouvait rejoindre le logis de son père.

Joseph resta frappé de cette douce voix ; bon et simple comme il l'était d'ailleurs, sûr de ne pas être reconnu, il aida la jeune fille à se relever, et lui offrit son appui pour retourner au château. Wilhelmine l'accepta, en se plaignant beaucoup ; elle souffrait excessivement, et chacun de ses pas était une douleur. Le trajet fut long ; pendant la route, le prince essaya de l'interroger. Elle lui raconta naïvement qu'elle était en congé de son chapitre, qu'elle n'habitait Schœnbrunn que depuis trois semaines ; que sa famille, d'une noblesse des plus anciennes, était pauvre, et que son père, vieux soldat des guerres de Hongrie, bien connu de l'impératrice, avait eu pour retraite un poste de confiance dans cette résidence impériale. Elle n'avait plus de mère, elle était fille unique ; on lui avait obtenu une prébende, puisqu'elle n'avait point de dot. Elle se trouvait contente de son sort, et ne demandait rien à Dieu que la continuation de ce bonheur.

Enfin ils arrivèrent. Le vieillard était couché selon son habitude ; une servante veillait ; elle était inquiète, mais elle resta stupéfaite en reconnaissant Joseph, qui mit un doigt sur ses lèvres et lui glissa deux ducats dans la main pour la faire taire.

— Soignez bien la comtesse, dit-il, je reviendrai savoir de ses nouvelles.

La jeune fille fut plusieurs jours couchée, elle souffrit beaucoup, et, selon sa promesse, le prince envoya chaque matin s'informer de sa santé. On ne dit point à la comtesse Wilhelmine le nom du jeune seigneur qui l'avait secourue ; son père ne le soupçonna pas plus qu'elle. Au bout de trois semaines elle fut s'asseoir au bord du jardin et prendre l'air ; elle s'y oublia un soir, et je ne voudrais pas jurer que sa pensée ne chercha pas son protecteur. La cour n'était plus au château, le silence régnait partout, la comtesse se croyait bien seule, lorsque tout à coup elle vit paraître le jeune seigneur au détour d'une allée. Elle devint rouge comme une cerise et essaya de se lever ; il la prévint.

— Restez, restez, je vous en prie, madame la comtesse, je ne veux pas que vous vous dérangiez ; je serai charmé de causer un peu avec vous et de jouir de la vue du rétablissement de votre santé.

Wilhelmine resta tout interdite. Elle se rappelait les circonstances de leur première rencontre, elle songeait à tout ce qu'il avait fait pour elle, à ses soins, à l'intérêt qu'il lui avait montré, et elle songeait en même temps qu'il lui avait paru aimable, qu'il était jeune, qu'il avait un noble visage, enfin tout ce qu'il faut pour plaire : il plaisait déjà. Il resta plus de deux heures avec elle ; il ne dit pas :

— Je reviendrai demain.

Pourtant le lendemain elle attendit, et le lendemain il revint ; et il revint ainsi chaque soir, quand tout dormait autour d'eux. Lorsque la comtesse put marcher, ils se promenaient ensemble sous ces beaux ombrages. L'amour y était en tiers avec eux. Joseph aimait pour la première, pour la seule fois de sa vie peut-être ; la jeune fille ignorait son cœur, et ne se rendait même pas compte du sentiment qui l'entraînait. Son père, âgé, infirme, confiant en elle, ne veillait point sur ses démarches ; il la voyait avec bonheur s'établir près de lui, il voyait leur avenir à tous les deux fixé, et ne songeait pas qu'il y eût au monde pour une fille de dix-huit ans des tentateurs ou des tentations.

Cette liaison dura ainsi à l'insu des courtisans, ce qui serait impossible en France et ce qui est naturel à Vienne, où les princes jouissent de la même liberté que les particuliers. Cette liaison devint bientôt aussi intime que possible, et cela devait être; Wilhelmine était trop innocente pour calculer les suites de l'entraînement de son cœur. Le prince était au comble du bonheur; il oubliait, près de cette âme naïve et dévouée, les intrigues de la cour et les soucis de la grandeur. Il s'était donné pour un officier des gardes wallonnes, et il expliquait par la sévérité de ses supérieurs la nécessité du silence le plus absolu qu'il avait exigé d'elle. Wilhelmine marchait à sa perte, et un moment suffit pour la perdre. Comment maintenant cacher sa faute et le remords qu'elle en ressentait?

— Marions-nous, répétait-elle incessamment, et nous n'aurons rien à cacher.

Il était trop tard. Le prince, d'ailleurs, trouvait des excuses, des remises; elle le croyait, elle l'aimait tant! Enfin, un soir qu'il était près d'elle dans leur petit jardin particulier, le vieillard se présenta tout à coup devant eux. L'habitude de la sécurité leur avait fait négliger les précautions; ils furent surpris au moment où ils s'y attendaient le moins. L'officier connaissait le prince, lui. En l'apercevant, en entendant sa conversation avec sa fille, il ne lui resta pas un doute sur son malheur; furieux, hors de lui, il veut arracher son enfant des bras de son séducteur en s'écriant :

— Est-ce là la récompense de mon sang répandu pour vous, Altesse?

A ce mot d'Altesse, la jeune fille jeta un cri et se précipita vers son amant.

— Que signifie ce titre? Qui êtes-vous? Vous m'avez trompée.

L'explication ne pouvait tarder; elle eut lieu, et Wilhelmine, frappée de stupeur, tomba sans connaissance aux pieds de son père. On la crut morte; on la transporta sur son lit : elle fut plusieurs heures sans revenir à elle. Le prince, malgré les prières, malgré les ordres, malgré les cris de M. de B..., ne voulut pas la quitter d'une minute jusqu'à ce que ses yeux fussent ouverts. Lorsqu'elle eut enfin repris ses sens, il porta sa main à ses lèvres en lui disant :

— Wilhelmine, je suis forcé de partir maintenant, mais je reviendrai ce soir, et je vous prouverai, ainsi qu'à votre père, que je ne suis pas un ingrat. S'il a versé son sang pour Marie-Thérèse, Joseph reconnaîtra ce dévouement par tout ce qu'il peut donner de plus précieux. Vivez pour notre enfant, pour moi, pour votre père, et ayez toute confiance : je ne vous tromperai jamais.

La journée se passa dans l'anxiété la plus vive. Le vieux soldat tremblait qu'il ne voulût mettre un prix au déshonneur de sa fille, et il eût préféré la voir morte; il désirait l'arracher à ses séductions, et la pauvre enfant était encore dans le danger le plus grand. Ce furent des heures cruelles. Enfin le soir arriva, et, ainsi qu'il l'avait promis, le prince revint, mais il ne revint pas seul. Il avait avec lui son chapelain et un officier de sa maison.

— Monsieur de B..., dit-il, voulez-vous bien m'accorder la main de votre fille? Wilhelmine, voulez-vous être ma femme?

La surprise, la joie, ôtèrent au vieux soldat la faculté de répondre. Ensuite il trouva des objections, des impossibilités, dans la haute position du prince. La raison d'État, la politique, il fit tout valoir ; à tout Joseph répondait :

— Je le veux, cela sera.

Cela fut en effet. Le mariage morganatique fut célébré dans la chapelle du château, Wilhelmine presque mourante y fut transportée.

— Maintenant tu vivras, ma bien-aimée, lui disait-il.

Mais le coup était porté, la pauvre femme accoucha, dans la nuit, d'une petite fille qui reçut son nom de Wilhelmine, et qui reçut aussi son dernier soupir dans un baiser. Le prince fut inconsolable; il faillit en perdre la tête; et ne pouvait s'arracher d'auprès du cadavre. L'enfant lui fut odieux les premiers jours, ensuite il la demanda, il voulut la voir toujours, et voulut qu'elle fût élevée aussi près de lui que possible, et tous ses soins se concentrèrent sur elle. Par un hasard assez explicable, cette petite fille était le portrait frappant et calqué de Marie-Antoinette. Sa mère, lorsqu'elle la portait dans son sein, regardait sans cesse un tableau qu'elle avait dans sa chambre et qui représentait cette princesse : c'est dire combien cette jeune fille est belle. Plus tard, quand les soucis du gouvernement eurent un peu détourné Joseph de la jeune comtesse Wilhelmine, la reine la fit venir à Versailles, elle y est encore. Elle habite, dans le parc même, une petite maison, donnée autrefois à la duchesse de Gramont. Elle y est seule avec sa gouvernante et ses domestiques. La reine et Madame Royale la voient souvent ; du reste, elle ne sort point et ne reçoit absolument personne. On dit que Sa Majesté veut la doter et la marier richement.

Si le cardinal de Rohan eût pris cette nièce chérie pour la reine, cela eût pu se comprendre ; mais une créature telle que cette d'Oliva ! Il fallait avoir perdu le sens et tout souvenir de sa qualité de grand seigneur pour se tromper de la sorte.

Cette année, on signa le traité concernant les négociations entamées depuis si longtemps entre le roi et le duc de Wurtemberg, en qualité de comte de Montbéliard, pour régler les limites de ce comté. C'est le baron de Rieger et M. Gérard, prêteur royal de Strasbourg, qui ont terminé cette affaire signée le 21 mai.

On apprit presque en même temps la naissance de madame Sophie, fille du roi, morte depuis à Versailles le 20 juin 1787. On fut pourtant bien heureux lorsqu'elle vint au monde, le roi ne saurait avoir trop d'enfants.

Mademoiselle de Condé a été élevée à la dignité d'abbesse du chapitre de Remiremont en remplacement de la princesse Charlotte de Lorraine-Brionne, sœur du prince de Lambesc, qui n'a été abbesse que bien peu d'années. Celle-ci avait succédé à la princesse Christine de Saxe, dont j'ai déjà parlé. Mademoiselle de Condé, née en 1757, avait vingt-neuf ans. Elle a été élue à l'unanimité des suffrages. Elle envoya sa procuration à madame de Montuejouls et fut appréhendée dans sa personne, le 21 août. Madame de Messey fit la présentation. M. de la Porte, intendant de Lorraine, avait été désigné par le roi pour assister à l'élection. Il est frère de madame de Melfort. Il possède un marquisat en Normandie. On sait qu'on peut acheter un marquisat, sans pourtant devenir marquis. On est seulement seigneur de la terre, à moins que le roi ne confère le titre, ce qu'il ne fait pas toujours. C'est justement le cas de M. de La Porte.

Le palais abbatial de Remiremont, que va habiter la princesse, est d'une magnificence toute royale. Il a été commencé en 1722 par ordre de la princesse Anne-Charlotte de Lorraine, qui en a été abbesse jusqu'en 1773. Nous voulions aller voir mademoiselle de Condé, qui avait eu l'extrême amabilité de nous y engager, M. d'Oberkirch et moi, mais cela nous fut impossible. Voilà déjà trois fois que je manque le voyage de Remiremont. J'aurais pourtant grand plaisir à le faire.

Je reçus de madame la princesse de Montbéliard des détails sur la mort du grand Frédéric. Peu de temps avant, il avait adressé une requête au conseil souverain d'Alsace pour un de ses sujets, ce fut presque sa dernière action [1]. Il avait dû, bien malgré lui, se soumettre au protocole sans lequel nulle requête n'était admise. On considérait si bien ce conseil comme pouvoir de premier ordre, que, lorsque les souverains d'Allemagne traitaient avec lui, ils se conformaient aux formules consacrées, c'est-à-dire : nosseigneurs, et. *supplie* le roi ou prince, etc. Leur orgueil en souffre beaucoup, mais il n'y a pas moyen de faire autrement.

Le roi de Prusse, Frédéric II, est mort le 17 août 1786. Malgré la maladie douloureuse qui l'accablait, il a gouverné jusqu'à la fin avec la même sûreté de vues et la même application. Il lisait lui-même les dépêches de tous les ministres à l'étranger, et chaque matin, de-

---

[1] Le conseil d'Alsace était ainsi composé : un premier président, un second président, deux conseillers d'honneur d'église, quatre conseillers chevaliers d'honneur d'épée ; une première chambre de dix conseillers, une seconde chambre de neuf conseillers et les gens du roi.

puis quatre heures jusqu'à sept, il dictait les réponses et sa correspondance, tant avec les ministres des affaires étrangères, qu'avec son ministre du cabinet. Quelques jours avant sa mort, il dictait encore à ses aides de camp les manœuvres qu'il voulait faire exécuter au camp de Silésie. Il est resté, jusqu'à la fin, en uniforme et botté, hors celle de ses jambes qui s'était trop enflée. Il ne voulait jamais accepter de robe de chambre : c'était, disait-il, une *gâterie*, une mollesse indigne d'un soldat.

Il est mort à son château de Sans-Souci, où il s'était fait transporter, après avoir horriblement souffert cinq semaines sans pouvoir se coucher, tant son hydropisie l'avait enflé et l'incommodait cruellement. Il ne laissa jamais échapper ni une plainte ni le moindre signe de ce qu'il éprouvait. Ce fut un héros jusqu'à la fin [1]. Un des premiers actes de Frédéric-Guillaume a été de nommer lieutenant-général M. de Borck, son ancien gouverneur, âgé de quatre-vingt-deux ans.

Madame la princesse de Montbéliard m'envoya en même temps un tableau de découpure, envoyé pour moi par madame la grande-duchesse de Russie.

Il représente la grande-duchesse Marie, donnant le bras à son mari le grand-duc Paul Pétrowitz, et, sur la gauche, ses fils, les grands-ducs Alexandre et Constantin. Ce dernier, appuyé sur une bêche, creuse un trou pour planter un jeune arbre ; son frère aîné tient l'arbre et le montre à ses parents.

Tout à fait à gauche, se trouve une statue de Pierre le Grand, en costume grec, tenant d'une main une épée et de l'autre une flèche.

Ce souvenir de mon auguste amie m'a fait le plus

---

[1] Frédéric le Grand a laissé à madame la duchesse de Wurtemberg vingt mille écus une fois payés, et une bague au duc son mari.

grand plaisir, on le conçoit facilement. Sa bonté daigne me conserver une affection vraie dont elle multiplie les témoignages. Je regrettai vivement de ne pouvoir aller à Montbéliard remercier madame la princesse, mais cela me fut tout à fait impossible; après une absence aussi longue il me fallut rester chez moi jusqu'au mois d'octobre. A cette époque on joua la comédie à Etupes; on m'assura que j'étais nécessaire, on me destinait un rôle sérieux et m'écrivait-on en plaisantant, « c'était le cas ou jamais de prendre *mon grand air de gravité.* » La princesse Élisabeth, qui avait alors dix-neuf ans, se faisait grande fête d'y jouer un rôle ; ma santé s'était beaucoup fortifiée, je n'avais pas de bonne excuse à alléguer ; aussi, quoique je ne me trouvasse pas très-brave, j'osai affronter la scène. La princesse Élisabeth y fut charmante ainsi que la princesse Marianne. M. de Maucler, qui dirigeait *la troupe*, voulut bien prétendre que je ne m'en étais pas trop mal tirée non plus.

Nous perdîmes bientôt après le baron de Rathsamhausen, commandant de grenadiers au régiment de Nassau que nous avons vu, en 1784, lorsqu'il nous vint de Genève où il était en garnison. On le regretta beaucoup. Hélas! combien déjà sont disparus autour de nous!

CHAPITRE XXXVII

Modes extravagantes de 1787. — Banqueroute de mademoiselle Bertin. — L'abbé Terray. — Son perroquet. — On brûle l'abbé en effigie. — Vers. — Réponse du président Hocquart. — Madame Paulze. — Colère de Voltaire. — Banqueroute de M. de Sainte-James. — L'homme au rocher. — Le duc d'Orléans et madame de Genlis. — Plaisanterie du comte d'Artois. — Malheur de M. Beaujon. — Madame Saint-Huberti. — Passion de la chasse. — Madame Kornemann contre Beaumarchais. — Édit sur les protestants.

1787. — Bien qu'en province, nous étions fort au courant des modes et des nouvelles de Paris. Plusieurs de nos amis nous envoyaient des bulletins suivis et de véritables gazettes. Les femmes n'avaient rien de très-nouveau pour cet hiver de 1787. Les belles étoffes et les diamants continuaient à primer, c'est-à-dire le luxe et la richesse; mais les hommes imaginaient des singularités. D'abord il fut du bel air absolument d'avoir des gilets à la douzaine, à la centaine même, si l'on tenait à donner le ton. On les brodait magnifiquement avec des sujets de chasse et des combats de cavalerie, même des combats sur mer. C'était extravagant de cherté. Les boutons d'habits étaient non moins bizarres; ils représentaient tantôt des portraits, tels que les rois de France, les douze Césars, quelquefois des miniatures de famille; deux ou trois hardis petits-maîtres y mirent les portraits de leurs maîtresses. Les portraits étaient presque larges comme un écu de six livres. Vous jugez à quoi ressemblait un homme ainsi plastronné; mais *c'était la mode!* que répondre à cela?

Cet empire des modes subit un grand cataclysme.

Mademoiselle Bertin, si fière, si haute, si insolente même, qui *travaillait* avec Sa Majesté, mademoiselle Bertin étalant sur ses mémoires en grandes lettres : *Marchande de modes de la reine ;* mademoiselle Bertin vient de faire banqueroute. Il est vrai que sa banqueroute n'est point plébéienne, c'est une banqueroute de grande dame, deux millions ! c'est quelque chose pour une marchande de chiffons. Les petites-maîtresses sont aux abois ; à qui s'adresser désormais ? qui tournera un pouf ? qui arrondira un toquet ? qui posera des plumes ? qui inventera un nouveau *juste* ? On assure que mademoiselle Bertin cédera à toutes les larmes et continuera son commerce. On dit aussi qu'elle a été ingrate pour la reine, et que sans cela Sa Majesté ne l'eût point abandonnée dans son malheur, bien qu'elle fût occupée de tristes choses et d'intérêts plus graves.

Les banqueroutes étaient partout ; nous avons eu la nôtre à Strasbourg, celle du directeur de la monnaie. Une plainte fut portée contre lui pour malversation. On l'accuse d'avoir fait un bénéfice sur les louis. Il les reçut pour les refondre au taux de ceux qui ont été altérés ou écornés autrefois par ordre de l'abbé Terray. On sait que ce ministre peu consciencieux avait osé ordonner cette falsification. Dieu sait les cris et les lamentations que cette mesure amena. L'abbé Terray devint la bête noire de la France ; il n'y compta plus un ami. D'ailleurs il était méchant, vindicatif et désagréable. Il avait sur son escalier un gros perroquet qui criait sans cesse :

— Au voleur !

— Ah ! dit un plaisant, cet animal, on le voit bien, a l'habitude d'annoncer son maître.

On brûla l'abbé en effigie, on le pendit au coin des

rues, on le chansonna de toutes les manières, il n'en continua pas moins son chemin et acquit une fortune immense. Cet abbé, de mœurs aussi dissolues que de conscience facile, a été accusé de toutes les infamies. Voici des vers que l'on fit sur lui :

> Le seul aspect d'un tel ministre
> De sa vie offre le tableau ;
> A cette figure sinistre,
> France, reconnais ton bourreau.

Le fait est qu'il était très-laid. Ces vers ont été inspirés sans doute par une réponse du président Hocquart, devant qui ce contrôleur général disait qu'il fallait *saigner la France*.

— C'est possible, répondit M. Hocquart, mais la malédiction sera pour le bourreau.

Je me rappelle aussi un mot de Voltaire auquel on annonçait à Ferney la visite de madame Paulze, femme d'un fermier général qui possédait une terre dans son voisinage. Pour obtenir un meilleur accueil, elle fit dire au philosophe qu'elle était nièce de l'abbé Terray.

— Répondez à madame Paulze, répondit Voltaire en furie, qu'il ne me reste plus qu'une seule dent et que je la garde contre son oncle.

Une autre banqueroute (hélas ! les temps sont à cela, et il est à craindre que ce ne soit que le prélude), une autre banqueroute fait encore beaucoup de bruit dans le monde. Elle touche de près le marquis de Puységur, colonel du régiment d'artillerie en garnison à Strasbourg. C'était celle de son beau-père, M. de Sainte-James, trésorier général de la marine, qui a fait tant de folies pour son parc de Neuilly, et que le roi appelait l'*Homme au rocher*, pour avoir rencontré un rocher énorme traîné par quarante chevaux et destiné au jardin anglais de ce financier, que le peuple baptisa la *Folie Sainte-James*, à bien juste raison. C'est, du reste, un endroit ravissant, un lieu de promenade enchanteur. Je me souviens d'y avoir rencontré et dérangé beaucoup un couple amoureux : c'était M. le duc d'Orléans et madame de Genlis. Ils étaient censés brouillés par respect pour madame la duchesse d'Orléans, qui l'avait obtenu à force de larmes, et ils furent bien contrariés de nous voir là. Son Altesse sérénissime avait demandé le *huis clos* du jardin, M. de Sainte-James le lui avait promis, mais le concierge comprit mal, il nous laissait toujours entrer avec le laisser-passer de M. de Puységur et ne nous crut pas enclavés dans l'exclusion. Le prince nous salua assez platement, la dame prit un air superbe et releva la tête en nous regardant fixement comme une impératrice. Je la revis le soir je ne sais plus où, avec son éternelle harpe qu'elle traînait partout à sa suite; elle ne sembla pas me reconnaître, et sa hauteur ne s'abaissa pas devant ce souvenir.

La folie Sainte-James était placée près de Bagatelle, de l'autre côté de la route. M. le comte d'Artois en faisait des plaisanteries infinies et ne pouvait se taire d'être écrasé par le luxe de ce traitant.

— Je voudrais bien, disait-il un jour, faire passer chez moi un bras du ruisseau d'or qui sort du rocher de mon voisin.

Quoi qu'il en soit, le pauvre M. de Sainte-James fut conduit à la Bastille à la suite de mauvaises affaires [1].

---

[1] M. Baudard de Sainte-James prenait part à une foule d'entreprises. Il en prit une très-considérable dans la *Compagnie Française du commerce du Nord*, dont l'objet était de transporter, dans nos ports, les bois de construction de Hambourg, etc. Le 2 février 1789,

M. de Puységur s'en montra très-affligé; il venait nous voir souvent. Une de ses somnambules le lui avait prédit, assurait-il.

Après avoir inspiré tant d'envie, M. de Sainte-James vient de mourir pauvre. Ces financiers si fameux et si prodigues ont presque tous eu le même sort. Voyez M. Bouret[1]. M. Beaujon me paraît le type d'un malheur incomparable. Qu'y a-t-il de plus terrible que cet homme comblé des dons de la fortune, ne pouvant jouir d'aucun, ne trouvant pas une minute de sommeil sous des lambris dorés, sous des courtines de damas des Indes, ne pouvant marcher dans les jardins les plus enchanteurs, ne pouvant supporter même ses carrosses doublés de satin et moelleusement ballottés sur des ressorts anglais, réduit à manger du gruau à l'eau pendant que sa table était couverte des mets et des vins les plus recherchés, enfin, entouré des plus jolies femmes de la cour, qu'on appelait ses berceuses, auxquelles il ne pouvait adresser que quelques mots de galanterie insignifiante? Il me fait absolument l'effet de ce personnage de la fable pour lequel tout ce qu'il touchait se changeait en or. Je l'ai plaint bien davantage qu'un malheureux manquant de tout.

Je revis avec grand plaisir madame Saint-Huberti

---

cette fortune laborieusement acquise s'échappait des mains de M. de Sainte-James. Le ministre de la Marine lui déclarait qu'il renonçait au traité, par lequel il commissionnait cette compagnie. M. de Sainte-James avait fait des avances considérables à l'État, et n'en était pas remboursé; il ne put donc parer au sinistre qui fut le résultat de la résolution du traité (*mémoire à consulter*).

[1] Le roi avait trouvé, dans la forêt de Sénart, un lieu propre à un rendez-vous de chasse. M. Bouret acheta le terrain et y fit bâtir un admirable pavillon où il eut la satisfaction de voir le roi accepter une pêche. A la vérité ses créanciers faisaient au même moment chez lui la saisie de ses meubles.

(qui vint chanter à Strasbourg), même dans *Didon*, où je l'avais déjà admirée à Paris. J'étais avec la comtesse Razomowska, aimable femme qui m'avait apporté une lettre de madame la grande-duchesse. Cette lettre qui la recommandait à mes soins et m'ordonnait de lui témoigner de l'amitié, était pleine de tendresse pour moi : « Ma première favorite, m'écrivait, S. A. I., sera aussi la dernière, » comment mériter une si constante bonté ?

La comtesse Grégoire Razomowska était polonaise et belle-fille du comte Kyrille Razomowski, hetman des Cosaques et feldmaréchal, ce qui ne voulait pas dire qu'il eût des talents militaires. Le grand veneur Alexis, frère de l'hetman, a été en grande faveur sous l'impératrice Élisabeth.

Pour en revenir à *Didon*, un bel esprit a fait sur cette représentation des vers intitulés : *Épître aux Romains*. C'est, dit-on, un officier d'artillerie qui se pique de poésie et qui s'enthousiasma de l'illustre virtuose. Les voici ; ils sont peu connus, je crois :

> Romains, qui vous vantez d'une illustre origine,
> Voyez d'où dépendit votre empire naissant,
> Didon ne put trouver d'attrait assez puissant
> Pour retarder la fuite où son amant s'obstine ;
> Mais si l'autre Didon, l'ornement de ces lieux,
>   Eût été reine de Carthage,
> Il eût pour la servir abandonné ces lieux,
> Et votre beau pays serait encor sauvage.

Je ne trouve pas ces vers excellents, il s'en faut ; mais ils firent du bruit. Madame Saint-Huberti s'en montra charmée. Elle était venue à Strasbourg pour quelques semaines, et comptait donner plusieurs représentations, lorsque, sur la réclamation de l'Opéra, elle a reçu l'ordre de retourner immédiatement à ses rôles. Nous avons été fort contrariés et fort penauds. Les loges étaient louées, les arrangements faits, et nous en sommes pour nos frais et nos espérances. Madame Saint-Huberti est liée depuis plusieurs années avec M. le comte d'Entraigues; on assure même qu'elle l'a épousé secrètement. Ce qu'il y a de sûr, c'est qu'on ne parle point d'elle et qu'on ne lui donne aucun amant. Elle est dix fois sage.

Tout Strasbourg était en mouvement pour le procès de M. et de madame Kornmann. C'était une guerre véritable. On s'arrachait les yeux, on prenait parti pour ou contre les plaidants. Chacun racontait son histoire. Chacun assurait l'avoir *vue* ou avoir reçu une lettre positive. Les uns criaient de leur grosse voix, les autres prenaient leur fausset. On s'égosillait sur tout cela, parce que M. Kornmann, originaire d'Alsace, a longtemps habité Strasbourg. Cet ancien magistrat devint banquier à Paris et caissier des Quinze-Vingts. Il n'avait rien de séduisant, aussi madame sa femme, de complexion amoureuse apparemment, chercha à s'en dédommager avec un galant : elle choisit M. Daudet de Jossan [1]. Ces amours se tinrent secrètes pendant quelque temps, enfin elles se découvrirent comme tout se découvre. M. de Beaumarchais se mêla à *tout cela* d'une manière fâcheuse pour son honneur, mais triomphante pour son esprit et son talent. Il a publié, sur cette affaire et sur une autre avec le comte de la Blache, des mémoires plus amusants et plus piquants, si c'est possible, que le *Mariage de Figaro*. Mon peu de sympathie pour les idées et pour les sen-

---

[1] Ce Daudet de Jossan était petit-fils d'Adrienne Lecouvreur et du maréchal de Saxe.

CHAPITRE XXXVII.

timents de M. de Beaumarchais ne m'empêche pas de rendre justice à son talent et à son esprit; l'esprit a de grandes séductions, et je dois avouer que sa *Folle Journée* m'a plu en dépit de ma raison. Je n'ai point lu les mémoires pour ne point m'embarrasser la tête de choses inutiles et malséantes, puis aussi pour rester neutre tout à mon aise et ne blesser aucun parti. Je les écoutais tous.

— Quoi ! vous ne savez pas, monsieur, que ce pauvre M. Kornmann a manqué d'être assassiné deux fois, et que c'est certainement votre Beaumarchais, ce coupe-jarrets, d'accord avec le Jossan...

— Ce n'est point *mon* Beaumarchais d'abord, madame, aucun de ces gens-là n'est mien, grâce à Dieu.

— Enfin, madame Kornmann est la honte de son sexe, on rougit d'entendre prononcer son nom. Si son mari obtient de la faire enfermer, comme il le demande dans sa plainte en adultère, ce sera la plus grande justice possible. Du reste, la consultation des avocats au conseil souverain d'Alsace est tout à fait pour lui.

— Je vous demande pardon, reprenait le premier, on vous a induite en erreur, les avocats ont posé la supposition où l'adultère et surtout la tentative d'assassinat seraient prouvés, mais rien n'est plus douteux.

— Monsieur, on l'a vu.

— C'est-à-dire, on prétend avoir vu, ce qui est bien différent. On ne cherche point de témoin ordinairement pour ces sortes de choses.

— Non, ce sont les témoins qui vous cherchent.

— Vous êtes donc coiffé de ce pauvre sot de M. Kornmann ?

— Non, c'est lui au contraire qui...

Nous étions tous à voir une ascension de M. Blanchard ; on l'oubliait pour ce malheureux procès, j'y ramenai l'attention. L'aéronaute s'était enlevé avec le plus grand succès et il déployait en ce moment son parachute, invention nouvelle et tout à fait curieuse. C'est pour la vingt-sixième fois que M. Blanchard se perd dans les nues. Le cœur me bat lorsque je vois couper cette dernière corde et le hardi navigateur de l'air s'élancer sur cette route inconnue. Que de courage et de présence d'esprit il faut pour s'aventurer ainsi ! La tête me tourne rien que d'y penser. M. Blanchard s'est montré tous ces jours-ci, quelques extravagants ont demandé à le suivre. Des gens pourtant bien raisonnables disent que cette expédition les tenterait si elle était faisable. On ne peut se faire l'idée du monde vu ainsi à vol d'oiseau, cela doit être magnifique.

Au milieu de toutes ces futilités dont la vie se compose en France, il est pourtant une chose sérieuse dont nous nous préoccupâmes constamment à cette époque. On présenta un édit pour fixer l'état des protestants, et quelques personnes, dont la ferveur n'était cependant pas toujours exemplaire, firent tout au monde pour s'y opposer. Madame Louise de France, du fond de son couvent, supplia vivement le roi de laisser subsister les us et coutumes passés. Cette sainte princesse ne pèche que par trop de zèle. Mais la maréchale de Noailles, mais madame de Sillery-Genlis que j'ai rencontrée, vous le savez, à la folie Saint-James ! On m'envoya à ce sujet les vers suivants :

> Noaille et Sillery, ces mères de l'Église,
>   Voudraient gagner le parlement ;
>   Soit qu'on les voie ou qu'on les lise,
> Par malheur on devient aussitôt protestant.

CHAPITRE XXXVII.

Ces rimes ne prouvent qu'une chose, (elles sont trop mauvaises pour produire un autre effet), c'est que les femmes ont grand tort de se mêler de ce qui ne les regarde pas, et qu'elles autorisent ainsi les autres à se mêler de ce qui les regarde trop.

Il était temps, il nous semble, de détruire les abus dont l'effet déplorable se renouvelle sans cesse. Peut-on oublier que, dernièrement encore, madame d'Anglure, fille d'un protestant et d'une catholique, a été déclarée bâtarde, parce qu'il n'existait pas d'acte de célébration du mariage de ses parents? N'était-ce pas une tyrannie déplorable que d'imposer ainsi la ruine et le déshonneur à une famille, parce qu'elle ne pense pas comme vous? Oh! Dieu souverainement bon, souverainement juste, ne peut vouloir cela. L'édit du roi Louis XVI, qui prouve une fois de plus la justice et la bonté du cœur de Sa Majesté, est venu satisfaire à des vœux si légitimes. C'est le 29 novembre que le roi a fait enregistrer au parlement de Paris cet édit par lequel la validité des actes de naissance, de mariage et de décès de ses sujets non catholiques est reconnue.

CHAPITRE XXXVIII

Lettre de la grande-duchesse de Russie. — Sa sollicitude pour moi. — Le grand-duc Paul sollicite d'aller à l'armée. — Autre lettre de la grande-duchesse. — Ses inquiétudes. — Hiver rigoureux de 1788. — Mariage de M. de Chastellux. — Amour-propre d'auteur. — Mariage de l'archiduc François. — Madame de Mullenheim. — Nouvelle lettre de la grande-duchesse Marie. — Bravoure du grand-duc Paul. — La princesse auguste de Brunswick. — Sa mort. — Madame de Krudener. — Mort de mon père. — Lettre de madame de Mackau.

Cette année 1787 finit mal pour moi ; je tombai gravement malade ; ce fut une nouvelle occasion pour madame la grande-duchesse Marie de me prouver toute sa tendre bonté.

Ce $\frac{\text{22 décembre 1787.}}{\text{2 janvier 1788.}}$

« Ma chère et bonne Lanele, notre chère maman vient de me marquer qu'elle vous a trouvée mieux, et que sa présence vous avait donné une bonne nuit. Elle en ressent un plaisir qu'elle peint avec les couleurs les plus vives de l'amitié, et c'est ainsi qu'elle a fait passer dans mon cœur le plaisir le plus pur et le plus vif de vous savoir en bon train de convalescence. Que n'ai-je pu partager ta satisfaction, chère Lanele, de revoir notre chère maman, et te prodiguer mes plus tendres soins ! Je t'aurais convaincue alors que je t'aime bien sincèrement, et toujours avec la même vivacité. J'attends avec impatience de tes lettres, chère Lanele, pour que je voie écrit de ta main que tu te sens mieux, et ce ne sera qu'alors que je bannirai toute inquiétude de mon âme. Tu sauras, sans doute, chère Lanele, par notre bonne et adorable maman, toutes les peines qui m'accablent, et toutes celles qui m'attendent. Je t'avoue que c'est un poids qui m'accable. Tous mes efforts pour les soutenir sont au-dessous de ceux qu'il me faudrait pour les supporter. La réflexion aigrit ma douleur; elle ronge mon cœur; que ne sera-ce pas dans ce terrible mois de février ! Juge, chère Lanele, que l'absence qui me menace sera de neuf mois, car, avant le commencement de novembre, je n'ose pas espérer de revoir mon cher mari. J'en serai éloignée à des milliers de werstes; il sera exposé à tous les dangers de la guerre contre des barbares, à ceux de l'affreuse maladie qui en est la suite, et à ceux de ce climat malsain qui n'épargne guère personne. Juge, après cette esquisse, des sentiments que mon âme doit éprouver. J'avoue que je crois qu'un malheureux aux galères jouit de plus de calme que je n'en éprouve dans ce moment, car il souffre seul, il ne sait aucun des siens dans le danger; au lieu que moi je tremble pour les jours de celui pour la conservation duquel je sacrifierais volontiers les miens. Plains-moi, chère Lanele, donne quelques larmes à mes peines; ta compassion en adoucira l'amertume. J'embrasse ta jolie petite, que l'on dit devenir bien jolie et aimable. Dieu veuille qu'elle soit aussi bonne que toi, c'est le meilleur souhait que je puisse former pour elle. Adieu, ma chère et bien-aimée Lanele, je t'embrasse tendrement, et suis de cœur et d'âme ta bonne et sincère amie,

« Marie.

« *P. S.* Mes amitiés à la bonne Deutsch; le cher grand-duc te fait ses compliments. Je te souhaite de tout mon cœur la bonne année. »

On ne lira pas sans intérêt l'expression des peines et des inquiétudes de cette charmante princesse. Dès l'année précédente, lorsque Catherine sollicitait les princes chrétiens, et surtout le roi de France, de se joindre à elle pour s'armer contre les Turcs, et démembrer l'empire ottoman, le grand-duc avait vivement sollicité la czarine de lui permettre de rejoindre les armées russes. Toujours tendre et dévouée, madame la grande-duchesse, quoique grosse, voulait accompagner son auguste époux ; mais Catherine, ayant découvert cette position de santé, s'en fit une arme pour empêcher le prince d'exécuter un dessein qui ne convenait peut-être pas à sa politique. Soupçonneuse, elle voulait retenir son héritier auprès d'elle ; elle refusa [1]. Mais, peu de temps après, lorsque Gustave, ayant inopinément déclaré la guerre à la Russie, eut marché sur Frideriksham, que l'épouvante se fut répandue dans Pétersbourg, et qu'on forma en Finlande une armée de quinze mille hommes, la czarine ne put refuser plus longtemps au grand-duc cette occasion de montrer son courage.

Le prince était plein d'ardeur, et son esprit chevaleresque lui faisait désirer l'occasion de se signaler. Les inquiétudes de la princesse, lors du départ de son auguste époux, laissaient encore place dans son cœur à sa tendre sollicitude pour moi. Cette sollicitude était partagée par son adorable mère, qui eut la bonté de quitter Montbéliard au milieu du froid de décembre pour venir à Strasbourg me soigner et me consoler pendant ma maladie. Pourrai-

---

[1] Le prince Frédéric de Wurtemberg (depuis roi) fut employé par la czarine dans cette guerre contre les Turcs ; il commanda le corps d'armée d'avant-garde, et montra beaucoup de bravoure et de talent.

CHAPITRE XXXVIII.

je jamais oublier tant de marques de bonté et de véritable attachement ! En me quittant, elle alla en Allemagne. J'avais écrit de mon lit à mon auguste amie pour lui souhaiter la bonne année ; elle me répondit :

$$\text{Ce } \frac{1}{13} \text{ janvier 1788.}$$

« La vue de ta chère écriture, ma bonne Lanele, m'a fait éprouver un bonheur bien sensible, puisqu'elle m'assure de ta convalescence, qui m'a donné bien des inquiétudes, t'aimant de toutes les facultés de mon âme. Je te suis tendrement obligée, chère Lanele, des vœux que tu fais pour mon bonheur à l'occasion de la nouvelle année, qui commence sous de si tristes auspices pour moi. Je t'avoue que mon pauvre cœur est navré, et que je souffre l'impossible. L'idée de cette cruelle et longue séparation, de tous les dangers, tant de la guerre que des maladies de ces climats, qui environneront mon mari, présente à mon imagination un tableau bien fait pour m'attrister. D'un autre côté, le désir extrême de mon mari de se trouver à l'armée, auquel il ajoute une idée de devoir et de gloire, m'impose le pénible devoir de faire taire tous les sentiments de mon âme et de renfermer ma peine en moi-même. Voilà le tableau de ma situation, chère Lanele. Vous avouerez qu'il est triste, et que chaque cœur sensible compatira à ma peine. Prie Dieu pour moi, demande-lui qu'il me soutienne et me fortifie ; j'ai si grand besoin de son secours, et je le lui demande à mains jointes.

« Je sens, chère Lanele, tout le plaisir que la visite de notre bonne maman a dû te faire. J'ai eu de ses nouvelles de Franckfurth. Il semble que cette petite excursion a fait grand bien à sa santé et qu'elle est contente. Je désirerais beaucoup te savoir à Montbéliard, chère et bonne amie. Je suis bien sûre que l'air t'en ferait du bien, et que tu y serais vue avec le plaisir le plus sensible. J'embrasse ta chère petite, qui doit se faire bien jolie et aimable. Tous mes enfants se portent bien, ainsi que leur cher et bon père. Ma santé est aussi remise, grâce à Dieu, et mes forces reviennent. Tille se porte à charme ; elle t'embrasse tendrement, et l'ami La Fermière se met à tes pieds. Adieu, chère Lanele, je t'aime bien tendrement, et suis de cœur et d'âme ta fidèle et sincère amie.

« Marie.

« *P. S.* Mon mari te baise les mains. »

Cet hiver de 1788 fut horriblement rigoureux. Les communications furent souvent interrompues par les neiges. La fin de décembre surtout a été affreuse, aussi la misère a été grande. Les pauvres manquaient de bois et de feu. La noblesse, en Alsace, répandit de grandes aumônes. On fit tout le bien possible, et la ville de Strasbourg surtout fit les plus grands sacrifices. A Paris, il en fut de même ; le roi et la reine firent répandre des aumônes en quantité ; les princes et les princesses, les grands seigneurs les imitèrent. Devant chaque hôtel des familles connues, brûlait nuit et jour un vaste bûcher où les pauvres se chauffaient. Le parlement même, pour la première fois, adopta cet exemple, et les présidents à mortier avaient leurs bûchers comme la noblesse d'épée. On remarqua celui du président de Chavannes sur le boulevard du Temple.

CHAPITRE XXXVIII.

Madame la duchesse de Bourbon, en me faisant l'honneur de m'écrire ces nouvelles, me raconta en même temps le mariage du marquis de Chastellux. Il avait publié, quelques années auparavant, le récit de son voyage en Amérique. Il attache une grande importance à ce qu'il mange, car ce livre contient surtout la description détaillée des mets qu'on lui servait chaque jour. Il faut croire qu'il a moins de goût que de gourmandise, car autrement on ne comprendrait pas le charme qu'il peut trouver à la cuisine américaine, qui n'est pas en réputation ; il parle de plats incroyables, et raconte cela avec une complaisance presque risible.

Il n'en est pas moins fier de sa production littéraire, qui est la cause du mariage de madame de Chastellux. Cette jeune femme est Irlandaise et, mademoiselle Plunckct. Elle s'est trouvée à Spa en même temps que madame la duchesse d'Orléans, et, comme elle est jolie, elle fut distinguée par la princesse qui la combla de bontés. Elle rencontra plusieurs fois le marquis de Chastellux. Il lui parut un parti excellent, à elle qui était sans fortune, mais il fallait lui plaire, et cela n'était pas facile, lorsqu'on n'avait à lui offrir qu'une jolie figure.

Elle connaissait son excessif amour-propre ; elle s'arrangea de façon à être surprise par lui, absorbée dans la lecture de son livre. Il fut si enchanté de cette louange muette, qu'il se décida. Madame la duchesse d'Orléans, que ce dévouement littéraire enchanta, prit la jeune madame de Chastellux auprès d'elle. On en rit beaucoup dans le monde ; on prétendait qu'elle avait un exemplaire relié de ce livre qui ne la quittait jamais, et que les deux époux en faisaient la lecture en commun, la recommençant toujours lorsqu'elle était finie.

Le 6 janvier 1788 la princesse Élisabeth de Wuremberg-Montbéliard fut mariée à l'archiduc François, auquel elle était fiancée depuis 1782. Elle avait, à cette époque, abjuré à Vienne la religion protestante. Ce grand mariage fut célébré à Montbéliard par des fêtes. La jeune archiduchesse m'envoya en souvenir une magnifique bague [1]. Peu de temps après la grande-duchesse Marie mit au monde une fille, la grande-duchesse Catherine [2]. Cette quantité d'enfants affaiblissait considérablement sa santé si forte autrefois. Elle souffrait de plus en plus à chacune de ses grossesses. Nous en faisions des gémissements avec la princesse sa mère qui m'écrivait souvent.

Je passai l'hiver de 1788 à Strasbourg. Nous voyions souvent madame de Müllenheim, belle, bonne et douce personne, qui sait convaincre que l'esprit du cœur est toujours le meilleur [3]. Le prince Max des Deux-Ponts vint au printemps inspecter les régiments de la Marck et des Deux-Ponts en garnison à Wissembourg et à Phalsbourg. Le baron de Flachsland vit le régiment d'Alsace et celui de Hesse-Darmstadt. Ces deux régiments étaient en garnison à Strasbourg, et le prince Frédéric de Hesse-Darmstadt commandait, comme colonel en second, le régiment de son père.

Les inquiétudes de madame la grande-duchesse Marie, au sujet des dangers qu'allait courir son mari, se renouvelaient ; elle m'écrivait :

---

[1] La princesse Élisabeth mourut en couches le 18 février 1790, quelques jours avant l'Empereur Joseph II auquel son mari succéda.

[2] La grande-duchesse Catherine, née le 20 mai 1788, mariée en 1816 au roi Guillaume de Wurtemberg, mourut en 1819.

[3] Le baron de Müllenheim son mari était grand veneur de l'évêché de Strasbourg. Voir la note à la fin de l'ouvrage.

CHAPITRE XXXVIII.

Ce $\frac{6}{17}$ juin 1788.

« Ma chère Lanele, malgré les peines de mon cœur, je vous écris ce peu de lignes pour vous dire que je vous aime tendrement. Maman vous dira que mon cher mari va me quitter dans peu ; ainsi jugez de ce que je souffre. Dieu me soutiendra et veillera sur ses précieux jours. Adieu, chère Lanele, je n'en puis plus ; mais mon cœur, dans le bonheur comme dans le malheur, est toujours le même pour mes amies.

« Marie.

« *P. S.* J'embrasse votre chère petite ; le cher grand-duc vous dit mille choses. »

Le grand-duc assista à plusieurs petits combats, y montra beaucoup de décision et d'ardeur. Mais la czarine, tout en le laissant partir, ne lui avait donné aucun commandement, ayant placé l'armée sous les ordres du général Mouschin-Pouskin, officier peu capable d'ailleurs. Le grand-duc, qui avait le sentiment de sa propre valeur, en éprouva un vif chagrin, et ne put accepter plus longtemps la position que lui faisait l'impératrice ; il revint donc à Pétersbourg, regrettant ses rêves de gloire qu'il n'avait pu réaliser. La bataille navale de Hoghland, où les Russes et l'animal Greig battirent le duc de Sudermanie et les Suédois, le 22 juillet 1788, mit d'ailleurs bientôt fin à cette guerre.

On parlait beaucoup alors d'une jeune femme à l'imagination brillante et exaltée qui voulait créer une secte et réformer les croyances philosophiques, suivant les rêveries de Swedenborg et autres utopistes. Cette jeune femme était la baronne de Krudener (Valérie), fille du comte de Wittinghoff, gouverneur de

Riga, et petite-fille du célèbre maréchal Munich. Son mari suivait la carrière diplomatique; il est devenu, en 1768, ambassadeur à Berlin. Madame de Krudener alors ne faisait qu'essayer ses forces ; elle débitait ses doctrines dans les salons, et faisait beaucoup de prosélytes, à l'aide de deux beaux yeux et d'un esprit fascinateur. Je ne puis m'empêcher de voir en elle une sorte de madame Guyon ; j'ai idée qu'elle finira, comme elle, par faire école et par la persécution. C'est une âme ardente et honnête, entraînée par un faux système ; elle est sortie de sa voie, et ne sait où elle marche, mais elle va toujours et se figure qu'elle monte. Les esprits exagérés, lorsqu'ils ne sont pas soutenus par des principes sûrs, ne peuvent pas finir autrement.

J'eus à la fin de cette année 1788, le 24 novembre, un des plus grands chagrins de ma vie : je perdis mon père à l'âge de soixante-dix-huit ans. Rien ne peut rendre ma douleur ni celle de ma fille, qui aimait son grand-père à l'adoration. Nous reçûmes son dernier soupir, et, depuis ce moment, ni elle ni moi n'avons repris notre gaieté habituelle. Mon père laisse la réputation la plus honorable ; il est généralement regretté et estimé dans toute l'Alsace. Je reçus de partout des témoignages de sympathie et d'affection. Mes illustres amis de tous les pays ne me les épargnèrent pas. Je fus instamment priée, entre autres, d'aller passer le temps de mon deuil à Montbéliard, où la retraite la plus douce me serait ménagée, *entourée d'amis qui pleureraient comme moi*, ce sont les expressions de la princesse.

Parmi toutes ces lettres, une, adressée à ma fille, me toucha beaucoup. Elle était datée de Stuttgard, et venait de madame de Mackau, née Alissan de

Chazet. M. de Mackau était ministre plénipotentiaire près le duc de Wurtemberg, et de plus ministre près le cercle de Souabe. Ils avaient loué leur joli petit château de Fägersheim en Alsace, et s'étaient rendus à leur nouvelle résidence.

Madame de Benckendorf [1] ne fut pas la dernière à me témoigner son amitié à cette occasion. Elle était heureuse et fort aimée de son mari; puisse-t-elle l'être toujours.

Après avoir perdu mon père, je revins à Strasbourg. Je m'enfermai chez moi, uniquement occupée de l'éducation de ma fille, dont les heureuses dispositions ne demandaient qu'à être cultivées. Elle travaillait beaucoup, et, si la tranquillité publique me le permet, j'espère, Dieu aidant, en faire une personne remarquable.

---

[1] A la suite de la prise de Kilia, succès dont il apporta la nouvelle à Saint-Pétersbourg le 30 octobre 1796, le baron de Benckendorf fut gratifié par l'impératrice Catherine II de l'ordre de Sainte-Anne. Monseigneur le grand-duc l'en décora peu de jours avant la mort de la czarine. (Lettre du 1/12 novembre 1796.)

CHAPITRE XXXIX

Querelles entre le maréchal de Stainville et le baron de Flachsland. — Magnétisme chez M. de Puységur. — Les prophéties de M. Cazotte. — Prédiction au maréchal. — Inondation à Montbéliard prédite. — Superstition de ce siècle. — Lettre de la grande-duchesse. — M. de Klinglin. — Manque d'égards vis-à-vis de la princesse. — Singulière manie du comte de***. — Comédie chez madame de Wangen. — M. de Nicolay. — Mort du maréchal de Stainville. — Inconvenance. — Désordres révolutionnaires dans le comté de Montbéliard. — Inquiétudes de la grande-duchesse. — Conclusion.

Malgré ma retraite, j'étais bien informée de ce qui se passait dans la ville et dans la société. La grande nouvelle, la grande préoccupation de tous étaient les querelles et les discussions des autorités militaires. Le maréchal de Stainville a remplacé en Alsace, l'année dernière, comme commandant en chef, le maréchal de Contades, nommé gouverneur général de Lorraine. Il était aux couteaux tirés avec le baron de Flachsland, commandant en second, à la place du marquis de la Salle. C'étaient de vraies batailles de langues. La ville était partagée en guelfes et en gibelins, en montaigus et en capulets. On se serait tué dans les salons à coups de médisance et de calomnie si l'on en mourait. Le chef de la cabale Flachsland était la baronne. Jamais on ne vit une irritation semblable; elle se permit de parler du maréchal dans des termes fort peu mesurés, ce à quoi celui-ci répondait :

— Madame de Flachsland mettrait volontiers son pied dans les ruisseaux pour m'éclabousser.

Le mot était sanglant, mais mérité. Je restais neutre, bien entendu.

Je retrouvai avec grand plaisir M. de Puységur à

Strasbourg ; nous recommençâmes le magnétisme comme dans les beaux jours de Paris. Il rencontrait, disait-il, des sujets excellents parmi les jeunes filles des montagnes, celles de l'autre côté du Rhin surtout. Nous nous réunissions presque chaque jour pour des séances; j'y crois fortement et je désire voir cette croyance se propager le plus possible. Je suis convaincue qu'elle rendrait les hommes meilleurs en leur donnant foi dans l'autre vie. Je ne puis donc m'empêcher de raconter encore ce que j'ai vu et entendu au commencement de cette année chez M. de Puységur, dans une séance à laquelle assistaient le maréchal de Stainville, M. d'Oberkirch, mon frère et moi. La baronne de Boecklin nous avait fait faux bond.

La somnambule était une jeune paysanne de la forêt Noire, assez maladive, assez frêle contre l'usage de ce peuple montagnard. Elle était d'un naturel mélancolique, contemplatif, très-propre à la catalepsie, et en effet elle y tombait souvent avec une grande facilité. Elle nous avait montré ce jour-là plusieurs phénomènes très-curieux, et on allait la réveiller lorsque le maréchal de Stainville lui demanda s'il ne pourrait pas lui adresser des questions. M. de Puységur lui répondit qu'il en était parfaitement libre, mais après qu'elle se serait reposée un peu, il craignait de l'avoir fatiguée par ses exercices. Elle dormit environ un quart d'heure, puis elle dit d'elle-même qu'elle désirait parler au maréchal.

— Je sais ce qu'il va me demander, et j'ai des choses tristes à lui apprendre.

M. de Stainville la pria de dire tout haut quelle était sa pensée.

— Vous vous préoccupez des affaires du temps,

vous voulez savoir quel sera l'avenir de la France et surtout celui de la reine.

— C'est vrai, répondit le maréchal fort étonné.

Il courait alors en France et à l'étranger plusieurs prophéties de différentes personnes. Ces prophéties trouvaient assez de créance : celle de M. Cazotte, surtout. Bien des gens les lui avaient entendu prononcer, et il était impossible d'en nier l'existence. Mais elles annonçaient des choses si extraordinaires, on disait alors si impossibles, que la raison devait les repousser dans la classe des rêves et des exagérations. M. de Stainville, comme beaucoup d'autres, désirait un éclaircissement sur cette prophétie. Cette enfant d'outre-Rhin n'en avait certainement jamais entendu parler, il était curieux de savoir si ses paroles se rapporteraient à celles du visionnaire. C'était déjà un fait bien étrange que de voir sa pensée divulguée avant qu'il eût parlé.

En ce moment entra le marquis de Peschery, lieutenant du roi à Strasbourg; on lui expliqua en peu de mots de quoi il s'agissait, et il prit place. Ce n'était ni un homme convaincu, ni même un homme bienveillant pour le magnétisme. Le maréchal répéta sa question.

— J'ai besoin de penser quelques minutes avant de vous répondre positivement, Monsieur; ce sont des choses si graves et si singulièrement embrouillées encore.

— Dites-moi d'abord si les prédictions dont j'ai connaissance, celles que j'ai entendu faire, sont véritables, s'il faut y ajouter foi.

— En tout point, répondit-elle sans hésiter.

Nous nous regardâmes tous; quant à moi, je vous assure que le frisson me prit. J'avais justement lu la veille la fameuse prophétie de M. Cazotte, envoyée en Russie par M. de La Harpe, et que la grande-duchesse m'avait fait passer.

— Quoi! dit le maréchal, tout arrivera ainsi qu'il est dit?

— Tout et d'autres choses encore.

— Quand cela sera-t-il ?

— D'ici à fort peu d'années.

— Mais encore, ne pouvez-vous préciser le temps ?

Elle réfléchit un instant, puis elle ajouta :

— Cela commencera d'éclater cette année même, et cela durera peut-être au moins un siècle.

— Nous n'en verrons donc pas la fin?

— Beaucoup d'entre vous n'en verront pas même le début.

Le maréchal continua :

— Que se passe-t-il à Paris en ce moment?

— On conspire. Celui qui conspire sera victime de sa méchanceté. Il triomphera d'abord, mais après son sort sera horrible ; il sera le même que celui de ses victimes. Oh! mon Dieu, mon Dieu! que de sang! que de sang! C'est affreux.

Elle cacha ses yeux avec ses mains, comme pour ne pas voir ces objets effroyables.

— Et vous êtes sûre que la destinée promise à de nobles personnages s'accomplira?

— Oui.

— Quoi ! la mort? Quoi ! le supplice ?

— Oui, oui, la mort et le supplice.

— Et moi, continua-t-il, dois-je partager ce désastre annoncé à ma famille?

— Non, Monsieur.

— Ah! je me sauverai de cette débâcle, c'est singulier. Un vieux soldat tel que moi n'a guère cette habitude.

La somnambule garda le silence.

— Quelle sera donc ma fin, alors?

Elle se tut obstinément.

— Vous craignez de me le dire? Ah çà! puisque mes parents seront décapités, et qu'il m'arrivera pis, ce me semble, est-ce donc par hasard que je serai pendu? Ceci est indigne d'un gentilhomme, et je ne m'en consolerais pas. Voyons, parlez; ne craignez rien. Je n'ai pas peur. La mort et moi nous nous connaissons; nous nous sommes vus plus d'une fois et de près.

La jeune fille refusa encore de répondre; elle refusa longtemps. Enfin M. de Puységur, sur les instances du maréchal, l'y contraignit.

— Pauvre monsieur! dit-elle lentement et les larmes aux yeux, pourquoi me demander ce que vous saurez vous-même d'ici à bien peu de mois?

— D'ici à peu de mois! je mourrai d'ici à peu de mois! je ne verrai donc pas tout cela? Ah! tant mieux! vous me soulagez d'un grand poids; je n'assisterai pas au déshonneur, à la perte de la France. J'en remercie le ciel. Je mourrai dans mon lit.

— Oui, répliqua-t-elle d'une voix si basse qu'on l'entendit à peine.

— Monsieur le maréchal, dis-je très-émue, les paroles des somnambules ne sont pas des articles de foi.

— J'espère bien que si, madame la baronne, car ce qu'elle m'annonce m'est fort précieux. Du reste, nous n'avons pas longtemps à attendre pour savoir à quoi nous en tenir.

Ce sang-froid du guerrier nous frappa tous fortement. M. de Puységur en était contrarié; il craignait beaucoup qu'on ne l'accusât de mal user du magnétisme qui devrait servir surtout à la médecine et au soulagement de l'humanité.

— Je vous en prie, monsieur le maréchal, laissez-moi la réveiller.

— Pas avant que je lui aie demandé une seule chose, Monsieur, interrompis-je. Qu'arrivera-t-il ? où est ma pensée ?

— Ah ! Madame, j'y vais. Il s'y passe en ce moment de tristes événements. Je vois cet endroit, je le vois, il est en ce moment au milieu de l'eau, oui, elle monte, elle monte. Ah ! c'est effrayant une inondation... oui... une inondation... Il y aura bien des pertes... heureusement personne ne périt. Madame, vous verrez que je ne vous trompe pas, vous le saurez bien, vous le saurez bientôt.

Nous nous regardâmes, j'avais pensé à Montbéliard, à mes chers princes. Ce jour-là, 18 janvier 1789, il y eut, en effet, une grande inondation, et il se fit des pertes considérables en bestiaux, en bâtiments, mais il n'y eut point mort d'homme. Quand j'appris cette nouvelle, je fus atterrée ; tout était donc vrai. Il fallait donc croire en ces illuminations de l'avenir, à ces révélations de l'âme qui en prouvent l'essence divine et qui donneraient de la foi aux plus incrédules. Je n'ai pas vu depuis le pauvre maréchal de Stainville, sans penser que nous allions le perdre, puisque ces arrêts étaient irrévocables et qu'ils devaient toujours s'exécuter.

La fin de ce siècle si incrédule est marquée de ce caractère incroyable d'amour du merveilleux, je dirais de superstition si je n'en étais moi-même imbue, quoique malgré moi, ce qui dénote, assure-t-on, une société en décadence. Il est certain que jamais les rose-croix, les adeptes, les prophètes et tout ce qui s'y rapporte, ne furent aussi nombreux, aussi écoutés. La conversation roule presque uniquement sur ces matières ; elles occupent toutes les têtes ; elles frappent toutes les imaginations, même les plus sérieuses, et si ces Mémoires en offrent de nombreuses traces, c'est qu'ils sont la représentation fidèle de cette époque. Nos successeurs hésiteront à le croire ; ils ne comprendront pas comment des gens qui doutent de tout, même de Dieu, peuvent ajouter une foi complète à des présages. L'espèce humaine est ainsi faite. Mon cousin M. de Wurmser, auquel je disais cela l'autre jour, me répondit dans une de ses boutades : — Oui, le genre humain est fait ainsi, quand il est *fait ;* mais aujourd'hui il se défait et ne se fait plus d'aucune manière.

Le temps ne diminuait pas les bontés de madame la grande-duchesse. J'en reçus cette lettre.

$\frac{9}{20}$ mars 1789.

« Ma très-chère Lane,

« Tes lettres me font toujours un plaisir sensible, plus elles sont tendres et plus elles me charment ; car j'avoue que je fais consister mon bonheur à inspirer de l'amitié aux personnes que j'aime de si bonne foi, comme toi. Je suis charmée, ma chère Lane, quand il y a des Russes à Strasbourg de ce que tu leur parles de moi ; c'est une marque de souvenir, et elles sont toutes précieuses à la vraie amitié. Je suis toujours sans lettres de maman, je n'y comprends rien, et, quoique j'accuse les neiges de ces retards continuels, ils m'affligent cependant. L'idée d'être moins aimée de cette adorable maman peut me désoler. Parle-lui souvent de moi, et dis-lui qu'elle est ma meilleure amie, ma *Mütterchen*[1], et chaque jour, quand tu as le

---

[1] Diminutif de mère, petite maman.

bonheur de la voir, donne-lui un baiser en disant que c'est de la part de son enfant.

« Ma petite marmaille réussit au mieux. La petite devient ravissante par ses gentillesses [1], je l'aime à la passion. Mes fils sont si grands que dans quelques années ils auront dépassé mon mari [2]. Tout cela nous rend bien vieilles, ma chère amie, mais les causes m'en sont si chères que je n'en suis pas fâchée. Ton cher *amant* est à tes pieds, c'est un excellent homme, et tes faveurs sont très-bien placées. Tille est dans la joie de son cœur, son mari [3] ayant reçu un régiment tout près d'ici, de manière qu'ils ne sont point obligés de se déplacer, ce qui me rend très-heureuse. Nous nous aimons toujours tendrement, ce qui contribue beaucoup à l'agrément naturel de notre situation. Le bon et cher grand-duc te dit mille choses; chaque jour augmente mon bonheur de ce côté, et c'est avec la plus vive reconnaissance vis-à-vis de l'Être suprême que je puis me nommer la plus heureuse des femmes. J'embrasse ta chère petite et sa bonne maman et suis à jamais,

« Ta bonne amie,

« MARIE.

« Mes compliments à la bonne Deutschen. Tille te baise mille fois. »

Je vois souvent à Strasbourg mesdames de Klinglin. Elles sont deux sœurs, filles du comte de Lutzelbourg (on prononce habituellement Luzbourg). L'une a épousé le général de Klinglin, son oncle, qui

---

[1] La grande-duchesse Catherine, née le 10 mai 1788.
[2] Le grand-duc Alexandre avait douze ans, le grand-duc Constantin dix ans.
[3] Le baron de Benckendorf.

est lieutenant du roi, et l'autre le neveu de celui-ci, le baron de Klinglin-d'Esser, qu'on appelle ordinairement de ce dernier nom.

La baronne de Klinglin est fort gracieuse et fort bonne ; on l'aime beaucoup dans la société. Quant à madame de Klinglin-d'Esser, elle est très-vive, très-pétulante, et passablement impertinente. Elle aime le jeu et se fait beaucoup craindre par le mauvais usage qu'elle fait de son esprit. Elle passe sa vie à se moquer des gens, à les tourner en ridicule, et même à en dire du mal.

J'ai dit quelque part que madame la princesse de Montbéliard a un œil malade. Ce malheureux œil est très-saillant, et il a un mouvement très-bizarre. Elle me fit l'honneur de venir me voir à Strasbourg au moment où je m'y attendais le moins. J'engageai quelques femmes pour lui faire compagnie, entre autres madame d'Esser. La soirée entière se passa, de sa part, avec une autre jeune femme à se moquer de la princesse et de son œil. Cela fut si fort que je m'en aperçus, et je le lui dis très-sérieusement, mon respect et mon affection pour la princesse ne pouvant supporter une conduite semblable. On eût pu facilement lui rendre la pareille à cette moqueuse, une personne qui ne lui est pas étrangère, le comte de***, prêtant singulièrement au ridicule et à mieux que cela, par une infirmité qu'il possède. Il a passé toute sa vie pour le plus galant homme du monde ; mais à la suite d'une maladie, dont il faillit périr, il a conservé une *manie* étrange.

Lorsqu'il va dans un salon, il prend régulièrement tout ce qui lui plaît ou lui convient, sur la cheminée, ou sur les tables. La première fois que cette idée lui prit, ce fut chez M. de Peschery, où il y avait beaucoup de monde. Cela amena un grand esclandre. On se le dit à l'oreille, dans toute la ville, et le bruit courait que M. de *** était devenu voleur. Mais, le lendemain, il avait rapporté ce qu'il avait pris, de l'air le plus agréable du monde, en en faisant une plaisanterie ; alors, dès qu'on sut cela, on cessa d'en parler.

Il a pris goût à cette vertu lacédémonienne, et, fier de ce qu'il croit son adresse, il continue son manége. Son valet de chambre a l'ordre de madame de*** de visiter, chaque matin, ses poches, et de renvoyer ce qu'il y trouve, dans la maison où M. de*** a passé la soirée. Cela se fait ainsi avec l'approbation tacite de M. de***, qui ne peut renoncer à son passe-temps. Le plus plaisant est qu'il croit tromper l'assemblée, et pense qu'on ne s'aperçoit de rien dans le moment. Pour détourner l'attention, il fait précéder ses exploits d'un petit air qu'il fredonne entre ses dents. C'est, au contraire, le signal qui le fait oberver. Chacun part d'un immense éclat de rire, qu'on attribue à la première chose venue ; pendant ce temps-là, il s'empare de l'objet convoité, le met dans sa poche, en montrant ses gencives pour se faire plus agréable ; et il reste triomphant.

Il y eut quelque temps après un charmant spectacle chez madame de Wangen [1], dans sa maison, sur le Broglie ; cette branche est fort riche ; ils résident l'été dans leur belle terre de Wiwersheim. Madame de Wangen a quatre enfants, et une de ses filles a épousé récemment M. de Saint-Sauveur. Sa belle-mère est joueuse comme les cartes ; on n'en peut rien tirer que pour la dame de pique ou le valet de carreau. Elle as-

---

[1] Née baronne de Ferette, femme du lieutenant-général dont j'ai parlé.

sistait pourtant à la comédie, et ne tenait pas en place, dans l'idée de son reversis.

On a donné *Andromaque* et *Céphise ou l'Erreur de l'esprit*, pièce nouvelle, de Marsollier.

Madame de Saint-Sauveur (Christine de Wangen) a joué à merveille. Elle est habituellement fort maniérée, et pourtant elle a joué avec beaucoup de naturel. Son frère a été un excellent Pyrrhus; et M. Godin a rempli admirablement (pour un amateur s'entend) le rôle d'Oreste. Louise de Dietrich a été charmante dans *Céphise*. La chanoinesse de Wangen jouait aussi [1].

Le plaisir de la comédie est fort à la mode en province, après l'avoir été beaucoup à la cour et à Paris. La reine en avait donné l'exemple, on s'en souvient, à Trianon. Il fallut renoncer à ce divertissement, qui donnait lieu, contre cette auguste princesse, à des calomnies que nous voyons reparaître maintenant sous une forme nouvelle. Elles sont parties des entourages envieux et jaloux; elles se répandent dans tous les coins de la France et déconsidèrent la majesté royale.

Dans une lettre de madame la grande-duchesse que je trouvai à mon retour à Strasbourg, elle me parlait du baron de Nicolay notre compatriote, secrétaire du cabinet du grand-duc, attaché autrefois à son éducation, et auteur de charmantes fables en allemand et d'autres poésies. Il n'est point de la maison parlementaire des Nicolaï, mais bien d'origine suédoise. Madame la princesse de Montbéliard appréciait beaucoup ses talents et son caractère, et était remplie de bontés pour son vieux père. M. de Nicolay devait partir pour la Finlande où il possède près de Vybourg une campa-

---

[1] Charlotte de Wangen, chanoinesse de Remiremont, comme l'a été sa sœur.

gne à laquelle il a donné le nom de *Monrepos;* M. de la Fermière devait l'y accompagner [1].

On me prévint un matin que le maréchal de Stainville était souffrant; le souvenir de la prédiction me vint en mémoire.

— Ah! dis-je, il ne s'en relèvera pas.

Le même soir, il se trouva plus mal; trois jours après il était mort. Cet événement me frappa à un point que je ne puis dire. Le pauvre maréchal a fait dire à M. de Puységur qu'il était son très-humble serviteur, ainsi que de sa somnambule, à laquelle il a envoyé un cadeau. Il est mort courageusement, en soldat. On lui fit des obsèques magnifiques. Toutes les maisons étaient tendues de noir, et il y eut grande affluence sur le passage du convoi. La pompe militaire fut superbe et digne en tout de l'illustre défunt. Les femmes les plus distinguées garnissaient les fenêtres et les balcons.

J'ai été peinée de la conduite de madame de Flachsland, en cette circonstance; au passage même du convoi, elle était de la gaieté la plus inconvenante. La mort devrait faire taire toutes les haines.

Je n'ai plus que quelques mots à dire. Les événements de cette année [2], ceux que l'on prévoit dans l'avenir

---

[1] Le baron de Nicolay (Louis-Henry), né à Strasbourg en 1737, mort en 1820, fut en 1796 maître de la cour de l'Empereur Paul 1er et conseiller d'État; en 1798 directeur de l'Académie des sciences de Saint-Pétersbourg. Il est père du diplomate de ce nom.

[2] Le 21 juillet, quelques centaines d'ouvriers et d'hommes de la populace, après avoir pillé les caisses de l'hôtel de ville de Strasbourg, déchiré les archives, brisé les meubles, brûlé les tableaux et les voitures de gala, ainsi que la grande bannière strasbourgeoise, détruit en un mot tout ce qui s'offrait à leur fureur sauvage, se livrèrent à la plus effroyable orgie. Et cependant on laissait sur la place, et l'arme au bras, sans leur donner d'ordre, les détachements des régiments d'Alsace et de Darmstadt. Ils ne se retirèrent que lorsque la dévastation fut accomplie et l'impunité constatée.

m'arrachent la plume des mains. Le 14 juillet, jour de la prise de la Bastille, a vu tomber l'ancienne monarchie. La nouvelle que l'on veut fonder n'a point de racines et ne prendra jamais en France. A la suite de cet événement déplorable des désordres ont eu lieu partout ; et ce contre-coup a porté jusqu'à la baronnie de Granges, qui dépend du comté de Montbéliard. Les habitants des villages ont dévasté la saline de Sannot ; ils ont tout brûlé, tout pillé, tout dévasté. L'effroi se répand dans le pays ; chacun se renferme chez soi, chacun tremble. Nous en verrons bien d'autres.

Le 25 juillet, à la demande du prince stathouder, le lieutenant du roi de Belfort envoya quarante dragons et trente fantassins à Montbéliard ; cent paysans vinrent faire la garde au château. Madame la princesse de Montbéliard, que je m'efforçais de rassurer, me donna un dessin fait par elle dans ces tristes jours. Sur un monument placé au milieu d'un paysage se trouvaient ces vers :

> Toujours par la douleur l'âme serait flétrie,
> Si l'amitié, venant consoler notre vie,
> Ne semait quelques fleurs sur ce triste chemin.

Le 25 juillet de l'année malheureuse 1789.

Le duc régnant avait refusé d'envoyer des soldats wurtembergeois, il craignait les fâcheuses conséquences qui auraient pu en résulter. Après bien des efforts infructueux, on parvint enfin à former un corps de garde bourgeoise à Montbéliard, afin d'assurer la tranquillité publique. On rencontra beaucoup d'obstacles, surtout par la mauvaise volonté des avocats, qui refusaient de faire partie de cette milice ; mais enfin le

CHAPITRE XXXIX.

duc finit par organiser cinquante dragons et deux cents miliciens à pied. Ils sont casernés aux châteaux d'Étupes et de Montbéliard.

Madame la grande-duchesse sentait vivement nos tourments ; elle m'écrivit ces lignes que je retrace avec tristesse :

$$\frac{20}{31}\text{ août 1789.}$$

« Ma bien chère et bonne Lanele,

« Mon cœur partage toutes vos peines, toutes vos inquiétudes, celles de votre famille ; il est navré de l'état de mes bien-aimés parents, de leurs alarmes ; enfin, ma chère Lanele, j'éprouve bien, dans cette occasion, qu'un cœur sensible vit plus pour les autres que pour soi, car depuis ces tristes nouvelles je n'ai pas un instant de tranquillité. Écrivez-moi donc bientôt, ma chère Lanele, et dites-moi de grâce l'état dans lequel se trouvent le bon commandeur, votre frère, votre mari ; enfin parlez-moi des vôtres et dites-vous bien que la plus tendre amitié partage toutes vos souffrances. Adieu, ma bien chère Lanele, j'ai écrit des épîtres aujourd'hui à toute ma famille, je n'en puis plus, ainsi je finis en vous embrassant mille et mille fois, étant pour la vie,

« Votre fidèle et sincère amie,

« MARIE. »

Maintenant ma tâche est finie. Je n'en veux, je n'en puis dire davantage. J'ai la douleur dans l'âme et la mort dans le cœur. Tout ce que je vénère succombe ; ce que j'aime est menacé ; il ne me reste plus de force que pour souffrir, et pour rien dans le monde je ne voudrais éterniser le souvenir de ces affreux jours.

Adieu donc à ce passe-temps si doux! Adieu donc à ces heures écoulées à faire revivre le passé. Il faut songer au présent. Quant à l'avenir, que Dieu le garde! qu'il éloigne le mal et qu'il nous sauve! Qu'il ait pitié de l'humanité et qu'il lui pardonne; c'est mon vœu le plus cher. Nos enfants sont venus au monde dans un triste moment!

FIN DU DEUXIÈME ET DERNIER VOLUME.

POST-FACE

Quelques personnes dont le suffrage nous a été précieux nous ont conseillé d'ajouter à la seconde édition de ces mémoires plusieurs lettres écrites à madame d'Oberkirch depuis l'époque de leur rédaction, jusqu'à sa mort arrivée en 1803. Nous y joignons quelques notes d'explication.

Lettre de S. M. l'impératrice Marie Fœderowna à la baronne d'Oberkirch.

Ce $\dfrac{\text{22 décembre 1791.}}{\text{3 janvier 1792.}}$

« Je ne puis jamais expédier d'estafette à Basle, sans écrire à ma bonne et chère Lanele et sans l'assurer de toute mon amitié; de ce sentiment qui faisait le charme de notre enfance et que je conserverai toujours soigneusement. Je suis sûre de même que ma bonne Lanele m'aimera toujours. Vos affaires de France me désolent par les suites affreuses qu'elles ont pour mes parents, pour vous, ma tendre amie, et en général. C'est un temps de vivre affreux, qui en vérité fait frémir.

« Le gros papa La Fermière me charge de le mettre tout de son long à vos pieds, implorer son pardon, et vous demander grâce en faveur de son âge, de ses infirmités, de sa mauvaise santé, *und von vielem trauerliesen und bedurflichen Umständen*, mais qui ne l'empêchent cependant pas d'avoir un sentiment plus vif que l'amitié pour vous ; et il compte un de ces beaux jours vous en assurer lui-même. J'embrasse la jolie petite Marie et son excellente maman, mille et mille fois de tout mon cœur, étant à jamais sa plus fidèle amie,

« MARIE.

« Notre chère Tille est en Livonie depuis quelques temps, elle se porte très-bien et s'y plaît beaucoup. »

La révolution devenait chaque jour plus menaçante ; M. et madame d'Oberkirch n'avaient point émigré ; madame la grande-duchesse Marie s'en préoccupait, elle écrivait de Pawlowsna le $\frac{7}{18}$ juillet 1792 :

« C'est au moment, ma bonne et chère Lanele, où j'attends ma délivrance d'un instant à l'autre,[1] que je prends la plume en main pour assurer la bonne amie de mon enfance de ma bien tendre amitié. Que je souffre, chère Lanele, de vous savoir à Strasbourg dans les alarmes et l'inquiétude où vous devez être sans cesse ! Les dernières nouvelles de Paris font frémir. Je ne conçois pas comment vous pouvez vous exposer et rester à Strasbourg ; et comme le courage n'est pas la qualité qu'on exige absolument de vous, je t'avoue, chère Lanele, que je n'en aurais pas autant et que je m'enfuirais bien loin, si j'étais à ta place. Il n'y a pas

---

[1] S. A. I. mit au monde le 22 du même mois de juillet 1792 la grande-duchesse Olga, qui est morte en 1794.

de *tonneaux* ni de *vendange* qui y tienne. Ma santé est parfaite, je ne souffre que de l'excessive chaleur. Notre bon ami La Fermière t'écrira à l'instant ma délivrance, chère Lane ; il espère alors recouvrer tes bontés. J'ai de bonnes nouvelles de notre excellente Tille, qui se trouve très-heureuse de la convalescence de son mari qui a été à toute extrémité. Que fait la petite *Mariele?* Que fait le bon commandant? Comment sa gaieté résiste-t-elle aux malheurs des temps? Je t'écris, ma bonne amie, par une chaleur de l'autre monde qui me met sur les dents ; mais, n'étant plus sûre d'un instant, j'ai voulu du moins par ce peu de lignes t'assurer de toute la tendresse de mon cœur, qui se rappelle toujours, avec la plus grande sensibilité, les heureux moments que nous avons passés ensemble. Adieu, chère et bonne Lane, je t'embrasse mille et mille fois et suis à tout jamais,

« Ta fidèle et sincère amie,

« Marie. »

L'Alsace n'avait pas échappé à la tyrannie révolutionnaire, le trop fameux Schneider, prêtre apostat et accusateur public à Strasbourg y faisait régner la terreur. Même après qu'il eut été arrêté et guillotiné, l'instrument du supplice ne ralentit pas, non plus que les incarcérations.

M. d'Oberkirch avait été enfermé à Schlestadt le 20 messidor an II, ainsi que le commandeur de Waldner ; madame d'Oberkirch fut incarcérée à Andlau ; sa fille Marie obtint la permission de ne pas quitter sa mère et partagea volontairement sa captivité. Madame de Dietrich, née de Glaubitz, et sa fille Louise étaient en même temps en prison à Strasbourg. Bientôt la position des prisonniers devint plus dure et plus inquiétante.

Marie Fœderowna, toujours préoccupée du sort de son amie, fit parvenir à madame d'Oberkirch la lettre sans signature que voici :

« Chère et bonne Lane, j'en appelle à votre cœur pour qu'il vous dise qui vous trace ces lignes. Vous m'avez coûté bien des larmes, bien des inquiétudes ; je sens toutes vos pertes, croyez, ma bien-aimée, que je les ai partagées. Mais enfin bénissons Dieu de ce qu'il nous a conservé vous et votre cher enfant. Espérons que le bonheur renaîtra pour vous; donnez-moi de temps en temps de vos nouvelles par maman. Je n'ose rendre celle-ci plus longue, comptez à tout jamais sur mes sentiments, sur mon amitié, et dites-vous que l'amie de votre enfance sera toujours la même pour celle dont elle ne peut se rappeler le nom sans attendrissement. Encore je vous embrasse tendrement vous et votre chère enfant. »

Après la chute de Robespierre, madame d'Oberkirch sortit de prison ; sa fille Marie s'était rendue à Schlestadt auprès du représentant Foussedoire que ses instances touchèrent profondément [1] ; elle obtint l'élargissement de ses parents. Mesdames de Berckheim avaient profité de leur liberté pour contribuer à ce résultat ; elles avaient été secondées par M. Blanchard dont nous voulons ici placer le nom [2]. Le 10 fructidor madame d'Oberkirch revint à Stotzheim, habiter une petite maison de campagne qui faisait partie de sa dot, ses cousines de Berckheim vinrent la rejoindre

---

[1] Lettre du 11 fructidor.
[2] Lettre du 28 fructidor an II (1794).

au moyen d'une charrette, seule voiture dont on pût se servir alors. Un bal fut donné à Schlestadt au citoyen Foussedoire par ceux qui lui devaient leur liberté. Quel bal ! M. d'Oberkirch, qui avait été transporté de la prison de Schlestadt à celle d'Andlau, fut également relâché et obtint de passer quelques jours à Strasbourg, *la quatrième sans-culottide de l'an II* (sic).

Le 23 octobre de l'année 1793 mourut, à l'âge de soixante-cinq ans, au château de Hohenheim, le duc régnant de Wurtemberg, *Charles*-Eugène. Sur les instances de la comtesse de Hohenheim, sa femme, il consentit à son heure dernière à se réconcilier avec son frère le duc *Louis*-Eugène, avec lequel il était brouillé; celui-ci, qui vivait depuis longtemps retiré au château de Weitlingen, était appelé à lui succéder.

Le règne de ce prince fut court, car il mourut d'une attaque d'apoplexie foudroyante le 20 mai 1795. Dès le début de la campagne de 1794 il avait perdu le Montbéliard, qui fut réuni à la France pour n'en plus être séparé. Le duc Louis avait autant de bravoure que de piété ; il s'était distingué de bonne heure à la conquête de Minorque et était monté, un des premiers à l'assaut à l'attaque du fort Saint-Philippe de Mahon.

Lorsque le duc *Frédéric*-Eugène (le troisième des frères) monta sur le trône ducal de Wurtemberg, les Français avaient déjà fait sentir aux Impériaux la supériorité de leurs armes ; le duché fut envahi. Placé à la tête des troupes wurtembergeoises, le prince Frédéric-Guillaume, son fils aîné, avait vainement tenté de ralentir leur marche ; il avait conduit ses soldats dans la forêt Noire, mais il fut forcé de battre en retraite. Déjà la Prusse avait signé le 5 août 1795 un traité avec la France, le duc fut contraint d'accepter l'année suivante (le 17 juillet 1796) une suspension d'armes, convertie en traité de paix le 7 août. Il fut réduit à céder à la France tous ses droits sur le Montbéliard, les neuf seigneuries qui en dépendaient, le comté de Horbourg, et ses autres possessions de la rive gauche du Rhin. Le duché perdit ainsi 45 milles carrés et environ 50,000 habitants. Le comté de Montbéliard avait subsisté comme État indépendant pendant plus de 750 ans [1].

A la même époque (le $\frac{25 \text{ juin}}{7 \text{ juillet}}$ 1796) naissait le grand-duc Nicolas, depuis empereur.

Enfin, la même année $\left(\frac{6}{17} \text{ novembre}\right)$, vit mourir la grande Catherine. Paul monta sur le trône des czars, et Marie-Fœderowna devint impératrice.

Le $\frac{13}{24}$ du même mois Sa Majesté écrivait à madame d'Oberkirch :

« Ma chère Lane, je vous écris deux mots pour vous dire que notre cher Charlot [2] s'est distingué au siége de Kilia et que notre adorable empereur vient de lui envoyer le cordon bleu, ce qui lui rend immédiatement le rang de lieutenant-général. J'en suis dans le plus grand ravissement ; enfin dans une joie que je ne puis réprimer. Ce cher Charlot s'est conduit comme un ange. Adieu, ma bonne amie, on est doublement

---

[1] Par un accord du 11 octobre 1801, la France garda le Montbéliard, et ce comté a été définitivement réuni à la France en 1814 par le traité de Paris.

[2] Le prince Charles de Wurtemberg, plus tard gouverneur de Livonie et de Courlande, marié en 1798 à une princesse de Saxe-Cobourg.

heureux quand nos amis partagent notre bonheur. Je vous embrasse de même que Marie et suis,

« Votre fidèle amie,

« MARIE. »

Mais l'auguste mère de l'impératrice Marie Fœderowna conservait également toutes ses bontés à madame d'Oberkirch : madame la duchesse de Wurtemberg lui écrivait le 22 décembre 1796 :

« Ma bonne chère Lanechen, c'est toujours avec un bien tendre intérêt que je reçois des marques de votre souvenir; j'aime à vivre dans la mémoire de mes amis, c'est cette espérance qui adoucit les peines de l'absence, et toutes celles qui y sont attachées.[1] Ma chère Lahn me félicite sur un événement qui influe considérablement sur mon bien-être : cette excellente Tille est constamment bonne, sensible et tendre; mais comme il n'y a rien de parfait, je ne jouis qu'à moitié des biens de la vie. Ma santé est si mauvaise, mes nerfs si affaiblis par des tourments de toute espèce, que je suis souffrante depuis une année; j'ai de la peine à me remettre, ayant contracté la mauvaise habitude d'écouter trop ma sensibilité; il faut espérer que le printemps fera mieux que la lancette. Mon excellent duc [2] est toujours l'objet de ma plus vive tendresse, je l'aime à l'adoration. Il vient de finir une attaque de goutte que les médecins regardent comme un brevet de santé. Tous nos vœux sont tournés à la paix générale; combien de larmes cesseront

---

[1] Lors de l'invasion des Français en 1794, madame la duchesse de Wurtemberg avait été forcée de s'éloigner de Stuttgard et de se réfugier en Russie.
[2] Le duc de Wurtemberg son mari.

d'être répandues quand la bonté du ciel nous rendra ce bien, le premier de tous.

« Toinette est belle, un peu trop grasse, elle a un bien bon cœur avec beaucoup d'étourderie et un grand attachement pour moi, je voudrais pouvoir donner des yeux et de l'expérience à la gouvernante, qui pour le reste est une personne de mérite et d'un caractère sûr. La Schack est toujours comme vous l'avez vue; la Wargemont très-jolie encore, son mari maigre comme tous les gens d'esprit. Le petit docteur [1] est une bien excellente créature, je l'aime beaucoup. Guillaume est le seul de mes enfants qui est avec moi; j'en suis on ne peut plus contente, le reste de la famille est bien portante. L'ami Eugène s'amuse toujours à procréer son semblable [2], sa femme est grosse de sept mois. Louis va se marier [3]; Fritz en fera tout autant [4], c'est une passion décidée dans la famille pour la matrimonie. Notre cher Nicolaï [5] a été nommé maître à la cour du nouvel empereur; son père vient de mourir. La dame de Borckerle commence à gagner un peu de santé, ses enfants sont

---

[1] Le docteur Bertrand.

[2] Le duc Eugène avait à cette époque trois enfants, mais quelques mois plus tard naissait le duc Paul, général, savant, auteur, voyageur et médecin, prince à la fois illustre et inconnu; peu d'hommes ont, dit-on, une instruction plus profonde, un esprit plus original et plus varié.

[3] Il épousa en secondes noces le 28 janvier 1797 la duchesse Henriette de Nassau Weilbourg. Il s'était séparé en 1792 de la princesse Marianne Czartoriska.

[4] Le prince Frédéric épousa en secondes noces le 18 mai 1797 la princesse Charlotte d'Angleterre; il était veuf depuis 1788 de la princesse Auguste de Brunswick.

[5] Le baron de Nicolay est mort le 18 novembre 1820. Il est père du diplomate de ce nom. Il était né à Strasbourg, était allé en Russie comme précepteur des jeunes comtes Razomowsky, et avait été nommé secrétaire de la grande-duchesse de Russie.

charmants. Catincka est toujours encore chez moi, mais avec la permission de se marier à la paix. Je me suis adoucie sur l'article des mariages, tout le monde a la permission de prendre femme, jusqu'à mon vieux Ohrm. Fitenius [1] et le jeune Müller sont morts; tous les autres se portent bien. M. de Seckendorf épouse mademoiselle de Vertamon. Ma chère Lane me trouvera bien changée, je ne suis plus gaie, je suis devenue très-sérieuse, souvent je suis triste. Ceci tient au malheureux accident que le cher duc a éprouvé le 18 juin [2]. J'aime la solitude, je déteste tout ce qui tient à la représentation, je dors peu; l'atmosphère où je me trouve n'est pas celle que j'aurais choisie; je maigris, je ne suis plus gourmande, je regrette tous les jours ma superbe campagne que j'ai tout près de....... Je dessine encore, mais peu, je me couche à dix heures, je ne soupe plus. Voilà, ma chère Lane, le tableau de tout ce que je fais et suis. J'ajoute que mes sentiments et mes principes pour Dieu et la religion sont les mêmes; que rien n'est digne d'attachement et de sacrifice que lui, et que nous devons redoubler de prières et d'amour pour lui. Adieu, ma chère Lane, je t'embrasse et ta chère Marie de tout mon cœur.

« Ton amie,

« Dorothée,

« Duchesse de Wurtemberg, née princesse de Prusse. »

Les craintes de madame la duchesse de Wurtemberg ne se justifièrent que trop tôt; le duc son mari perdit bientôt une vie qu'il employait au bonheur de

---

[1] Vieux serviteur, dont il est question dans une lettre du 3 mai 1776.

[2] Une attaque d'apoplexie.

ses sujets, il mourut le 23 décembre 1797, frappé d'apoplexie foudroyante, comme était mort son frère. La princesse sa femme ne lui survécut que quelques mois, et cette mort fit éprouver une vive douleur à madame d'Oberkirch. Mais de quelles émotions son âme ne fut-elle pas affectée par la catastrophe qui peu d'années après épouvanta le monde !

Le $\frac{11}{22}$ mars 1801 l'empereur Paul Ier périt lâchement assassiné. Pénétrée de douleur, Sa Majesté Marie Fœderowna écrivait ces lignes à son amie d'enfance :

« Ma chère Lane, je t'embrasse aussi tendrement que je t'aime, c'est tout dire. Ne m'oublie pas, mon cher ange, écris-moi souvent, pleure avec moi, et plains ta malheureuse amie. »

Puis, encore quelques jours après, ces mots :

« Ma chère Lane, je ne puis que t'embrasser ce soir, et te dire que je te chéris avec toute la tendresse possible. Tille me gronde, elle craint pour ma santé, mais aucune crainte ne peut retenir mes larmes, adieu mon ange. »

Madame d'Oberkirch est morte à Strasbourg le 10 juin 1803. Jusqu'aux derniers moments de sa vie, l'impératrice Marie-Fœderowna daigna lui donner des preuves constantes de son intérêt et de son inaltérable affection, et le souvenir de son amie d'enfance resta toujours vivant dans le cœur de Sa Majesté. A la nouvelle de sa mort, la czarine daigna adresser à madame de Montbrison, sa fille, la lettre que voici :

Lettre de S. M. l'impératrice Marie Fœderowna à madame de Montbrison née d'Oberkich.

« Madame de Montbrison, c'est avec des regrets bien sincères que j'ai appris la nouvelle affligeante de la mort de votre bonne et digne mère, que j'estimais toujours comme une amie respectable, dont les tendres soins et l'attachement constant resteront à jamais gravés dans ma mémoire. Je remplis un devoir bien doux à mon cœur, en vous donnant ce témoignage de mon estime pour la défunte et de la justice que je rends à ses vertus. C'est par une suite de ces sentiments que je vous prie de me donner des détails sur sa deuxième maladie, et sur son décès, car j'ignorais même qu'elle eût été indisposée. Je suis bien fâchée aussi de n'avoir pas pu lui donner de son vivant une dernière preuve du cas que je faisais de son intercession, en envoyant des secours à la personne qu'elle m'avait recommandée. La lettre de change ainsi qu'une lettre de feu ma mère ont été oubliées sur ma table et je m'empresse de réparer cet oubli en vous priant de faire parvenir l'une et l'autre à M. de Vernouillet, dont j'ignore le séjour. Soyez au reste persuadée que j'aurai toujours à manifester les sentiments que j'avais voués à madame votre mère par l'intérêt que je prendrai au bien-être de sa fille, en saisissant avec plaisir chaque occasion de vous assurer que je suis bien sincèrement votre affectionnée,

« Le 18 juillet 1803.

« Signé : MARIE. »

Plus tard ce même et constant souvenir protégea deux des cousins de madame d'Oberkirch portant son nom, prisonniers de guerre en Russie. S. M. fit adoucir leur captivité.

Marie Fœdérowna vécut jusqu'au 15 novembre 1828. Elle montra sur le trône les qualités et les vertus qui sont dans les princes l'orgueil et la consolation des peuples. Ces vertus ont exercé sur ses enfants une grande et heureuse influence. Il ne nous appartient pas de la louer ; mais chacun sait que l'éducation des jeunes filles de l'empire russe fut, jusqu'à sa mort, l'objet de sa constante sollicitude, laquelle se reportait plus encore sur les pauvres et les orphelins dont l'impératrice fut la protectrice et l'ange tutélaire. Cette noble princesse d'un esprit si élevé et si généreux, d'un cœur si bon et si aimant, mourut âgée de soixante-neuf ans, regrettée et pleurée de tous ceux qui avaient eu le bonheur de l'approcher.

Fragment d'une lettre de Victor de Prilly, officier de dragons (depuis évêque de Châlons) à son ami Louis de Montbrison, en réponse à une lettre qui lui annonçait la mort de madame d'Oberkirch.

Pont-à-Mousson, 29 messidor an XI (1803).

« Il y a peut-être de la cruauté à t'entretenir d'une perte qui te paraîtra longtemps nouvelle. Mais je ne puis m'empêcher de mêler mes regrets à ta douleur et de rendre un dernier hommage à toutes les qualités de madame d'Oberkirch. Je n'oublierai jamais le ton d'aménité et de politesse qui faisait le charme de ses entretiens, ni cette sensibilité qui, pour paraître réfléchie, n'en fait pas moins l'éloge de son cœur....

« Un trait qui par lui-même est de peu d'importance m'avait donné une haute idée de sa sensibilité et de la douceur de son caractère, une pensée s'était logée entre les marches de l'escalier de son jardin. Un indifférent n'aurait vu dans cette fleur qu'une superfluité, qu'un hors-d'œuvre, rebelle aux lois de la symétrie. Ta mère l'acceptait comme un don de Dieu, la respectait, la cultivait avec sollicitude, aurait craint de troubler son modeste asile ; j'ai trouvé cela charmant. J'aime cette surabondance de sentiment qui se répand sur toutes les créatures, et ne dédaigne pas de s'étendre jusque sur une pauvre petite fleur. De pareilles qualités de l'âme annoncent qu'on sait aimer..... »

FIN DE LA POST-FACE.

NOTES DE L'OUVRAGE

CHAPITRE II, page 16.

Les chapitres protestants, dont les abbesses sont princesses de l'Empire et siégent à la diète impériale, sont ceux de *Quedlimbourg* ou *Guedlimbourg*, de *Gandersheim* et de *Herforden*.

Les deux premiers sont luthériens, le troisième calviniste.

L'abbaye impériale et séculière de Herforden, située dans le centre de Ravensberg (Westphalie), est placée sous la protection du roi de Prusse, en sa qualité de comte de Lamarck.

Ce chapitre était, en 1775, composée ainsi qu'il suit :

Abbesse :

Madame Frédérique-Charlotte, princesse de Prusse, née en 1745, élue le 13 octobre 1764, intronisée le 16 juin 1766.

Coadjutrice :

Christine-Charlotte, princesse de Hesse-Cassel, née en 1725, élue le 12 juillet 1766.

Chanoinesses :

1. Henriette-Amélie, princesse d'Anhalt-Dessau, née en 1720, *Doyenne*.

2. Jeanne-Charlotte, princesse de Hesse-Philipstal, née en 1730, *Discrète*.

3. Sophie-Charlotte, comtesse de Solms-Tecklenbourg.

4. Christine-Sophie, princesse de Mecklembourg-Strélitz, née en 1735.

5. Wilhelmine-Henriette, princesse de Nassau-Saarbruck, née en 1752.

6. Ulrique-Sophie, princesse de Hesse-Hombourg, née en 1726.

7. Julienne-Wilhelmine, comtesse de Giannini.

8. Henriette-Catherine-Agnès, princesse d'Anhalt-Dessau, née en 1744.

9. Henriette-Louise de Waldner-Freundstein, née en 1754.

10. Henriette-Charlotte, comtesse de Lippe-Weissenfels.

L'abbesse siége à la diète de Ratisbonne avec les prélats du Rhin. Des princes et des comtes sont ses vassaux, et lui rendent hommage à genoux au pied de son trône, en lui présentant de l'or et de l'argent. Ses armes sont : *d'argent diapré à une fasce de gueules*. Les chanoinesses portent un grand cordon rouge liséré d'argent passé de droite à gauche.

CHAPITRE IV, page 70.

Jusqu'à la fin du quinzième siècle, il y avait en Allemagne, dont l'Alsace faisait partie, une ligne de démarcation entre les nobles proprement dits, et les gentilshommes ou *Landsasses*. On ne comprenait sous le nom générique de *nobles* que les comtes, barons, et les seigneurs de la noblesse immédiate, qu'on appelait *edle Herren* ou dynastes. Les autres [1], qu'on appelait simplement écuyers, chevaliers ou *ministériales*, formaient ce qu'on appelle le corps équestre. Ce n'est que sous l'empereur Frédéric III, vers 1475, qu'ils prirent successivement la qualité de nobles. Il en résulta que beaucoup des seigneurs et dynastes, qui se faisaient honneur auparavant du titre de nobles, se firent accorder des titres de comtes et de barons d'empire.

Le corps de la noblesse immédiate est divisé en quatre provinces et en quinze cantons ou districts, savoir : la Souabe qui contient cinq cantons, la Franconie qui en contient six, la province du Rhin qui en contient trois, et l'Alsace qui ne fait qu'un canton.

L'immediateté de la noblesse d'Alsace date de 1268. A cette époque, l'Alsace, profitant de la mort de Conradin, réclama son immédiateté. L'évêque de Strasbourg, l'abbé de Mourbach, les seigneurs, les nobles des villes et les villes mêmes de cette province, prétendirent ne plus relever que des empereurs, et s'établirent dans cette presque indépendance.

Le corps de la noblesse de basse Alsace a la prétention d'avoir eu, depuis plusieurs siècles, un rang plus distingué *en Allemagne* que celle de la haute Alsace, parce qu'elle a formé avec la noblesse de Germanie, de Souabe et du Rhin, un canton de la noblesse de l'empire, qui dès le commencement de la convocation des états avait voix à la diète. Ils composaient une portion séparée de la noblesse

---

[1] Les ministériaux faisaient partie du corps équestre, non à cause de leurs services militaires, mais en raison de leurs offices dans les cours des potentats.

immédiate, auxquels les empereurs ont de tout temps octroyé des priviléges et des grâces très-considérables, droits régaliens, etc. préférablement aux gentilshommes qui vivent sous la juridiction des princes et autres États de l'Empire.

C'est en considération de ces prérogatives que le roi leur a conservé leurs droits, tant à l'égard de la possession de leurs terres et seigneuries, qu'au sujet de la juridiction de leur *directoire* de la basse Alsace.

Ce directoire de la noblesse est un conseil composé de sept personnes qui ont droit de judicature. Ils connaissent non-seulement des différends entre les gentilshommes, mais des affaires du corps de la noblesse et de ses membres.

Cette noblesse est, pour la plupart, des plus anciennes de l'Europe ; elle a eu, de tout temps, la liberté de servir les puissances étrangères, et s'est distinguée au service de France même avant que l'Alsace lui ait été réunie.

Voici d'ailleurs la cause qui explique cette différence de position entre la noblesse de basse et de haute Alsace.

Avant la réunion de l'Alsace à la France, la noblesse de la haute Alsace, qui, en partie, dépendait immédiatement de l'Empire ou des Suisses, entraînée par les grâces et les caresses des archiducs d'Autriche, suivit l'exemple des comtes de Ribeaupierre et reconnut ces archiducs pour ses souverains. Ce furent les nobles de Froberg (Montjoie), de Reinach, d'Andlau, de Waldner, de Schauenbourg, de Landenberg, d'Hagenbach, de Reichenstein, de Ferette, d'Eptingen, de Flachsland, de Truchses, en un mot, tous les nobles de la haute Alsace.

Lors du traité de Munster, qui avait cédé au roi de France les droits des archiducs, ils ne purent méconnaître sa souveraineté.

Il n'en fut pas de même de la noblesse de la basse Alsace, qui s'était toujours conservée dans l'immédiate dépendance de l'Empire. Aussi à cette époque renouvelèrent-ils leur ancienne association avec trois cercles de l'Empire. Les Wangen, les Berckheim, les Berstett, les Oberkirch, les Boeckle, les Bock, les Müllenheim, les Zorn de Bulach, les Landsperg, les Weitersheim, les Zuckmantel, les Wurmser, etc.; en tout près de quatre-vingts gentilshommes de la noblesse la plus distinguée de la basse Alsace, qui firent cette déclaration. Ce n'est qu'en 1680 que la noblesse se décida à prêter serment de fidélité au roi.

Les seules familles nobles de la basse Alsace, existant encore en 1697, étaient :

EXISTANTES ET CONNUES.	MOINS CONNUES OU ÉTEINTES MAINTENANT.
Andlau.	Bapst de Bolsenheim.
Berckheim.	Burckwald.
Bernhold.	Haffner de Wasselnheim.
Berstett.	Haindel.
Bock.	Hüffel de Windeck.
Boecklin ou Boeckel.	Jchtratzheim.
Buch.	Hottzapfel.
Dettlingen.	Kirchheim.
Eckbrecht de Durckheim.	Kippenheim.
Flachsland.	Mundolsheim.
Gail.	Neuenstein.
Gayling d'Altheim.	Niederheimer de Tassenbourg.
Gremp de Freudenstein.	Reich de Platz.
Kagueneck.	Block de Rottenbourg.
Klockler de Munschensheim.	Schenck de Schmidtbeurg.
Landsperg.	Schoenau.
Landenberg.	Streit d'Immendingen.
Mullenheim.	Volz d'Altenau.
Oberkirch.	Wickersheim.
Rathsamhausen.	Wetzel de Marsilia.
Reinach.	
Rust.	
Wangen.	
Weitersheim.	
Wurmser.	
Zorn de Bulach.	

Outre les maisons immatriculées dans le corps de la noblesse, il y a des gentilshommes qui, quoique n'étant pas dans cette position, sont cependant mis au rang des gentilshommes qualifiés. Ce sont les :

Glaubitz.
Graben.
Hochhausen.
Krebs de Bach.
Lindau.
Mackau.
Rœderer de Diersberg.
Stein.

Plusieurs familles qui ne résident plus en Alsace y possèdent des terres et seigneuries, ce sont les :

Fleckenstein, Zurlauben, Gemmingen.

La noblesse de haute Alsace formait autrefois un corps aussi considérable que celui du directoire de la basse Alsace, mais il y a longtemps qu'elle a éteint son directoire, qui au surplus n'a jamais eu autant de droits et de prérogatives que celui de la basse Alsace.

Les nobles de la haute Alsace sont :

    Anthès.
    Baerenfels.
    Clebsattel de Cernay.
    Eptingen,
    Forstner.
    Froberg (Montjoie).
    Gohr.
    Hoen de Dillenbourg.
    Kempf d'Angreth.
    Landenberg.
    Pfirdt (Ferette).
    Reich de Reichenstein.
    Reinach.
    Reutner de Weil.
    Rotberg.
    Schauenbourg.
    Truchses de Rheinfelden.
    Waldner de Freundstein.
    Wessenberg.
    Zu Rhein.

Si une partie de la noblesse d'Alsace est riche, beaucoup de familles ne le sont pas. Cela tient d'abord à l'usage de partager les successions de père et mère par têtes (entre les mâles s'entend), puis à ce qu'ils ne se mésallient point, ce qui leur fermerait l'entrée des chapitres, et se marient avec des filles de qualité qui n'ont aucun bien. C'est cette dernière raison qui est la cause des nombreux mariages *mixtes* entre catholiques et protestants qui ont lieu dans la noblesse d'Alsace. On sacrifie tout à la nécessité de réunir les trente-deux quartiers, exigés pour la plupart des chapitres. On peut dire aussi que c'est la plus pure noblesse du royaume; et l'Alsace est à peu près la seule province de France où on trouve des familles chapitrales. Ailleurs on est obligé à une grande tolérance.

CHAPITRE IV, page 75.

NOTE SUR LE CHATEAU D'OBERKIRCH, OBERNAY ET SAINTE-ODILE.

Schœpflinus, dans son *Alsatia illustrata*, constate que Burckward d'Oberkirch, chevalier, fit en 1135 une donation à l'abbaye de *Mauri monasterium* (Mauermunster ou Marmoutiers), et que Henri d'Oberkirch assista au tournoi de Cologne en 1179.

Oberkirch est situé à l'occident et à deux portées de canon d'Obernai ou *Oberehnheim*, et plus anciennement *Obernehehnheim*, en remontant la rivière d'Ehn, qui donne son nom à cette ancienne ville impériale, placée elle-même à cinq lieues de Strasbourg et près des Vosges.

Cette ville est habitée par des catholiques et se gouverne par ses propres magistrats, c'est-à-dire un préteur, quatre bourgmestres ou maires (les barons de Gail sont maires perpétuels) et huit conseillers. Elle fut au septième siècle une des résidences du roi Dagobert, plus tard celle des premiers ducs d'Alsace, et au dixième siècle celle de l'empereur Othon.

Depuis sa réunion à l'empire germanique, l'Alsace, divisée en deux parties, fut, en effet, successivement gouvernée au nom de l'empereur par deux *comtes*, puis par des ducs de *Souabe* et d'*Alsace*, qui se succédèrent au nombre de vingt-six, ayant sous leurs ordres des comtes du Nordgau et du Sundgau; puis par des landgraves. Il faut cependant remarquer que l'Alsace n'a jamais été un État homogène et compacte, comme l'ont été les grands fiefs de France. C'était une agglomération de petits États, indépendants les uns des autres, et beaucoup de seigneurs qui y possédaient des fiefs et des terres les tenaient de puissances différentes : les uns des évêques de Bâle et de Strasbourg, les autres de princes et autres souverains d'Allemagne, et enfin beaucoup d'autres de l'Empereur. Parmi ceux qui possédaient cette province et y étaient tout puissants, il faut citer en première ligne les comtes de Habsbourg, de Ferette et d'Eguisheim, puis les d'Andlau, les Landsberg, les Rathsamhausen, les Linanges, les Rappolstein et les Dabo. Leur pouvoir était immense; ils avaient droit de haute et basse justice, etc.

Mais peu à peu les bourgeois des villes obtinrent des Empereurs des priviléges, d'abord insignifiants, qui leur servirent plus tard de prétexte pour demander leur entier affranchissement. Elles finirent par être villes libres et impériales, et se posèrent et agirent comme

États indépendants, ayant leurs intérêts particuliers et une physionomie à part. La noblesse essaya vainement de reprendre ses priviléges, car l'Empereur prit les villes sous sa protection et patronna leur alliance. Quoique la réunion à la France ait amené à cet état de choses de grandes modifications, l'Alsace conserve encore ce caractère qui n'est pas sans influence sur les idées et les habitudes.

Les dix villes impériales situées en Alsace et réunies à la France par les traités de Westphalie et de Nimègue faisaient partie du ban du Rhin. Elles ne relevaient que de l'empereur. Ce sont : Strasbourg, Bâle, Colmar, Brisach, Schélestadt, Oberenheim, Rosheim, Haguenau, Weissembourg et Landau. Cependant il y avait une différence entre les villes *libres* et *impériales* et les villes *impériales* seulement. En effet, on trouve qu'en 1486 à Esslingen, à l'assemblée générale du corps des villes, leurs députés y occupaient des bancs différents. Sur le premier banc étaient ceux des villes *libres* du saint-empire, de Strasbourg, Bâle, Haguenau, Colmar, etc. ; sur le deuxième, les députés des villes impériales, telles que Rosheim, Oberenheim, etc.

Obernai fut la première des villes attaquées par les Suédois en 1632 pendant la guerre de Trente ans. Elle avait commis l'imprudence de canonner l'armée du comte de Horn qui passait sous ses murs ; elle manqua payer cher cette audace.

C'est à cette époque que le château d'Oberkirch fut brûlé par les Suédois, ainsi que le village qui en dépendait, lorsque le duc Bernard de Saxe-Weimar, après avoir remporté une victoire complète sur Wallenstein et sur Papenheim, vint après la mort de Gustave-Adolphe achever la conquête de l'Alsace. Il ne reste des anciennes constructions du château d'Oberkirch que le double fossé, escarpe et contrescarpe et trois des quatre tours qui les défendaient. Les bâtiments sont de construction moderne. L'Ehn, qui passe au pied du château, traverse des jardins et prairies, et fait aller des moulins entre Oberkirch et la manufacture d'armes du Klingenthal, qui se trouve en remontant.

A quelque distance du château et près du grand chemin qui mène aux Vosges, se trouve une grande chapelle consacrée à saint Jean, ancienne fondation de la famille d'Oberkirch, et dans laquelle ils étaient enterrés, ainsi que le constatent les pierres tumulaires qui la pavent. Le dernier qui y fut inhumé est le bisaïeul de mon mari, qui, dans sa vieillesse, en 1741, renonça au protestantisme pour la religion catholique. Son exemple ne fut suivi que par l'un de ses fils.

D'Oberkirch on a devant soi, au couchant, la ligne des Vosges et les châteaux forts en ruine qui la couronnent. A la droite se trouve Girbaden, séparé par le vallon du Klingenthal des châteaux de Rathsamhausen et Lutzelbourg. Puis vient Sainte-Odile, dont je parlerai avec détail, le monastère de Truttenhausen et le château de Lansperg, qui domine la vallée d'Andlau.

A droite, et au delà de la petite rivière d'Ehn, on aperçoit Saint-Léonard, autrefois abbaye de bénédictins, maintenant une collégiale composée de huit chanoines dont un doyen; puis un vallon étroit et pittoresque appelé Klingenthal (vallée des Lames) depuis qu'on y a établi (en 1730) la manufacture d'armes blanches que les voyageurs y visitent avec intérêt.

Après avoir traversé le village d'Otrott, qui est à cheval sur le chemin et à une demi-lieue de longueur, on arrive toujours en montant sur la colline qui précède la montagne, et peu de temps après on en touche le pied et on entre dans la forêt de sapins qui en fait l'ornement.

On se trouve alors au-dessous de la montagne que couronnent les châteaux de *Lutzelbourg* et de *Rathsamhausen*, tandis qu'en prenant à gauche, on monte à Sainte-Odile par un chemin qui tourne dans la montagne, laquelle affecte en cet endroit la forme d'une courtine placée entre deux bastions.

A moitié chemin de Sainte-Odile on parvient à une voie ferrée de grosses pierres qu'on appelle le chemin des Romains, puis on arrive à son sommet après avoir passé par une des brèches du *Heidenmauer* ou *mur des païens*. Partout on rencontre d'énormes blocs de rochers, masses qui prouvent les grands bouleversements naturels dont ces montagnes ont été le théâtre. Ce sont ces gros blocs, taillés et liés par des morceaux de bois façonnés en queue d'aronde, qui forment le *Heidenmauer*, muraille qui environne la montagne de Sainte-Odile et les deux cimes qui l'avoisinent. Elle a de trois à quatre lieues de tour; on suppose que c'était un camp établi, comme refuge, contre les irruptions des barbares.

Arrivé en haut du mont, on respire l'air le plus pur. Mais rien n'est comparable à la beauté de la vue dont on jouit dans ce site enchanteur. A droite se voient le Jura, les Alpes de la Suisse, et devant soi toute l'Alsace et l'autre côté de la vallée du Rhin jusqu'aux montagnes de la forêt Noire.

Sainte Odile, qui a donné son nom au monastère établi en ce lieu (monastère nommé aussi Hohenbourg), était la gloire de son sexe et l'ornement de son siècle. Fille d'*Atticus* ou *Éthicon*, qui obtint de

Childéric II, vers 662, le duché d'Alsace, elle en fut la première abbesse vers l'an 680.

Elle naquit aveugle. Son père, non-seulement désolé, mais furieux de ce malheur, voulut, dans sa colère sauvage, la faire mourir. Cachée par sa mère, elle fut élevée au monastère de Palme, en Franche-Comté (aujourd'hui Baume-les-Dames). Dieu lui rendit la vue au moment où elle fut lavée dans les eaux du baptême, ce qui fut considéré comme un miracle. Odile voulut se consacrer à Dieu. Cependant, avant de prendre cette détermination, elle chercha à se rapprocher de son père, et réclama l'intervention de Hugues, l'un de ses frères, auquel elle envoya par un pèlerin une lettre enveloppée dans un peloton de soie. Celui-ci essaya vainement de décider Éthicon à rappeler sa fille auprès de lui ; il crut alors que la présence de sa sœur serait peut-être plus puissante que ses efforts, et la pria de se mettre en route. Elle arrivait donc accompagnée d'une foule de peuple, lorsque Éthicon, prévenu au moment même et irrité des clameurs de ces hommes, s'emporta, frappa Hugues, qu'il tua, selon quelques chroniques, tandis que, selon d'autres, celui-ci tomba seulement évanoui et privé de sentiment.

Cependant l'aspect de sa fille, dont les beaux yeux le regardaient d'une façon touchante, fléchirent Éthicon ; il la reçut. Mais elle ne fut pas heureuse auprès du prince son père, et, regrettant le cloître et la solitude, elle résolut de fuir dès qu'on lui parla d'un mariage qu'il avait décidé. Poursuivie par Éthicon, elle se crut perdue ; mais, dit la chronique, un rocher s'ouvrit pour la sauver, elle y entra, et il se referma sur elle au moment où arrivait son père.

Celui-ci ayant enfin consenti à la laisser libre de ses actions, elle quitta sa retraite du Brisgau, pour retourner au Hohenbourg dont son père lui fit don quelque temps après, dans le but, pour expier son crime, de convertir ce château en une communauté de femmes.

On voit dans une chapelle les ossements d'Éthicon, qui est la tige des maisons de Habsbourg, de Lorraine, de Zœhringen, et d'autres maisons souveraines d'Allemagne ; et aussi les ossements de sa fille, sainte Odile. Il manque à ces derniers une partie du bras droit et voici pourquoi : en 1354, l'empereur Charles IV, s'étant rendu à Hohenbourg, fit ouvrir le tombeau de sainte Odile et emporta avec vénération une partie du bras droit qu'il fit conserver à Prague.

Pour en revenir à sainte Odile, elle fit bâtir dans un agréable vallon, près du bas de la montagne, un autre monastère, celui de *Niedermunster*, et mourut vers 706.

Sa nièce, Eugénie, lui succéda en 723 ; et depuis cette époque des vierges des maisons les plus illustres vinrent se faire admettre dans cette communauté, dont l'abbesse porta le titre de princesse de l'Empire. Sous Herrade de *Landsperg*, en 1078, Henri VI y envoya Sybille, veuve de Tancrède, pour y prendre le voile.

Véronique d'Andlau en fut abbesse en 1508, Anastasie d'Oberkirch en 1529; Agnès de Zuckmantel en 1539; enfin Agnès d'Oberkirch fut la dernière qui occupa cette dignité en 1542. Le monastère fut ruiné par un incendie en 1546, à la réserve de la chapelle de Sainte-Odile. On vit cet incendie de toute l'Alsace de la forêt Noire, et depuis Strasbourg jusque vers Bâle. Le feu avait pris, dit Hertzog, dans la petite chambre de bains de l'abbesse. Les chanoinesses se retirèrent chez leurs parents, et la plupart, devenues luthériennes, se marièrent.

Il y avait de cinq à six cents religieuses tant dans le monastère de Sainte-Odile que dans celui de Niedermunster qui dépendait de la princesse-abbesse. Ce dernier eut le même sort que l'autre en 1541, pendant qu'Ursule de Rathsamhausen administrait cette abbaye.

Hohenbourg a été abandonné pendant longtemps, quoique ce soit un des plus célèbres pèlerinages d'Alsace, et qu'on attribue à la fontaine qui l'avoisine le don de guérir les yeux malades. Dans le dix-septième siècle les chanoines d'Estival, de l'ordre des Prémontrés, rebâtirent l'église et le monastère, qui est toujours un lieu de pèlerinage et de dévotion.

A quelque distance du monastère de Sainte-Odile se trouve sur la montagne un rocher appelé *Maenelstein*, plate-forme élevée de 450 toises au-dessus du niveau de la mer, et plus à droite le château de *Dreystein* (des trois pierres), ainsi nommé parce qu'il est assis sur trois rochers.

On quitte Sainte-Odile pour se diriger vers *Truttenhausen* et le château de *Landsperg*. Herrade de Landsperg, dont j'ai parlé, abbesse de Sainte-Odile en 1178, fonda ce monastère de Truttenhausen, entre Hohenbourg et le château de Landsperg, dont elle portait le nom, et y établit des chanoines réguliers qu'elle tira de l'abbaye de Murbach, espérant qu'ils l'aideraient dans l'administration du spirituel et du temporel.

Ce monastère se soutint longtemps dans la régularité; mais, les mœurs s'y étant altérées, il tomba en dissolution. Il fut rétabli en 1454, et d'autres chanoines réguliers y donnèrent de meilleurs exemples. Ruiné de nouveau par les guerres qui ont désolé l'Alsace, les revenus de ce monastère revinrent à la maison de Landsperg, et le traité de Westphalie les leur conserva.

Les Landsperg sont une des premières maisons d'Alsace.

Quatorze Landsperg périrent dans un seul combat lors de la guerre que Walther de Geroldseck, évêque de Strasbourg, fit à cette ville.

CHAPITRE XXII, page 41.

Le premier grand maître des chevaliers teutoniques fut Henri de Valpot.

En 1150, les chevaliers, chassés de Jérusalem par Saladin, se retirèrent à Acre. Sous Frédéric II, empereur, ils firent la conquête de la Prusse alors idolâtre. Ils la conservèrent comme fief, et bâtirent Marienbourg au commencement du treizième siècle. Pour être admis dans l'ordre il fallait être Allemand et faire preuve de seize quartiers de noblesse paternelle et maternelle.

Lorsque leur grand maître, Albert de Brandebourg, embrassa le luthéranisme et se maria, il s'empara de la Prusse à titre héréditaire. Une partie de l'ordre protesta contre cette usurpation et élut un nouveau grand maître, Gauthier de Cronberg, qui transféra le siège de la grande maîtrise à Mergentheim en Franconie, où il est demeuré depuis.

Les armes du grand maître sont une croix potencée de sable, chargée d'une croix fleurdelisée d'or, surchargée en cœur d'un écusson d'or, à l'aigle éployé de sable.

La croix de sable fut donnée à l'ordre par l'empereur Henri VI;

La croix d'or, par Jean, roi de Jérusalem;

L'aigle impérial par l'empereur Frédéric II;

Et les fleurs de lis qui terminent la croix, par le roi saint Louis.

Cette croix est attachée à une chaîne d'or. Il y a douze commandeurs tant en Alsace que dans tous les pays de l'Allemagne. Le grand maître est prince immédiat de l'Empire, et s'assoit à la diète après l'archevêque de Besançon. Les commandeurs provinciaux des grands bailliages d'Alsace, de Bourgogne et de Coblentz étaient aussi regardés comme États immédiats et appelés en cette qualité aux diètes impériales et à celles des cercles.

Les princes du sang royal et les fils de souverains se font un honneur d'être admis dans cet ordre, un des plus nobles de la chrétienté. Pour pouvoir aspirer aux dignités, il faut s'être distingué au moins dans trois batailles.

Bien que le grand maître et la plupart des chevaliers soient de la religion catholique romaine, cependant, à cause des commanderies situées dans les pays protestants, on reçoit aussi dans l'ordre des luthériens et des calvinistes.

Les chevaliers portent sur le cœur la croix de l'ordre émaillée de sable à la bordure d'argent, attachée à une chaîne d'or.

CHAPITRE XXXVIII, page 326.

Cette famille de Mullenheim fonda, en 1300, l'église de Saint-Guillaume, à Strasbourg, et quelques années plus tard (en 1327), Henri de Mullenheim, qui avait suivi saint Louis à la huitième croisade, fonda, à son retour, le chapitre de l'église collégiale de la Toussaint. Très-influente à cette époque, elle disputait à la famille de Zorn la prépondérance dans le sénat. Les Zorn soutenaient l'empereur Louis de Bavière et l'indépendance du clergé allemand, tandis les Mullenheim s'étaient prononcés pour Frédéric le Beau, rival de l'Empereur, et pour l'autorité papale. C'étaient les Guelfes et les Gibelins de la noblesse alsacienne. La funeste division entre ces deux maisons fut fatale à la ville de Strasbourg, car elle causa une révolution qui livra pendant cent cinquante ans cette ville à la démocratie et à l'anarchie qui en est toujours la suite.

Voici quelle fut l'occasion de cette révolution qui sortit d'un coup de main.

Chaque année, le mercredi de la quatrième semaine d'après Pâques était destiné à une réjouissance extraordinaire à l'occasion du renouvellement des magistrats. Ce jour-là, en 1332, la fête fut troublée par une querelle entre les nobles du parti de Mullenheim et les nobles du parti de Zorn. On en vint aux armes, et le théâtre de la fête, l'hôtel de Marmoutiers, devint un champ de bataille où plusieurs d'entre eux furent massacrés. Du côté des Mullenheim, on perdit deux nobles, et sept du côté des Zorn. Les partisans des deux familles grossirent et appelèrent à leur secours ceux des gentilshommes de leurs amis qui demeuraient hors de la ville. Mais la populace, dirigée par quelques bourgeois mécontents et ambitieux, comme il en existe toujours et partout, et particulièrement par un nommé Twinger, ne les laissa pas entrer à Strasbourg. Bientôt les bourgeois se joignirent à la canaille, et profitèrent de cette circonstance pour faire une révolution et détruire l'influence de la noblesse dans le sénat qui ne fut plus alors composé que de bourgeois.

C'est de cette époque que date le gouvernement républicain de Strasbourg.

Cette forme de gouvernement démocratique produisit l'anarchie et des malheurs sans cesse renaissants. Les ambitions et la cupidité se ruèrent sur les emplois publics, et toute justice fut méconnue. Les juifs, que les magistrats furent impuissants à défendre, devinrent les victimes de la fureur de la populace et furent condamnés à être brûlés vifs. Défense fut faite d'admettre aucun juif dans la ville. Plus tard, une seule famille de cette religion, les Cerfberr, obtint le privilége d'y pouvoir entrer, privilége qu'elle paya fort cher.

Ce ne fut que cent cinquante ans après, en 1482, qu'un gouvernement moins mobile et plus raisonnable parvint à s'établir, et qu'une nouvelle pondération des pouvoirs ramena un peu de tranquillité.

Pour revenir aux Mullenheim, cette maison continua à produire des hommes aussi distingués par leur capacité qu'ils l'étaient par leur naissance. Tels furent Burcard de Mullenheim, envoyé à Rome en 1457, par la ville de Strasbourg; et Philippe de Mullenheim, qui porta, en 1475, l'étendard impérial.

Enfin, Henri de Mullenheim, l'un des stettmeistres de Strasbourg, fut député, en 1561, à l'assemblée des princes, à Neumbourg, pour lever les dissensions entre les protestants. Il souscrivit à la confession d'Augsbourg, *non changée*, et y mit le sceau de la ville.

Cependant ils sont rentrés depuis dans la religion romaine.

Des vingt-deux branches de cette famille, il ne restait, au commencement de ce siècle, que Jean Reinhard, capitaine au régiment de la milice, qui est le chef du rameau actuel.

Quant aux Zorn, il paraît qu'ils avaient l'humeur irascible, comme le signifie leur nom [1]. En 1272, un Zorn, offensé de quelques paroles injurieuses qu'un Kageneck avait laissées échapper, résolut de s'en venger. On en vint aux mains dans Strasbourg, et il en coûta du sang aux deux partis.

Les Zorn étaient autrefois si nombreux qu'on en comptait trente-deux branches. Il n'en reste maintenant que deux : celle des Zorn de Plobsheim, et celle des Zorn de Boulach, seigneurs d'Osthausen, château qui date du seizième siècle.

Il y a deux branches de Kageneck : l'une dans le pays de Bade et le Brisgau, la deuxième, celle des seigneurs de Hipsheim, en basse Alsace.

---

[1] *Zorn*, veut dire colère

FIN DES NOTES.

TABLE DES SOMMAIRES

DU DEUXIÈME VOLUME.

CHAPITRE XX.

Faillite du prince de Rohan-Guéménée. — Noble conduite de la princesse. — La duchesse de Polignac devient gouvernante des enfants de France. — Les sous-gouvernantes. — La comtesse et la marquise de Soucy. — Madame de Créqui. — Encore M. de La Harpe. — Fiançailles de la princesse Élisabeth avec l'archiduc François d'Autriche. — Naissance d'une princesse. — Catherine II. — Deux lettres de la grande-duchesse de Russie. — Une soirée au château d'Étupes. — La loterie. — Les dames d'honneur. — Le marquis de Vernouillet. — Mademoiselle de Domsdorf. Le prince-abbé de Rathsamhausen. — M. Tronchin. — Anecdote sur Voltaire. — MM. de Wargemont. — Le capitaine Loto. — Le conseiller Rossel. — Madame de Schack. — Madame de Damitz. — Les petites-passions de l'intimité............ 1

CHAPITRE XXI.

Madame la duchesse de Bourbon à Montbéliard. — Attentions particulières. — Son caractère. — Son mariage. — Passion du duc de Bourbon. — Accident, lors de la naissance du duc d'Enghien. — Refroidissement. — La marquise de Barbantane. — La comtesse d'Hunolstein. — Le duc de Bourbon au camp de Saint-Roch. — Promenades solitaires. — Confidences. — Madame de Canilhac.

— Madame de Monaco. — Madame de Courtebonne. — Mademoiselle Michelot de l'Opéra. — Scène au bal de l'Opéra. — Éclat. — Le roi intervient. — Duel du comte d'Artois et du duc de Bourbon. — Le comte d'Artois se rend chez madame la duchesse de Bourbon. — Réception que le public leur fait à l'Opéra. — Indifférence du duc de Chartres. — La princesse d'Hénin. — Les châteaux de Weckenthal et de Freundstein. — Légende..... 14

CHAPITRE XXII.

Les cadogans. — Conspiration contre la poudre. — Les roussés et les blondes. — L'archiduc Maximilien. — Le prince de Hesse-Darmstadt. — Colonel-Général-Hussards. — M. de Kellermann. — Naissance de la princesse Alexandra. — Le baron de Breteuil. — Les dames *nièces* et les dames *tantes*. — Dignitaires du chapitre de Remiremont. — Mort du comte de Waldner. — Sur les deuils. — Le bailliage de Saxe demandé pour mon oncle. — Lettre de la grande-duchesse Marie à l'archiduc Maximilien. — Sur l'ordre Teutonique. — Mergentheim. — Départ de madame la duchesse de Bourbon............................... 28

CHAPITRE XXIII.

Paris et madame la duchesse de Bourbon. — Les Tuileries. — Les hommes quittent l'épée. — Les *carabas* et les *pots-de-chambre*. — Madame de Dietrich. — M. Ochs, de Bâle. — Trois femmes aimables. — M. Quinquet et M. de Lavoisier. — *Le Mariage de Figaro*. — Vers. — Mademoiselle Contat. — La dévote et Pierre le Cruel. — Le baron de Thun. — MM. Thélusson. — M. Desguerres. — La duchesse de La Vallière. — Le duc de Châtillon. — Souper sous la feuillée chez madame la duchesse de Bourbon. — La baronne de Zuckmantel. — Le marquis de Deux-Ponts-Forbach. — Les Béthune-Pologne. — Le nouveau Minotaure. — La princesse de Bouillon. — *Rodogune*. — La reine au bosquet d'Apollon. — Dîner chez madame de Mackau. — Madame de Villefort. — La duchesse de Beuvron. — Le marquis d'Harcourt. — On ne mange plus. — Expédient. — Le prince de Conti.... 36

CHAPITRE XXIV.

Modes de Paris. — Mademoiselle Bertin et M. Sick. — Les galeries du Palais-Royal. — Épigrammes sur le duc de Chartres. — Sur les trois branches de la famille royale. — *Les Danaïdes*. — Mademoiselle Guimard. — Vers. — Concert chez le comte d'Albaret. — L'*Amuseur* public. — Il contrefait Voltaire. — Scène. — Madame de Montesson. — Madame de Genlis. — Madame Mara et madame Todi. — Baulard. — Madame Dugazon. — Petitbourg. — Promenade avec madame la duchesse de Bourbon. — Le duc de Chartres. — Confidences. — Les sortilèges de M. le régent. — Le comte de Modène et le diable. — La famille d'Autichamp. — Champrosay. — Faiblesse du duc d'Orléans. — Riss. — M. Duperron. — Le marquis de Brunoy. — Spectacles grivois. — Retour à Paris. — Les mésalliances. — Le grand et le petit palais Bourbon. — Mauvais plaisants aux Tuileries. — Scandale causé par un gentilhomme ordinaire du comte d'Artois....... 52

CHAPITRE XXV.

La marquise de Persan. — Les nouvelles à la main. — La comtesse de Bose. — A Versailles avec la duchesse de Bourbon. — Orage. — Salle Choiseul. — Le maréchal de Biron. — *Atys*. — La marquise de la Roche-Lambert. — La comtesse d'Andlau. — La comtesse de Balbi. — Le baron de Bessenval. — Mot. — Le comte de Melfort. — Le roi de Suède chez madame la duchesse de Bourbon. — Anecdote sur la présentation à Louis XVI. — Le vicomte de Balincourt. — Vers de madame d'Houdetot sur madame de La Vallière. — Madame la duchesse de Bourbon et le Saint-Sacrement. — Le beau boulevard. — Mesmer. — Martinez Pasqualis. — Saint-Martin. — Le magnétisme. — Étrange fatuité de Vestris. — Madame Saint-Huberti. — Fontainebleau. — La veille de la présentation. — Ce que c'est que les *honneurs*. — Des preuves. — Décision de Sa Majesté. — Des arrêts sur la noblesse. — Exceptions aux preuves exigées. — Preuves pour monter dans les carrosses. — Les honneurs du *Louvre*. — Le *Tabouret*. — Le droit de *draper*. — Les princes étrangers. — Le maréchal de Castries. — M. de Breteuil. — Ma présentation. — Le jeu de la reine. — La duchesse de Guiche. — La comtesse d'Ossun. — La vicomtesse de Polastron. — La comtesse de Châlons. — Dames présentées en 1784. — Chez la princesse de Lamballe. — Plaisanterie du comte d'Artois. — L'éventail. — L'opéra d'*Armide*. — Bagatelle. — Mot de mademoiselle Arnould. — Mot du prince de Ligne. — Le baron de Zuckmantel. —

— Singulière distraction. — M. de La Galaisière. — L'abbé Morellet.. 75

CHAPITRE XXVI.

Saint-Cloud. — Le chevalier de Mornay. — Amours de mademoiselle d'Orléans et de M. de Saint-Maixent. — Souper à Monceaux avec la duchesse de Chartres. — La comtesse de Clermont-Tonnerre, mesdames de Talleyrand, de Ségur, de Boufflers, de Beauvau, de Luxembourg. — Anecdote racontée par la duchesse de Chartres. — A Chantilly. — Hospitalité du prince de Condé. — Ermenonville. — M. de Girardin. — Saillie de madame de Tonnerre. — M. de Girardin stupéfait. — Vers du duc de Nivernais. — Le landgrave de Hesse-Cassel. — Visite à Sceaux au duc de Penthièvre. — Intérieur de ce prince. — Le chevalier de Florian. — Ses deux passions. — La comtesse de Cussé et mademoiselle Odrot. — Chez la duchesse de Bourbon. — Bal de l'Opéra. — Dîner chez madame de Mackau. — Madame Royale. — M. le Dauphin. — Son esprit précoce. — Le maréchal de Biron. — Atys.. 104

CHAPITRE XXVII.

Montgolfier. — MM. Charles et Robert. — Trait de M. le Dauphin. — Le baron de Boden. — Un comédien. — L'abbé de L'Épée. — Histoire d'un sourd-muet. — Le comte de Haga à la *Folle Journée*. — Vers que lui adresse Dugazon. — Le maréchal de Biron. — Duel du comte de La Marck. — Je prends congé de la reine. — Madame la princesse de Lamballe. — Mot sur le chevalier de Florian. — La marquise de Pierrecourt. — Le *Dormeur éveillé*. — Départ pour l'Alsace.................................. 120

CHAPITRE XXVIII.

Essai malheureux du ballon Adorn. — M. le duc de Chartres et la machine aérienne. — Le prince Henri de Prusse. — Visiteurs. — Deuil de famille. — M. Holland. — Naissance de la grande-duchesse Hélène. — Lettre de son auguste mère. — Le prince Louis amoureux de la princesse Marianne Czartoriska. — Embarras. — Le mariage se fait malgré la famille de Wurtemberg.

— Lettre de la grande-duchesse Marie à ce sujet. — Négociation. — Je réussis. — Entrevue. — Attendrissement. — M. Gérard de Rayneval; son fils. — Le roi achète Saint-Cloud. — Le comte d'Oëls. — Le prince Henri de Prusse à Kehl. — Imprimerie de M. de Beaumarchais. — Méprise. — Tremblement de terre à Montbéliard.. 135

CHAPITRE XXIX.

Le *Christkindel*. — Le régiment d'Alsace. — Le baron de Coëhorn. — Naissance du duc de Normandie. — Mot du comte d'Artois. — L'été à Exincourt. — Poëme sur le loto d'Étupes. — Fragments. — Réponse en vers du conseiller Rossel. — M. Hangardt. — Résultat du système de J.-J. Rousseau. — Aveu qu'il a fait à ce sujet. — Lutte de jeux de mots. — La princesse Czartoriska. — Les portraits en découpures. — M. Huber. — Ukase de Catherine II sur la noblesse. — Le comte de Ségur en Russie. — Le cardinal de Rohan. — Son arrestation. — Lady Craven à Montbéliard. — Originalités de lord Craven. — Lady Craven et mademoiselle Clairon. — Ovation de M. Blanchard à Francfort. — Mort de la princesse de-Holstein. — Mort du prince-abbé de Murbach. — Ennuis de la grande-duchesse de Russie pour l'éducation de ses fils. — La princesse Auguste de Brunswick. — Ses plaintes à Catherine II.. 152

CHAPITRE XXX.

Départ pour Paris. — Mort et deuil du duc d'Orléans. — Les abbés de Saint-Phar et de Saint-Albin. — Madame de Lambert. — MM. de Puységur. — Mot de la duchesse de Bourbon. — La bonne aventure. — Séance de magnétisme. — La somnambule et le comte d'Aranda. — La belle juive. — Madame de Longuejoue. — Le duc de Chartres devenu duc d'Orléans. — Concerts spirituels. — Mademoiselle Candeille. — Diner avec Mademoiselle, fille du duc d'Orléans. — La reine réforme sa toilette. — *Dardanus*, scène fâcheuse entre l'acteur Moreau et le public. — Bonté et sensibilité de madame la duchesse de Bourbon. — Je magnétise chez la princesse. — *Richard Cœur-de-lion*. — Vers à Grétry. — La comtesse de Saulx-Tavannes. — *Le Sourd*. — Diner avec M. le duc d'Enghien. — Michel Golofkine. — Astley. — L'anglomanie. — Le perroquet de madame de La Vallière. — La fête de la princesse. — Le baron de Goltz. — La landgrave de Hesse. — Mot de Rivarol. — Lettre de mademoiselle de La Vallière à son confesseur. — Madame la duchesse de Bourbon........ 172

CHAPITRE XXXI.

Le duc de Normandie. — Nouveaux carrosses. — Amour du vicomte de Wargemont. — Dîner chez madame de Zuckmantel. — Modes. — Le baron de Wurmser. — Mademoiselle Aurore, de l'Opéra. — Vers qu'elle lui adresse après sa chute. — Impromptu de M. d'Albaret. — Mariage du duc régnant de Wurtemberg. — Les Franquemont. — La belle Italienne. — La duchesse de *** et le comte de Périgord. — Une somnambule chez la duchesse de Bourbon. — La marquise de Fleury. — La comtesse Julie de Sérent. — La comédie. — M. de Vaudreuil. — *Annette et Lubin*. — Réception de M. de Guibert à l'Académie. — M. de Saint-Lambert. — M. Ducis. — Mademoiselle Raucourt. — La marquise de Lacroix. — Trait de bonté. — Le margrave d'Anspach déjeune chez moi. — Le comte Diodati. — Le baron de Boden. — Encore le chevalier de Florian et M. de La Harpe. — M. de Castellane. — Causerie........................... 192

CHAPITRE XXXII.

Mademoiselle de Condé. — Dîner chez la duchesse de Bourbon avec la comtesse de Gondrecourt. — La marquise d'Ecquevilly. — La mode du thé. — Les fluxions *invisibles* de madame de Genlis. — Ma cour à Versailles. — La comtesse de Marconnay. — Le duc de Villequier. — Le duc de Piennes. — Madame de Matignon. — La maréchale de Mailly. — Liste des femmes présentées en 1786. — Les chats de madame Helvétius. — Clairval et mademoiselle Rosalie. — La comtesse de Buffevent. — Déjeuner chez la landgrave de Hesse-Rothembourg. — Les soldats français. — Bal d'enfants chez la duchesse de Bourbon. — Mademoiselle Guimard. — Madame de Saint-Priest........................... 208

CHAPITRE XXXIII.

Comment la principauté de Montbéliard a passé à la branche ducale de Wurtemberg-Stuttgard. Le duc Léopold-Eberhard. — Anne de

Coligny. Singulière éducation. — Sabine de Hedwiger. — Le comte de Sponeck. — Le baron de L'Espérance. — Ses quatre filles. — Jalousie. — Portraits. — Maîtresses. — Séparation. — Les comtes de Coligny. — Second mariage du duc. — Indignation publique. — Singuliers mariages. — Déclaration du magistrat de Montbéliard. — Mandement de l'Empereur. — Bruits d'empoisonnement. — Lettre curieuse. — Négociations à Paris et à Vienne du baron de Waldner. — Mort du duc. — Lettres patentes du duc de Wurtemberg-Stuttgard. — Sommation du comte de Sponeck. — Le château de Montbéliard bloqué par le général de Montigny. — Lettre à l'Empereur. — Capitulation. — Le prétendant se retire en France. — Les comtes de Sandersleben-Coligny. — Les barons de L'Espérance. — Le comte de Hornbourg. — Roman à faire... 219

CHAPITRE XXXIV.

Panurge. — *Lanterneries.* — La duchesse de Bourbon au bal de l'Opéra. — M. de Florian lit son *Bon Fils.* — Bal chez la reine. — Dîner en Chine. — Madame de Blot et les côtelettes. — Mademoiselle de Domsdorf. — Le rouge de mademoiselle Martin. — Le bailli de Suffren. — Le duc de Crillon-Mahon. — Milord Hampden. — Une reconnaissance aux Indes. — Gozon. — Une chute. — Les Sérent et les Sorans. — Présentation de madame de Staël. — *Le Premier Navigateur.* — M. de Saint-Priest. — Madame Dugazon. — Un voleur qui a de la présence d'esprit. — Molé et mademoiselle Contat. — La comtesse de La Massais. — La marquise de Livry et madame de Genlis.............. 244

CHAPITRE XXXV.

M. de Beaumarchais. — *Mirza.* — La cabale des petits chiens. — Le stathouder à vie de Montbéliard. — Les éventails. — Le Beaujolais. — Audinot, Taconnet et Volange. — La duchesse de Kingston à Petit-Bourg. — Son histoire écrite par elle-même. — Élisabeth Chudleigh. — Son caractère. — Le duc de Hamilton. — Le capitaine Hervey. — Elle le prend en aversion. — Réception que lui fait le roi de Prusse. — Amitié de la reine d'Angleterre. — Le duc de Kingston. — Son mariage rompu avec le comte de Bristol. — Son mépris du danger. — Réception que lui fait le pape. — On l'attaque en bigamie. — Elle se rend en

Angleterre. — Ses ennemis. — Sa contenance devant le tribunal. — Sa fuite. — Aubergiste de Calais. — La bonté de l'insouciance. — Elle est créée comtesse de Warth. — Son voyage en Russie. — Le prince Ratziwil. — Fêtes, chasse à l'ours. — Warta, prince d'Albanie. — Les états généraux de Hollande mystifiés. — Mort de l'aventurier. — Sa lettre. — Le prince d'Aremberg. — Le comte d'Estaing. — Souper chez la duchesse de Kingston. — Elle pardonne avec générosité. — Son amitié pour Gluck. — Magnifiques bijoux. — Sa mort en 1788. — Anecdote sur Madame Royale. — Ridicules de madame Tronchin. — L'enfant baptisé Crispin médecin. — Le maréchal de Contades. — Madame de Talaru. — La comtesse de Beaujeu. — Anecdote sur les Doublet de Persan.. 261

CHAPITRE XXXVI.

M. de Saulx-Tavannes créé duc héréditaire. — Ducs et pairs ecclésiastiques. — Ducs et pairs héréditaires. — Ducs non pairs, mais héréditaires. — Ducs à brevet. — Étrangers ducs français. — Ducs créés par Jacques II, admis aux honneurs du Louvre. — Ducs créés par le pape. — Princes étrangers qui ont les honneurs du Louvre. — Grands d'Espagne. — Arrivée de l'archiduc François, duc de Toscane. — Le cardinal de Rohan suspendu de ses fonctions sacerdotales. — Jeux de mots et chansons à ce sujet. — Ressemblance de la reine avec la d'Oliva. — Autre ressemblance et anecdote sur Joseph II. — Traité entre le roi et le duc de Wurtemberg. — Naissance de Madame Sophie. — Mademoiselle de Condé élue abbesse de Remiremont. — Palais abbatial. — Le conseil souverain d'Alsace, pouvoir du premier ordre. — Mort du grand Frédéric. — Envoi de la grande-duchesse de Russie. — Mort du baron de Rathsamhausen...................... 293

CHAPITRE XXXVII.

Modes extravagantes de 1787. — Banqueroute de mademoiselle Bertin. — L'abbé Terray. — Son perroquet. — On brûle l'abbé en effigie. — Vers. — Réponse du président Hocquart. — Madame Paulze. — Colère de Voltaire. — Banqueroute de M. de Sainte-James. — L'homme au rocher. — Le duc d'Orléans et madame de Genlis. — Plaisanterie du comte d'Artois. — Malheur de M. Beaujon. — Madame Saint-Huberti. — Passion de la chasse.

— Madame Kornemann contre Beaumarchais. — Édit sur les protestants.. 310

CHAPITRE XXXVIII.

Lettre de la grande-duchesse de Russie. — Sa sollicitude pour moi. — Le grand-duc Paul sollicite d'aller à l'armée. — Autre lettre de la grande-duchesse. — Ses inquiétudes. — Hiver rigoureux de 1788. — Mariage de M. de Chastellux. — Amour-propre d'auteur. — Mariage de l'archiduc François. — Madame de Mullenheim. — Nouvelle lettre de la grande-duchesse Marie. — Bravoure du grand-duc Paul. — La princesse auguste de Brunswick. — Sa mort. — Madame de Krudener. — Mort de mon père. — Lettre de madame de Mackau........................... 320

CHAPITRE XXXIX.

Querelles entre le maréchal de Stainville et le baron de Flachsland. — Magnétisme chez M. de Puységur. — Les prophéties de M. Cazotte. — Prédiction au maréchal. — Inondation à Montbéliard prédite. — Superstition de ce siècle. — Lettre de la grande-duchesse. — M. de Klinglin. — Manque d'égards vis-à-vis de la princesse. — Singulière manie du comte de***. — Comédie chez madame de Wangen. — M. de Nicolay. — Mort du maréchal de Stainville. — Inconvenance. — Désordres révolutionnaires dans le comté de Montbéliard. — Inquiétudes de la grande-duchesse. — Conclusion.. 330

Post-face... 345

Notes de l'ouvrage.. 358

FIN DE LA TABLE DU DEUXIÈME ET DERNIER VOLUME.

CORBEIL. — Typ. et stér. de J. CRÉTÉ.

www.ingramcontent.com/pod-product-compliance
Lightning Source LLC
Chambersburg PA
CBHW070447170426
43201CB00010B/1250